ことばのスペクトル

越境

東洋学園大学
ことばを考える会
編

鼎書房

ことばのスペクトル
越境　目次

第四部　歴史を歩む

第五部　物語に遊ぶ

第一部　社会に問う

共生社会の創造と障害者スポーツ

澁谷《しぶや》　智久《ともひさ》
本学准教授。専門分野はスポーツ科学（スポーツ心理学）。
著作『スポーツ科学概論』（創成社）、『スポーツ精神医学』（診断と治療社）他。

共生社会と障害ならびに障害者理解促進

二〇一七（平成二十九）年度版の障害者白書によれば、身体障害、知的障害、精神障害の三区分でおおまかに障害者数をみると身体障害者三九二万人、知的障害者七四万人、精神障害者三九二万人となっており、人口千人当たりの人数では身体障害者は三十一人、知的障害者は六人、精神障害者は三十一人であると報告されている。この数字から単純に計算するとおよそ七パーセントの国民が何らかの障害をもっているということになる。

現在では各種メディアを通して障害者に関する話題が盛んに取り上げられたり、障害に関する教育の充実などにより、障害のある人もない人もお互いに支え合い、地域で生き生きと明るく豊かに暮らしていける社会を目指すノーマライゼーションの理念が国民にだいぶ浸透してきているように感じる。しかしながら、障害に対して差別や偏見が本当に無くなってきているのかと問われるとまだまだ疑問である。

二〇一六（平成二十八）年七月二十六日に起きた神奈川県相模原市にある障害者施設「津久井やまゆり園」の元職員による殺傷事件はまだ記憶に新しい。これは元職員の一方的な障害者に対する思い込みが偏見や差別を生み、それが事件の背景になっていると考えられている。私はこの事件のニュースを聞いたとき、恐怖を覚えるとともに犯人に対し強い憤りを感じた。人の命に価値があるとか無いとか言いたいのかと感じたからだ。

障害者基本法（一九七〇〈昭和四十五〉年）は、障害の有無によって分け隔てられることなく、相互に人格と個性を尊重しあいながら共生する社会（共生社会）の実現に努めることが定められている。このような共生社会は「障害者のため」ばかりに望まれるものではない。「障害者に優しい」とか「高齢者に優しい」社会は、結局「みんな」にとって優しい社会なのである。〝子ども怒るな来た道だ　年寄り笑うな行く道だ〟という標語があるが、これには寛容な心を呼び起こさせてくれる温かさがあり、共生の一つの本質を指摘しているように思える。障害においても同じである。多かれ少なかれ何らかの違いを皆もっている。それを個性と言い表せば何も差別や偏見の対象とはならないはずである。

イギリスやアメリカの障害に対する社会モデルによれば、身体や精神の機能的障害が問題なのではなく、大勢多数に向けて作られた社会の中で生活するときに生じる制限や制約が問題なのであると説明している。確かに目が見えなかったり、耳が聞こえないことや手足が不自由なことは、医学的見地から見れば機能的障害であることは間違いない。しかしながら、問題の本質はそのような個性（個人的属性）がある人が、社会の中で生活をしようとしたときに受けるさまざまな制限や不都合なのである。つまり、障害とは社会との相互交渉の中で発生するものなのである。

このように理解しても障害の無い人にとってみれば、やはり遠い世界のことと感じてしまうかもしれない。ところが、一度足を骨折してしまえば、とたんに障害を肌で実感するのである。また、極端な例だが、海外旅行で英語がうまく話せずに困った経験はないだろうか。また、街を歩いていて外国人に道を尋ねられても答えられなかった経験はないだろうか。これらは英語の語学力が乏しいために生じた問題である。だが、これをあえて障害と考える人はいないだろう。しかしながら現実的に不都合は生じているのである。

このように考えると、障害とは社会が作るとともに人の心が作り出すものであることがわかる。以前は、障害者は「守られるべき存在」、つまり保護の対象であった。それは優しい社会の一つのありかたであったかもしれないが、別の見方をすれば「大勢多数の社会」からの隔離でもあった。そのような制度が成熟した社会と言えるだろうか。みんなで支えあい、それぞれの個性や能力を実現し、活かすことのできるような成熟した社会を目指していかなくてはならない。それがつまるところは障害者の社会参加や社会進出を促進し、真の共生社会の実現につながっていくのである。

そのためには、まず障害ならびに障害者への理解が必要である。先述した事件を受けて、国は内閣府の政府広報を活用して、障害者に対する理解促進と共生社会の実現に向けた意識啓発を行っている。そこでのポイントは「心のバリアフリー化」であった。では、「心のバリアフリー」はどのようにすれば実現できるのか。それはやはり障害者との交流が第一であろう。人は知らないことやわからないことには不安や恐れを抱くが、このような不確実な状態は人の情動に負の影響をもたらす。だからこそ、障害のない人、ある人が互いに歩み寄って関わり合いを持ち、お互いを知ることができる機会の創出が必要なのである。それが「心のバリアフリー化」につながるのである。

障害者との交流にスポーツを

では、どのような交流の機会が考えられるだろうか。

大学では毎年四月に新入生が入学してくる。彼らにとっては目の前にあるものすべてが新しく〝不確実性〟のオンパレードである。そのような不安感の中にある新入生たちにとって、いかに早く友人ができるかどうかが、その後の大学生生活をうまく軌道に乗せるために重要である（とよく言われる）。その友人作りには様々な方法があるだろうが、筆者が以前取り組んでいた方法は、学生を集めてスポーツに取り組むというものだった。バスケットボール、フットサル、バドミントンなど年によってさまざまな種目であったが、共通しているのは、スポーツを通して親和感が生まれ、終了後には学生同士で連絡先を取り交わしていたことである。そんな学生の姿を傍らで見て、スポーツは楽しいだけでなく人と人とを結びつける不思議な効果を持つものだとしみじみと感じた。

スポーツ心理学の分野では、このことをスポーツの心理的特性の「公開性」や「親和性」という視点から分析している。スポーツは「開かれた場」で行われるものであり、それが社会的促進などさまざまな心理的影響をもたらすだとか、人と人との間の距離感を縮めるという心理的な特性である。そもそもスポーツは自分の殻に閉じこもってしまってはできない行動である。スポーツを行うということは他人に開かれた場において各人が自らを表現し合うことであり、それに従事することでお互いの心の壁を乗り越えて交流し、人と人との親和感が高まるのである。

また、スポーツでは言葉による言語的なコミュニケーションだけではなく、非言語的コミュニケーションも多分に使われてコミュニケーションが図られている。非言語的コミュニケーションとは目や表情、視線、身振り、身体の動き、声のトーン、相手との距離感といった言語以外による意思伝達である（視線や身振りは文化的背景の影響を受けるとされているが表情についてはその違いは明確には無いとされている）。そうした非日常的で濃厚なコミュニケーションによる交流がスポーツの中で交わされることで、お互いを深く理解し心理的な距離感が縮まると思われる。

さらに別の視点から考えてみると、スポーツには構造的な枠組みがある。ただ「お話してください。」では、初対面同士だと一体どうすればよいのか困ってしまうが、共通の目的や行うべきことが決まっているスポーツでは初対面であったとしてもスムースに交流が進むのである。

以上のことから、スポーツは障害者理解を促進するのに大変敷居の低いゲートウエイ活動と考えることができる。「みんなで一緒にスポーツをしましょう」であれば、やってみようかなと思う人は多いのではないだろうか。特に今まで障害がある人と交流が全く無かった人にとってはなおさらであろう。

現在、東京二〇二〇オリンピック・パラリンピック大会を控え、パラリンピック競技の周知と心のバリアフリーを促進する取り組みとして、様々な障害者スポーツが小学校や中学校で行われている。たとえば、千葉市は東京二〇二〇パラリンピック大会の車いすフェンシング、シッティングバレーボール、パラテコンドー、ゴールボールが開催される予定となっていて、そうした競技の体験イベントが千葉県内各地で行われている。このような活動によって交流が自然な形で営まれ、相互理解が効果的に促進され、心のバリアフリーが実現していくのである。また、こうした交流の中で障害がある人の残された機能を生かすという力強い生き方を垣間みることもできる。障害とは個性の様々なあり様であることを知り、それを認めあう心を育み、努力することの大切さが学べるのである。

では、どのように障害者とスポーツで関わるかといえば、それはやはり障害者スポーツであろう。障害者スポーツとは障害者のためだけのスポーツではなく、障害等が原因で「できない」「安全上に問題」があるためにアレンジされルールを変更して行うスポーツのことである。英語ではAdapted（適合した）Sportsと表記される。その理念は「残された能力、今ある能力を向上・発揮させる」である。したがって、障害者スポーツの本質的なポイントは「どのように工夫すればできるか」である。手を失った人は手の代わりに足を使うというが、卓球ではサーブをする際に足を使ってボールをトスする。「できない」ではない。「どうしたらできるのか」を考えるのである。このような精神は、普段の生活の中で忘れてしまった元々持っているはずの力強さ、つまり生を受けてそれを最後まで精一杯実現するという生来の姿を呼び起こさせてくれる。

そして、障害者スポーツの最重要ポイントは障害があっても、年齢を重ねていても、男性だろうが女性だろうが誰でもできるスポーツというところである。別に足が悪くないから車いすバスケットボールをやってはいけないということはない。ヨーロッパで放送されている黒く香ばしいおなじみのビール会社のCMでは、車いすバスケットボールを楽しむ様子が描かれている。車いすバスケットボールを楽しんだ後、ビールを一杯飲みに行こうと、一人を除いて車いすから立ち上がり体育館を後にする。つまり、障害がある人もない人も同じスポーツを一緒に楽しんでいたということである。これこそが障害者スポーツの神髄であり、障害者スポーツが目指す先のひとつであろう。

こうした取り組みは東京二〇二〇大会の主催者である東京でも盛んに行われている。ぜひそうしたところにも足を運んで、障害者スポーツや選手たちと生で触れ合って欲しいと思う。どのようなイベントが行われているかは日本障がい者スポーツ協会のホームページ（http://www.jsad.or.jp/）に記載されているので一度閲覧してみていただきたいと思う。

障害者スポーツの歴史

障害者スポーツの始まりは、イギリスで第二次世界大戦で負傷した脊椎損傷者のために設立されたストーク・マンデビル病院であった。この病院に勤務していた神経外科医のルードリッヒ・グッドマン博士が患者のリハビリテーション治療にスポーツを導入した。これが障害者スポーツの発端であった。一九四四年には車いすポロ、一九四五年には車いすバスケットボール、アーチェリー、卓球などが行われた。そして、一九四八年ロンドンオリンピックと同じ日にストーク・マンデビル病院にてアーチェリー大会が行われたのが、パラリンピックの原点である。この時の大会参加者は十六名のイギリス退役軍人であった。その四年後にはオランダが参加し初めての国際大会に発展し、国際ストーク・マンデビル競技連盟が発足している。競技大会は毎年七月末に開催され、オリンピック開催年はオリンピック開催国で行われるようになった。初回は一九六〇年ローマオリンピック大会であった。こうした取り組みは戦争で負傷した人々の心に新たな目標を与え、その後の人生を豊かなものにしたに違いない。

筆者は大学でスポーツ科学を教える傍ら、関東近郊の精神科病院で、作業療法の一環として健康増進・体力増強を主な目的とした運動療法に長年従事している。これはたとえば膝の治療のための運動療法のような理学療法ではなく、グループでストレッチングやレジスタンス・トレーニングをしたり、時には卓球やテニス、ソフトボール、バレーボール、フットサルなどによって身体的な健康増進や体力向上、生活のリズムをつけたり、気分転換を図るという作業療法の範囲で行われている。周りから見るとまるで体育の授業そのままである。こうした病院での活動の中で感じるのは、患者（精神障害者）にとってスポーツはほかの療法では替えることが難しいほどの楽しさを味わったり、人生の大きな目標となっているということである。ソフトボールやフットサル、バレーボールといったボール競技では近隣の病院と対抗試合をおこなったり、種目によっては全国的な大会が催されたりもしていて、参加する患者は「強くなりたい」とか「勝ちたい」という大学の運動部並みにモチベーション（思い）が高く、それが服薬コンプライアンスの改善につながったりしている。確かにスポーツは努力すればするほどプラスの身体的精神的フィードバックがあり、これによる有能感や自尊心の高まりは患者の人生を豊かにする糧となっている。

話は戻って、一九六四（昭和三十九）年は先の東京オリンピック大会である。東京オリンピック大会の開催後、パラリンピック大会が開催された。参加する選手が多くなるにつれ、これまでのリハビリテーションという枠組みから競技スポーツという色彩が濃くなっていった。この大会でもストーク・マンデビル大会として車いす競技が行われるとともにほかの身体障害者、視覚ならびに聴覚障害者の競技も行われた。

注目すべきはこの大会で初めて「パラリンピック」という名称が使われたことである。この時のパラリンピックは対麻痺の Paraplegia と Olympic の合成語であった。一九七六年モントリオールオリンピック大会はトロントで行われ、The first Olympic game for the Multi-Disabled として脊椎損傷者、切断者、視覚障害者が参加した。次のアーネムで行われたオランダ大会では脳性麻痺者が初めて参加した。一九八四年ロサンゼルス大会では、パラリンピックはニューヨークで行われ、切断者、視覚障害者、脳性麻痺者、ストーク・マンデビル大会として脊椎損傷者のほか、先天性奇形、小人症者も参加した。その後の一九八八年のソウル大会ではエリートスポーツを強く主張するようになり、パラリンピックも正式名称として採用され、もう一つを意味する parallel のパラリンピックが使われるようになった。一九八九年に国際パラリンピック委員会が発足し、聴覚障害と精神障害を除くスポーツが組織された。他にもさまざまな国際障害者スポーツ組織や地域のスポーツ組織があり、それぞれに我が国は加盟している。近年では、国際オリンピック委員会の傘下の団体として車椅子バスケットボールなどがある。二〇一二年のロンドンパラリンピック大会では知的障害者も参加した。

余談だが、オリンピックの聖火は読者も知っているようにギリシアのオリンピアで太陽の光を鏡で集めて点灯したものを聖火としているが、パラリンピックの聖火は、ストーク・マンデビル病院から火がとられている。

わが国では一九六四年、東京パラリンピックのときに国際身体障害者スポーツ大会運営委員会が発足した。翌年、日本身体障害者スポーツ協会が発足し、身体障害者を対象とした全国障害者スポーツ大会が開催された。一九九二（平成四）年には知的障害者を対象とした全国精神薄弱者スポーツ大会（愛称「ゆうあいピック」、「ゆうあい」は〈You & I〉と〈友愛〉という二つの言葉にかけられている）が開催されている。一九九九（平成十一）年には障害全てを対象とした日本障がい者スポーツ協会が発足し、二〇〇一（平成十三）年に二つの大会を統合し、全国障害者スポーツ大会が開催された。その大会のメインテーマは「競技を通じて、スポーツの楽しさを体験し、また社会の障害に対する理解を深めることで障害者の社会参加を推進する」であった。

現在では各競技団体の設立も充実し、各障害者スポーツ大会がほぼ毎年全国各地で行われている。

・全国障害者スポーツ大会

この大会はパラリンピックのような競技スポーツとは異なり、障害者の社会参加の推進や国民の障害理解を促進することを目的としたスポーツ大会である。一九六四年、先の東京オリンピック大会の翌年から始まった大会である。詳しく述べると二〇〇一年になって、一九六五（昭和四十）年から開催されてきた全国身体障害者スポーツ大会と、一九九二年から開催されてきた全国知的障碍者スポーツ大会（ゆうあいピック）が統合されてこの大会名称となっている。六つの個人競技と七つの団体競技があり、参加資格は身体障害、知的障害、精神障害などの障害をもっている十三歳以上で、各都道府県や指定都市から選ばれた選手となっている。

・ジャンパラ競技大会

1　夏季競技大会

国際パラリンピック委員会（ＩＰＣ）の設立後、パラリンピックなど国際的な障害者スポーツがエリート化していく中で、トップレベルの身体障害者アスリートを育成するための大会として一九九一（平成三）年度から開催された。標準記録の設定をはじめ、国際組織のクラス分けを導入し、ルールについても国際組織のものを適用した。当初、陸上競技と水泳競技であったが、一九九九年度よりアーチェリー、二〇一四（平成二十六）年度よりゴールボールとウィルチェアーラグビー、二〇一七（平成二十九）年度よりボッチャが加入した。

2　冬季競技大会

一九九八（平成十）年の長野パラリンピック冬季大会にむけてアルペンスキー、クロスカントリースキー、アイススレッジスピードレース、アイススレッジホッケーの強化を図るべく、一九九三（平成五）年度からスキー競技大会、一九九四（平成六）年度よりアイススレッジ競技大会を開催した。

以上は全国障害者スポーツ大会と性格が異なり、競技スポーツとしての障害者スポーツである。また、以下の様な競技種目別の大会も行われている。

・内閣総理大臣杯争奪日本車椅子バスケットボール選手権大会

パラリンピック東京大会を発端に車いすバスケットボールが盛んに行われるようになり、やがて全国でクラブチームが誕生するようになった。そして一九七〇（昭和四十五）年に第一回車いすバスケットボール競技大会が開催された。一九七五（昭和五十）年には日本車いすバスケットボール連盟が組織された。

・文部科学大臣杯争奪日本車いすツインバスケットボール選手権大会

この競技は日本で生まれたものである。障害の程度によって持ち点が異なったり、通常のゴールと低いゴールがあり、決められるゴールが異なったりする。当初は各施設でルールが決められていた状態であったために一九八六（昭和六十一）年に統一ルールが制定された。基本は車いすバスケットボールルールと同じである。

・全国車いす駅伝競走大会

一九九〇（平成二）年から毎年行われている。

・全国身体障害者スキー大会

一九七二（昭和四十七）年、普及に貢献した笹川雄一郎氏の呼びかけで第一回全国身体障害者スキー大会が開催された。

・大分国際車いすマラソン

別府太陽の家の中村裕理事長の提唱により一九八一（昭和五十六）年より世界初の車いすのみのマラソンが行われた。フルマラソンは第三回大会からであり、国際ストーク・マンデビル車いすスポーツ連盟公認大会となっている。第二十七回からは国際パラリンピック委員会公認大会として開催されている。

・全国ろうあ者体育大会

元々全日本ろうあ連盟体育部を中心に、野球、陸上競技、卓球などの大会が開催されていたが、一九六七（昭和四十二）年に各大会がまとめられて第一回全国ろうあ体育大会が開催された。また、冬季大会はその翌年から開催された。

東京二〇二〇オリンピック・パラリンピック大会に向けて

スポーツは障害者理解の促進と共生社会の創造にきっと役に立つだろう。二年後に訪れる東京二〇二〇パラリンピック大会が共生社会の実現にどの程度貢献するのか多いに期待されるところである。パラリンピックの成功は今後のパラリンピックはもちろんオリンピックのありかたを占うと目されており、オリンピックとパラリンピックの基本計画にもパラリンピックの成功が強調されている。さまざまな意味でパラリンピックは重要なのである。

こうした期待から東京二〇二〇大会を見てみるといろいろ思うところがある。たとえば、オリンピック・パラリンピックの開催の仕方にもう少し努力や工夫が必要だったのではないだろうか。東京二〇二〇大会では、オリンピックとパラリンピックの開催期間が約二週間から三週間空けられており、時間を置くことによって国民のオリンピックフィーバーが喪失してしまうのではないかという心配がある。結果的にパラリンピックを観戦する人数を減らし、それは選手のモチベーションの低減を意味し、アスリート個人はもちろん大会全体に悪い影響が出てしまうのではないかと心配である。たしかにオリンピックの方が先に生まれたものであるから優先されたり、大会運営の問題からそうせざるを得ないのは理解できるが、それならばオリンピックが開催される前にパラリンピックが開催されれば異なった結果になるのではないかと思われる。この原稿を書いている現在は平昌冬季オリンピック・パラリンピックが開催されている最中であるが、二週間から三週間後のパラリンピックでテレビ中継はどのようになってしまうのか、新聞報道はどの程度割いてくれるのか注目してみていきたい。これに関連して、今回の平昌冬季オリンピック大会の凱旋パレードは是非パラリンピック大会が終了した後にやっていただきたいと思う。先のリオオリンピックの時には帰国早々に凱旋パレードが開催され、東京銀座の街は大いに沸き上がった。パラアスリートにもそういう場を設けてほしいと思う。確かに日本人選手は陸上短距離の大健闘などがあったことは認めても、凱旋パレードはパラリンピックの選手たちと一緒に行っても良かったのではないだろうか。

「オリンピックは終わった。次はパラリンピックだ。」というフレーズでオリンピック選手とパラリンピック選手が握手をする。それがメディアで流れるだけでも国民のパラリンピックに対する意識は大きく変わるのではないだろうか。協賛企業の多くはパラリンピックの応援にも協力的で、これに関連するキャンペーンやCMを数多く打っている。これはこれまでとは明らかに異なる変化である。東京都知事もパラリンピックにはだいぶ注力をしているようだ。期待できるかもしれない。

ただ、パラリンピックそのもののあり方にも引き続き議論が必要である。たとえば、メダルの価値問題がある。パラリンピックをはじめとした障害者スポーツでは様々な種類、程度の障害者が参加するために競い合うためのクラス分け（区分け）が必要となる。これによって公平に競い合うことができるわけだが、それと同時にパラリンピックではそれに応じたメダルの数が必要となるわけである。例を挙げると、陸上男子一〇〇メートル競争のオリンピックのメダルは一つであるが、パラリンピックでは十五個となる。公平性を勘案したらこのようになってしまう。

また、メダルを求めることによる「勝利至上主義」への傾倒である。元来障害者スポーツは「勝つ」というよりも「レクリエーション」であったり、「自己実現」のためであったはずである。スポーツがメダル至上主義の現在のオリンピックのように変貌を遂げたように（良きにつけ悪しきにつけ）、パラスポーツでも同じような轍を踏まないか大変心配である。その一つがドーピング問題である。特に障害によっては必要な薬もある。一概にオリンピックと同様の基準を適用することはできないと思うが、今後検討すべき重要な案件である。

最後に障害者アスリートの雇用の問題を考えたい。これは障害者スポーツ振興に直結する話である。

障害者アスリートの雇用は大きく分けて二つある。出社無しのいわゆるアスリート雇用と一般社員としての雇用である。アスリート雇用は不安定な雇用であり、一般社員として雇用は安定しているが、練習時間の確保が難しい。多くの障害者アスリートは時間とお金が足りないという状況にある。また、所属する競技の競技団体の規模によって支援できる範囲が異なっている。これはオリンピックを目指すアスリートと全く同じ状況である。障害者スポーツをより普及させるために、雇用に関するアスリート支援は不可欠であろう。障害者が安心して働けるように企業が物理的にも心理的にもバリアフリー化を推進することは、障害者スポーツの発展はもちろん、障害がある人も無い人も生き生きと生活のできる共生社会を創るための重要な土台となる。こうした理解のある経営者がますます増えることを期待したい。

パラリンピックの成功はこれからの日本の社会のあり方を問う。つまり、障害者や高齢者に優しい真に開かれた共生社会が日本で実現できるか否かを占うことになるだろう。多様性を包容するイレクルーシブルな社会実現を目指して、まずは二年後のパラリンピックをみんなで成功させよう。

では、我々にできることは一体何だろうか。すぐに実行できるのは実際に競技会場へ足を運んでパラアスリート達を応援することである。ただ、観戦チケットが売れていれば良いのではなく、会場に足を運んで、アスリート達の汗、息づかい、鼓動をじかに身をもって感じて欲しいと思う。それを目の当たりにすれば、自然と応援の力も出てくる。こうした光景を世界の人々が見ることで、日本が成熟国家として目され、同時にパラアスリート達のモチベーションも高めることができるだろう。障害は我々の身近にある。そんな当り前を当り前とできる社会をスポーツを通じて深められることを祈りつつ、終わりとしたい。

参考文献

1　荒井弘和「障害者の運動とメンタルヘルス」『体育の科学』63（1）、二七～三一頁、二〇一三年。
2　藤田紀昭「障害者スポーツ、パラリンピック及び障害者に対する意識に関する研究」『同志社スポーツ健康科学』8号、一～一三頁、二〇一六年。
3　中森邦男「オリンピックとパラリンピックの今日の関係、その歴史的変遷」『バイオメカニクス研究』14（3）、一三一～一三四頁、二〇一〇年。
4　内閣府『障害者白書』三三〇頁、二〇一七年。
5　日本パラリンピック委員会、競技紹介（二〇一八年）http://www.jsad.or.jp/paralympic/ 閲覧日、二〇一八年二月。
6　日本障がい者スポーツ協会、資料室（二〇一八年）http://www.jsad.or.jp/about/referenceroom.html 閲覧日、二〇一八年二月。
7　矢邊均「障害者の権利に関する条約（CRPD）に基づく社会参加と社会権─障碍者のスポーツ参加を糸口とした社会権の考察の助走として─」『専修総合科学研究』24、七一～八七頁、二〇一六年。
8　東京二〇二〇パラリンピック競技二十二種目が、日本パラリンピック委員会ホームページに掲載されているので、読者の応援の参考にしてほしい。http://www.jsad.or.jp/paralympic/sports/index_summer.html

日本人と外国人の境界
——シティズンシップの視点

勝田《かつた》　晴美《はるみ》
元本学教授。専門は社会学。現在は、近現代日本の発展の歴史を社会学的視点から研究している。
著書「職場という「場」」（『場のコスモロジー』双文社出版刊）ほか。

グローバル化の時代と日本人の境界

二十一世紀は「グローバル化の時代」である。これまで言われてきた「国際化」が政府間や企業・団体間の関係が中心だったのに対し、最近は個人間の交流や相互移動が中心になった。もっともその中で「アメリカ基準の普遍化を伴う資本のグローバル化」が、世界的規模で貧富の格差を拡大しているという「グローバリズム批判」も生まれた。とは言え「ヒトのグローバル化」と、それがもたらす「情報のグローバル化」が飛躍的に拡大して世界は大きく変化し、現代日本がその渦中にあるのは間違いない。法務省入国管理局によれば、二〇一七年の外国人入国者数二七〇〇万、うち観光客を中心とした新規入国者数二五〇〇万という過去最高を記録し、一八〇〇万弱の日本人出国者数を大きく上回った。

二〇一二年には出国者数はほぼ同じで、外国人入国者数九〇〇万、新規入国者数七五〇万だったから、五年で三倍以上の増加になる。訪日外国人旅行者を指す「インバウンド」が経済的需要でも、日常生活でも無視できないものになった。

個人の交流が多くなれば、絶えず「越境」を体験する。「海外旅行」や「留学」という非日常的体験だけでなく、日本で営まれる生活の中に常に「越境者」である外国人が存在する体験である。この「日本人と外国人の境界線」も決して単純ではない。国家同士の境界線「国境」なら、現実には未確定の紛争は存在するものの、一元的に決定するのが原則である。しかし「日本人と外国人」という人間にかかわる場合は、本人の主観や周囲の人々の判断など人間の意識の要素が加わることで、複数の境界線が存在することになる。

福岡安則は、「純粋な日本人」から「純粋な非日本人」までの八類型を示している（図1）。この八類型は、血統・文化・国籍のそれぞれが、「日本」である場合を「＋」、そうでない場合を「－」とし、その組み合わせで成り立っている。例えば、類型1は血統・文化・国籍のすべてが日本である純粋な日本人で、反対に類型8はすべてが日本ではない純粋な非日本人（外国人）である。しかしその中間に六つの類型が存在する。類型2は血統・文化が日本だが国籍だけ違う。海外に移民するか外国人と結婚して外国籍を取得した「日系一世」がこれにあたる。類型3はいわゆる「帰国子女」などの「海外成長日本人」、類型4は日本で生まれ育ったか、長期間を過ごして日本国籍を取得した「帰化者」、類型5は「日系三世（以降）」や（日本戸籍が未回復の場合の）「中国残留孤児」、類型6には「民族教育を受けていない在日韓国朝鮮人の若者たち」、類型7には「アイヌ民族」などがあげられている。

図1「日本人」から「非日本人」までの8類型（福岡安則『在日韓国・朝鮮人』中公新書、一九九三年）

類型	1	2	3	4	5	6	7	8
血統	+	+	+	−	+	−	−	−
文化	+	+	−	+	−	+	−	−
国籍	+	−	+	+	−	−	+	−

福岡は、一般的に「日本人」概念は類型1にとどまりがちであり、血統・文化・国籍の三要素のなかでも「明らかに『血統』イメージの優位性がうかがわれる」という。確かに敗戦後の日本社会で、占領軍兵士の白人・黒人と日本女性との間に生まれた「混血児」が排除される傾向はあった。日本で生まれ育った在日コリアン（韓国・朝鮮人）も存在自体が無視されがちだったし、日本国籍を取得しても「日本人ではない」と非難する「ヘイト・スピーチ」は今も続く。しかし日本語に習熟し日本文化に同化した（帰化者を含む）外国人を「変なガイジン」と呼ぶ意識は明らかに消滅している。「ハーフ」はファッション誌の花形モデルだし、テレビのバラエティ番組のタレントでも不可欠の定位置を得ている。

かつて日本のプロスポーツ、例えばプロレスリング、プロボクシング、プロ野球、さらに大相撲でも、在日コリアンや白人・黒人などの血統をもつ「混血」の選手たちが「国民的ヒーロー」と称賛されながら、本人も周囲の人々もその血統について沈黙を守ることが多かった。しかし二十一世紀に入ってから、在日コリアンの実名で登録するプロスポーツ選手も現れ、アマチュアスポーツでは「ハーフ」のアスリートが「ナショナルチーム」に入り、オリンピックのメダリストとして「日の丸」を掲げることに何の違和感も抱かない人が増えている。文化の面でも、「帰国子女」が日本語能力や習慣、発想の微妙な違いから「外国人」として排除される傾向は、「バイリンガル」への羨望と嫉妬を残しながらも減少している。未だに血統や文化による日本人からの排除が完全には消滅していないにしろ、チーム「ジャパン」には包摂できるという意識の変容が背景にある。グローバル化が日本社会にもたらした変化だ。

もし日本人と外国人の境界線で血縁や文化の閉鎖性が緩和しつつあるなら、残るは国籍の要素になる。確かに国籍は、国家がある個人を国民として法的に認定することであり、個人の側からは国籍離脱や取得（帰化）の可能性がある以上、日本という国家を選択していることになる。しかし国籍が日本人の境界線を決めるという考え方も一見単純明快に見えるが、「二重国籍」や帰化者などの少数者の問題だけでなく、さらに考えてみるべき複雑さを残している。日本の国境は海であり、未解決問題はすべて離島の帰属をめぐる紛争である。それゆえ日本国籍の範囲も明確で、境界線の内側は大きな違いのない均質で一体の存在だという印象を生みやすい。事実、これまでの日本では「単一民族論」が支配的であった。しかし小熊英二(1)が明らかにしたように、大日本帝国時代の日本ではむしろ「混合民族論」が主流を占め、それが周辺の他民族文化を消滅させる「同化」政策を正当化する論拠とされていた。「単一民族神話」が定着したのは敗戦後のことである。確かに日本人を単一民族とみなすことが、国籍をもっているアイヌ人や帰化したコリアンを排除する方向に働いたことは事実だろう。しかし血統を重視する純血主義が崩れても混合民族の方向に回帰するだけでは、境界線の排他性が克服されるわけではない。今度は文化的同化が障壁となり、国籍をもっても同化が不完全で文化的相違があることが、不平等や不公正な「差別」を正当化する根拠として強調される危険がある。急増した訪日外国人観光客、とくに中国や韓国などアジアからの観光客に対し、生活習慣や行動様式の違いを「マナーの悪さ」として、ことさら非難する傾向の中に、既にその兆候がみられる。

日本社会の排他性を克服する課題は、二十一世紀初頭に始まった「人口減少」時代に死活的な重要性をもっている。人口動態統計によると、出生数と死亡数の差である自然増減は二〇〇五年に初めてマイナスとなって以降ほぼ毎年減少を繰り返し、減少幅も拡大し続けている。日本に住む日本人と外国人を合計した総人口も二〇一〇年以降は減少に転じている。この減少は一時的でも短期的でもない。社会保障・人口問題研究所の「将来推計人口」は、出生率・死亡率をそれぞれ「高位・中位・低位」の仮定で推計しているが、最も極端な場合（死亡高位・出生低位）、二〇五〇年頃に日本の人口は一億人を下回る。一億という数は一九六七年の水準に相当し、頂点だった二〇〇九年頃の一億二七〇〇万からみれば約二割の減少で、決してそれ自体は破局的な数字ではない。その後も日本の人口減少は続くと推計され、不確定な要素はあるが二十一世紀末には八〇〇〇万から六〇〇〇万以下にまで減少する。これもヨーロッパ諸国と比べればドイツ・フランス・イギリス・イタリアと同等の人口なので、国民経済も社会生活も十分成立可能な規模だが、一世紀の間で半減する人口減少なのである。

確かなのは人口増と膨大な生産年齢人口・若年労働力の存在を背景に経済の「高度成長」をなしとげた時代が既に終焉し、もはや後戻りしないということだ。それゆえ日本の社会構造や社会意識の各要素も、たとえ過去に「成功体験」をもたらしたものでも転換させる必要がある。家族の責任であった子育てや高齢者介護を社会の責任として支援し、それによって既婚女性の生涯にわたる労働力化を確保しようとする政策転換はその一例だろう。女性や高齢者の労働や社会参加の拡大とともに、日本社会を支える存在としての外国人も重要になる。インバウンド需要も、人口減少による消費減少分を埋める不可欠の要素である。また小売業、飲食サービス業、土木・建設業、製造業など、多くの職場で既に見慣れた光景である外国人の労働も不可欠である。だが現代日本では特定の高度な資格を認定された職種以外、「外国人労働者」の受容は制度化されていない。まして「移民」の受け入れは一切ない。外国人の労働は「研修・技能実習」や「資格外活動」という名目で、存在するのに存在しないものとして扱われているといっても過言ではない。この状態が放置される背景に、日本人と外国人の境界線が存在している。

日本の近代国家形成とシティズンシップ

先にあげた「単一民族論」のように、日本人は均質で一体の集団だという社会意識は根強く存在する。しかし些細な例だが、北海道出身者の中には青森以南を「内地」と呼ぶ人が、数は減りつつあるにしろ存在する。また沖縄在住者は、鹿児島以北を「本土」と呼ぶことがある。「内地」に対するのは「外地」であり、北海道が他府県と区別された「海外領土（植民地）」とみなされた過去があった痕跡だろう。

二〇〇一年まで制度的にも「北海道庁」とは別に「北海道開発庁」（現、国土交通省北海道局）が設置されていた。また沖縄の場合、敗戦から一九七二年までのアメリカ軍政統治下で続けられた「本土復帰運動」の痕跡かもしれない。戦前には沖縄でも「内地」という言葉が使われた時期があり、施政権返還後やはり二〇〇一年まで「沖縄開発庁」（現、内閣府沖縄振興局）が置かれていた。在日アメリカ軍基地の沖縄集中と基地建設をめぐる紛争の中で、再び本土との違いを意識する沖縄の人々もいるだろう。現代の「見えない境界線」を考えるには、いったん日本に近代国家が形成された明治維新以降の歴史に遡る必要がある。近現代の視野でみれば日本人の中に形跡が残る複数の境界線の存在を明確にできるし、また二十一世紀日本が克服すべき課題の手がかりを得られるからである。

日本の近代国家形成は、列強による植民地獲得競争が（維新前後は小康状態にあったが）進む中で、欧米諸国により日本が植民地化されることへの強烈な危機感を前面に出し進められた。欧米の経済・法・政治制度を急速に導入し、周辺地域に領土を広げながら「国民」形成をすすめ「大日本帝国」を成立させた。その後も対外戦争によって周辺に支配領域を拡大することで多民族帝国となって行った。その過程で拡大した日本人の中に複数の境界線が生じることになったのである。「国民（ネーション）」の形成が「国籍（ナショナリティ）」の概念を生み出すのだが、同じ国籍をもつ日本人でも、「内地」とは別の扱いが各地域での違いをもちながら存在した。混合民族論に基づき日本人の中に既に共通の祖先の血が混合しており、血統の違いはやがて吸収・包摂が可能とされる場合もあったが、文化とくに言語（「国語」）の同化が不十分であることを理由に一体化が先送りされることも多かった。同じ国籍でもその内部に境界線が引かれている状態を考えるには、「シティズンシップ」という視点を入れてみることが適切かもしれない。

シティズンシップという言葉には「市民権」という定訳があるが、日本語の「権」から連想される法的権利・義務の関係にとどまるものではない。権利・義務関係は「公民権（シビル・ライツ）」にあたり、それも「市民権」の一部に含まれるが、混乱を避けるためにもここでは「シティズンシップ」ということばを使うことにしたい。シティズンシップとは、最も簡単には「ある社会の平等なフルメンバーと認められ、自分でもそう感じること」だと言えるだろう。権利・義務だけでなく、より広く資格の社会的承認や、精神・態度まで含まれるものである。さらに詳しく見ると、宮島喬の整理[2]によれば、近代国家の下でのシティズンシップには、①平等な成員資格、②意思決定への参加の保障、③社会的保護と福祉の保障、④共同体への公認の帰属、⑤義務の履行、⑥共同体の正統性の観念の共有、という六要素が考えられる。②は「参政権」を含み、④は「国籍」や地域や都市の「市民」としての所属などにあたり、⑤には納税や兵役が含まれる。また⑥は伝統、歴史、言語や宗教などの文化を尊重する態度だろう。大日本帝国憲法では、日本国憲法の主権者「国民」とは違い、君主（天皇）主権に従属する「臣民」が規定されていた。しかしこの臣民も広い意味ではシティズンシップの一種とみなすことができる。同じ臣民でもシティズンシップの各要素のすべてを満たす内地人と、一部を欠いたそれ以外との間に境界線が存在した。

少々煩雑だが、日本領土となった順に個々の概略を見ておこう。

・**北海道**

一八五五年、江戸幕府は日露和親条約で蝦夷地を日本領とする。

一八六九年、函館戦争後、明治新政府は蝦夷地に開拓使を置き、北海道と改称。

一八七一年、「内地」と同時に戸籍法施行。

一八七五年、ロシアとの樺太・千島交換条約で、樺太を放棄し北千島を領土編入。樺太在住のアイヌ人を北海道に移住させる。

一八八六年、北海道庁設置。

一八九六年、渡島・後志・胆振・石狩に徴兵制施行(一八九八年、全道施行)。

一八九九年、北海道旧土人保護法施行(廃止は、一九九七年)。

一九〇三年、衆議院議員選挙法施行(千島列島を除く)。

一九五〇年、北海道開発庁設置。「外地」からの引揚者の再入植で人口急増。


日本の国籍付与は一八九九年の国籍法制定まで戸籍法が根拠だった。北海道ですぐ施行されたのは、対外的(ロシア)に「先住」アイヌ民族が住む土地も日本人の土地であると主張するためだった。北海道での徴兵制は、内地の二十年以上後に人口増加を待って施行された。日本風姓名で戸籍に記載されたアイヌ人も徴兵され、日清戦争にも従軍している。しかし「旧土人保護法」で戸籍に「アイヌ」と表記することが規定され、他の日本人との境界線になった。この法は「保護」を名目としているが、アイヌ民族の共有財産を北海道庁の管理に移して伝統的な狩猟・漁労の生活様式を不可能にし、アイヌ人だけを対象とする学校で日本語使用を義務づけ、固有の習慣・風習を禁止する「文化的同化」を目指していた。立案過程で北米「植民地」の入植政策が参考にされ、アメリカの「ドーズ法（インディアン一般土地割当法、一八八七年）」の影響があった。太政官直属の開拓使、内閣直属の北海道庁など、他府県と異なる制度がとられ、一時的だが台湾とともに拓殖務省の管轄下にもなった。何より一八八九年制定の衆議院議員選挙法で北海道は、沖縄・小笠原諸島とともに適用範囲外にされた。その後参政権は実現し「内地化」されたが、移住植民地としての外地時代は確かにあった。

・小笠原諸島

一八七六年、小笠原諸島の日本統治を各国に通告。

一八九八年、徴兵制施行。

一九四四年、住民七千人、強制疎開。

一九四六年、連合軍総司令部が日本の施政権を停止。欧米系島民一二九人のみが帰島。

一九六八年、米国との小笠原返還協定により日本に返還。東京都小笠原村設置。

小笠原諸島は十九世紀に捕鯨船基地だったため欧米系やハワイ系の住民もいたが、その帰化を認め一八八〇年に東京府（一九四三年、東京都）に編入され内地化されていった。

・沖縄

一八七二年、琉球王国を琉球藩に。一八七九年、沖縄県設置（「琉球処分」）。

一八九七年、文部省が沖縄用尋常小学校読本を編集（全国の国定教科書は一九〇三年）。

一八九八年、沖縄に徴兵令施行（宮古・八重山は一九〇二年）。

一九〇七年、町村制施行（一九〇九年、県会を町村会議員の間接選挙とする府県制）。

一九一二年、衆議院議員選挙法施行（一九一九年、宮古・八重山に拡張）。

一九四五年、沖縄戦。占領地域でアメリカ軍政統治が始まる。

一九五二年、米軍政下のトカラ列島、奄美群島（一九五三年）が日本（鹿児島県）返還。

一九六八年、行政主席選挙実施（本土復帰運動による「公選主席」実現）。

一九七二年、日本に沖縄の施政権が復帰する（沖縄返還）。


明治維新当時の沖縄には「琉球王国」が存在していた。一六〇九年以降、薩摩藩が実質的に支配したが、琉球と清帝国の朝貢冊封体制も維持され「両属」の状態に置かれた。その理由は幕府の貿易管理体制の中、薩摩が中継貿易を営むためで、一歩早く「開港」（一八四七年、英仏通商）もした。維新の十二年後に琉球は「沖縄」として日本に編入され、清への対抗ですぐ国籍は付与されたが、内地化はさらに三十年以上後になる。それは言語・風俗（服装や髪形）・習慣など文化の違いが重大視されたためで、沖縄本島とも言葉の違う先島諸島は文化的により遠い位置にあるとみなされた。政策重点は教育に置かれ、（琉球へ逃れた源為朝の子が初代琉球王舜天だという）「為朝伝説」まで持ち出して「日琉同祖論」が説かれ、国語の習得を軸に同化がすすめられた。教育の次には徴兵、さらに地方制度の整備を経て、参政権の獲得にすすんだ。日本人のシティズンシップが段階的に承認されていく過程だが、国籍（④の要素）の後に文化（⑥）の同化、さらに徴兵の義務（⑤）を満たし、地方と国政への参政権（②）が認められるという順序が想定された。これは他の「外地」でも、内地になる・日本人になるため繰り返し主張される論理になる。

・台湾

一八九五年、下関条約で日本に割譲。清国官僚などが「台湾民主国」建国を宣言して抗日蜂起。半年後に鎮圧。

一八九七年、台湾住民の国籍選択最終期限。

一九〇七年、北埔事件（五七名殺害）、一九一五年、西来庵事件（九五名殺害）。

一九二一年、帝国議会に「台湾議会設置請願書」提出（一九三四年までに一五回）。

一九三〇年、霧社事件（最大にして最後の「台湾原住民」反乱、日本人一四〇名殺害）。

一九四〇年、日本風姓名への改姓名運動（皇民化）。

一九四三年、国民学校設置で六年制義務教育実施。

一九四四年、台湾人徴兵制。同時に衆議院議員選挙法が台湾にも施行決定。

一九四五年、大日本帝国の降伏で、日本の台湾統治終了。

台湾は領有直後から「本島人」（漢民族）による武装蜂起が相次ぎ、現役の陸軍武官が総督に任命された。武力鎮圧のため日本軍は戦死・戦病死四千五百という日清戦争の三割強の犠牲を出した。二年間の猶予期間に島外退去した人数はわずかで、総督府に対する間欠的な反乱が鎮静化するのは二十年後の一九一五年頃だった。国籍法で日本国籍が付与されたが、台湾総督に事実上の立法権（律令《りつれい》）があり（一八九六年の「六三法」など）、日本の法は自動的には適用されなかった。それゆえ日本に戸籍を持つ内地人は徴兵されたが、本島人や「台湾原住民（高砂族）」は敗戦直前に法改正されるまで徴兵されなかった。ただ労務者・山地戦要員の志願制軍属扱いで「高砂義勇隊」が太平洋戦線に派遣された。また選挙法も適用範囲外だったので、内地人を含め台湾住民は敗戦直前まで参政権がなかった。「民族自決」を背景に本島人による独自の「台湾議会」設置の請願が十三年間に十五回も行われたが実現しなかった。総督府は「一視同仁」をスローガンに基盤整備や製糖・樟脳など産業育成は進めたが日本人への包摂は進まず、ほぼ最後まで外地だった。

・南樺太

一九〇五年、ポーツマス条約で樺太島北緯五〇度以南が日本領となる。
一九〇七年、樺太庁設置。
一九二一年、「土人戸口規則」。
一九二九年、新設の拓務省に樺太庁編入。樺太町村制。

一九四二年、拓務省廃止と大東亜省設置に伴い、樺太庁は内務省に移管。

一九四三年、樺太が正式に内地編入され、北海道とともに北海地方に。

一九四五年、ソビエト連邦の侵攻で、八月二十八日までに全島が占領される。

日露戦争の結果、樺太島（サハリン）南部は日本領土に編入された。約四万と言われたロシア人は殆ど退去・送還され、一九〇八年の二万六千から一九四四年の三九万まで増加した人口の殆どは日本からの移住者だった。先住民族の樺太アイヌ、ウィルタ（オロッコ）、ニヴフ（ギリヤーク）にも日本国籍が与えられたが、「樺太土人」として戸籍とは別の「戸口」に登録された。北海道と同様の移住植民地だが内地編入は約四十年後で、選挙法の施行決定は台湾・朝鮮と同時の一九四四年であった。樺太先住民は日本国籍をもつため、ソ連占領後殆どが日本に送還されている。参政権が遅れた背景について、塩出浩之(3)は、在留内地人に内地化することで「拓殖」の特別予算を失い、他府県と同一基準になるのを嫌う反対論があったことを指摘している。

・朝鮮

一九一〇年、日韓併合、朝鮮総督府設置。

一九一一年、第一次朝鮮教育令（日本語を「国語」とする）。

一九一九年、三・一独立運動（独立宣言と上海臨時政府）。

一九二九年、光州学生事件（翌年三月まで続く警察への抗議活動）。

一九三七年、「皇国臣民の誓詞」制定。
一九三八年、陸軍特別志願兵制度。朝鮮教育令改正、朝鮮語の授業を必修から除外。
一九四〇年、創氏改名実施。朝鮮語新聞の発刊停止。
一九四一年、国民学校規定改正、朝鮮語授業を実質廃止。
一九四四年、徴兵制施行。女子挺身隊勤労令。
一九四五年、日本の降伏で、南部をアメリカ、北部をソビエト連邦が分割占領。

既に保護国だった「大韓帝国」の併合で大日本帝国の境界線は完成した。台湾統治をほぼ踏襲し独自の立法権（制令）をもつ総督府が設置された。台湾銀行券と同様、朝鮮銀行券が発行され、内地と明確に区別された外地であった。「半島人」にも国籍は付与されたが、国籍法も日本の戸籍法も適用されなかった。一九一九年の三・一独立運動は参加者二百万人と言われ、鎮圧で死者七千五百、逮捕者四万以上を出した。その後統治改革が試みられ、官吏や教員の制服・帯剣を廃止し憲兵から普通警察に切り替えた。国語と修身が軸の教育での同化を目指したが、「日鮮同祖」論や「内鮮融和」への共感は高くなかった。参政権は実現しなかったが、内地に在住すれば選挙法が適用されるという解釈がなされた。出稼ぎ渡航が普通選挙法成立の一九二五年で十三万人を越えて、一九三二年に初の衆議院当選者（東京府四区〈本所・深川〉朴春琴）も出た。政府は「親日」を掲げる朝鮮人議員を否定はしなかったが、参政権付与などの改善提案は無視した。日中戦争以後の「総力戦」のため急遽「皇民化」と志願兵制・徴兵制への転換が図られ、選挙法も施行されたが反発も生んだ。

以上の日本領土のほか、「租借地・関東州」（遼東半島先端部と南満洲鉄道附属地）、「委任統治領・南洋諸島」（ミクロネシア）にも日本人は在住していた。また中国東北部三省・内蒙古東部に作られた「満洲国」は最後まで独自の国籍法が制定されないままであり、これらの外地に移住した日本人（内地人・朝鮮人）も「大日本帝国臣民」を志向していた。

シティズンシップの開放化と多様化

現代日本に戻ろう。敗戦で日本国の境界線は、北海道を含む内地と遅れて「返還」された小笠原・沖縄などを加えた範囲になった。小熊英二[4]は、台湾・朝鮮などの外地に対し、「植民地」として「宗主国民（日本人）」の権利から「排除」するのでも、「海外県」として宗主国と同等の権利に「包摂」するのでもない折衷的な政策をとり続けた結果、「日本人であって、日本人でない」存在を生み出したと言う。その子孫の一部は現代日本社会の構成員である。敗戦後の日本政府は、戸籍法の適用を受けていなかった外地出身者の選挙権を「当分の間」停止する法改正（一九四五～四七年）を行い、一九五二年には国籍選択の機会のないまま一律に日本国籍の喪失（南樺太出身者以外）を通達した。この「かつて日本国籍を有していた外国人」には当面の在留が認められ、「協定永住許可者」（一九六五年）を経て「特別永住者」（一九九一年）である在日コリアン（特別永住者の九九％）を生み出したのである。

1996 （平成 8）	2001 （平成 13）	2006 （平成 18）	2011 （平成 23）	2016 （平成 28）
1,415,136	1,778,462	2,085,000	2,078,508	2,382,822
188	236	277	276	316
1.12	1.40	1.63	1.63	1.88

より作成、ただし 2011 年以前は「登録外国人」数）

特別永住者のほか在留資格（二七種）を認定された「外国人」が日本で生活し、就業し、そして納税し、健康保険や国民年金（一九八二年以降）の加入者になっている。その数は一九九〇年代以降顕著に増加し、二〇一七年には一九七〇年代と比べ三倍以上の約二四〇万人である（表1）。うち特別永住者は三三万人だが、法務大臣の認めた「（一般）永住者」七四万、「永住者の配偶者」三万二千、「日本人の配偶者等」一四万、日系人（海外移民）の子孫等で期限付きの「定住者」一七万を加えれば、一四〇万人以上の外国人が日本に定住していると推定できる。特別永住者数は年々減少しているが、その背景は日本国籍を取得する帰化にある。法務省民事局によれば、帰化許可者数は一九九六年以降の二十年間に約二七万人で、その過半数を韓国・朝鮮籍が占めている。外国人だからと言って、「出稼ぎ的」という印象は大きな誤りである。専門的・技術的分野で就労する在留者も約三〇万人に上り、各種技能実習二五万人や「資格外活動」で「アルバイト」する留学生三〇万人から抱く「非正規の単純労働」という印象も限定的なものである。なお「不法滞在（オーバーステイ）」はピークの約三〇万人（一九九三年）からは減少し、現在は六万五千人程度と推定される。

最後に、グローバル化時代の日本人と外国人の境界をめぐる課題を整理しよ

年	1976 （昭和 51）	1981 （昭和 56）	1986 （昭和 61）	1991 （平成 3）
総　　数	753,924	792,946	867,237	1,218,891
指　　数	100	105	115	162
総人口比	0.67	0.67	0.71	0.98

表１　在留外国人数の推移（各年末現在）（法務省入国管理局資料に

う。過去には日本国籍をもつ日本人の内部に「内地人」と「外地出身者」、さらに沖縄、「旧土人」、「本島人」、「半島人」、「樺太土人」など複数の境界線が引かれ、その間に上下関係が意識されていた。基準は日本文化への同化程度であり、固有の文化・言語・慣習をどれほど消滅させ内地人と一体化しているかであった。獲得するシティズンシップの要素では、徴兵されるが参政権を行使できない「外地の内地人」のように、権利より国家への忠誠が優先された。兵役が「臣民の義務」の軸であり、徴兵検査で身体能力に優れた甲種合格が「誇り」とされた軍事優先の国家政策が投影している。また外地の内地人には現住地への帰属を決意する者より、やがて成功を収めれば帰郷する「一旗組」や出稼ぎ意識の者も多かった。これらは決して現代日本と無縁ではない。課題は過去がもたらした意識の残像や思考の枠組みを克服することだろう。

必要なのは「日本」のフルメンバーとしてのシティズンシップをより開放化することであり、少なくとも三つの課題がある。その第一は、同化から「多文化」（多元主義）への転換である。要点は、①他者の異質性の認識、②他者の尊重、③相違の価値の承認、になるだろう。文化の「多様性（ダイバーシティ）」の認識は広がっているが、実は非常な深刻さがある。多文化主義という思想の起源となったカナダ（英語とフランス語）やベルギー（フラマン語＝オランダ語とワロン語＝フランス語など）は、同じ国籍をもつ人々の中に複数の言語集団が存在することが建国の前提であった。程度の問題はあるが日常、「外国語」（例えば、ハングルや北京語、福建語）を使う「日本人」がいることを公然と承認することである。そうなれば「アイヌ語」や沖縄の「うちなーぐち（島言葉）」は当然のこと、各地の方言や訛りは恥でも失礼でもなく誇るべき文化になる。多文化は多言語だけでなく、風俗・習慣や発想、雰囲気（空気）にまで及ぶ。「空気の読めない日本人」を、そういう人はいるものだと認識し、その人なりの在り方だと尊重し、そこから何か新しいことが創造できる貴重な存在とみなす社会になることである。

第二は、外国人の「政治参加」である。これも範囲と手続きの問題は残るが、日本に定住（永住）の意思と資格を持ち、日本の文化と歴史を尊重し、忠誠を誓える外国人であれば、既に納税の義務を果たしているのだから、帰化していなくても相応の発言権を認めるという合意である。外国人であれば一律にやがて故国に帰っていく存在とみなし、国籍国にしか忠誠心を持たない「外国の手先」、「スパイ」だと警戒する意識は、かつての「外地の内地人」の裏返しの投影だろう。また真珠湾攻撃直後に日系移民を強制収容した当時のアメリカ政府と同じ誤りかもしれない。

第三は、エスニック・アイデンティティを尊重できる帰化である。帰化の際に日本風姓名に変更する慣習は、同化の発想である。帰化して日本人になることは自民族の歴史と誇りを捨てることだとためらう在日コリアンもいる。例えば、金《キム》さん、周さん、グエンさんという日本人が当たり前になり、コリア系日本人、中国系日本人、ベトナム系日本人という二重アイデンティティを成立させる社会になることである。

決して簡単な課題ではないが、日本に「越境」することが容易な、活力と創造力に富んだ社会を生み出すためには、これらに正面から取り組むことが避けられない。

注

（1）小熊英二『単一民族神話の起源』新曜社、一九九五年。
（2）宮島喬『ヨーロッパ市民の誕生』岩波新書、二〇〇四年。
（3）塩出浩之『越境者の政治史』名古屋大学出版会、二〇一五年。
（4）小熊英二『〈日本人〉の境界』新曜社、一九九八年。

貨幣試論序説

中井《なかい》　和敏《かずとし》
元本学教授。中井経営事務所所長。専門はＩＦＲＳ財務諸表による企業分析・管理会計論。
著書『財務諸表分析入門』、『アカウンティング／ファイナンス戦略』（共著）など。

はじめに

越境を「国境を越えること」とすれば、その最たるものに貨幣がある。貨幣のことを通貨ともいう。通貨はある一国のなかで流通している貨幣のことである。わが国の「通貨の単位及び貨幣の発行等に関する法律」によれば、「通貨とは、貨幣及び日本銀行が発行する銀行券（紙幣）をいう」と定められている。これによると、貨幣は政府が発行する五百円や百円などの硬貨のことで、日銀が発行する一万円札や五千円札などの銀行券（紙幣）と区別している。なお、通貨については、硬貨や紙幣といった現金通貨のほかに、銀行に預金されている普通預金や当座預金など流動性の高い預金通貨、あるいは普通預金に比べ流動性がやや劣る定期預金などの準通貨を含んだ広い範囲で捉えることが多い。しかし、一般的には、現金通貨である硬貨と紙幣の両方を貨幣といっている。本稿でも硬貨と紙幣を区別しないで、すべて「貨幣」という用語を使っている。

また、わが国で使用している「円」のことを「通貨単位」というが、国境を越えるごとに、ドル・ポンド・ユーロ・人民元など、異なった名称が使われている。単位は貨幣の量を示しており、各国の中央銀行（「政府」あるいは「国家」といってもよい）は、貨幣の量に見合うだけの価値を保証している。日本円でいえば、五百円・百円など金属で造られた硬貨と、一万円・五千円など紙で造られた紙幣がある。たかが紙切れにしか過ぎない一万円札であっても国家の保証があるので、我々は何の疑いもなく一万円札には一万円の価値があり、五千円札には五千円の価値があるとして、同等の価値を持つすべての商品と交換している。なお、一万円札の製造原価は一枚約二〇円といわれているが、これはあくまでも推測である。貨幣の正確な製造原価は、貨幣に対する信任維持や偽造問題が発生する恐れがあるため公表されていない。

通貨単位の異なる貨幣は、円をドルに、ドルをユーロなどに、いつでも交換できる。但し、各国の通貨が等価でないため、一円が一ドル、一ドルが一ユーロ、一ユーロが一円にはならない。しかし、一ドルを一一〇円、一ユーロを一三〇円、一ドルを一・三ユーロというように、異なる通貨間に交換比率（為替レート）を設ければ、国際取引は可能になる。現に、各国間で行われている輸出入、海外投資や海外進出などの取引には交換比率に基づいた外国為替が多用されている。しかし、その比率は日々刻々と変動する。それにもかかわらず外国為替取引は利潤を求めて、二十四時間休むことなく継続的に行われている。その結果、貨幣は多くの国境を大胆に飛び越え、国家間を縦横無尽に駆け巡っている。

かつてマルクスは『資本論』「第一巻第一編：商品と貨幣」[1]のなかで、貨幣について「貨幣価値とは提供された労働量を反映したもので、労働量と等価であり、それは主として交換価値として機能した」と述べたことがある。そして、当初は労働量を貨幣価値として表したものに過ぎなかった貨幣が次第に交換価値として機能し、当初の貨幣価値や交換価値をも遥かに超える価値を創出した、としている。マルクスはこのような貨幣の変容について、「貨幣の資本への転化」（『資本論』「第一巻第二編」）のなかで「貨幣は商品と交換され新たな価値を持った貨幣に転化する」ことを「G—W—G'」として表した。Gは貨幣、Wは商品、G'は増殖した貨幣である。この場合の「転化」は「貨幣が流通市場のなかで価格差を利用しながら価値増殖する運動体としての資本に変わること」を意味している。すなわち、事業によって得た売上金や利潤などの貨幣資本によって、原材料・機械設備・労働力などを取得することで生産を行う資本（生産資本）に変わり、それが商品という資本に転化し、再び貨幣（貨幣資本）に変わっていくのである。この一連の運動を資本主義経済における利潤追求の姿であると捉え、「利潤の根源となる剰余価値は資本家による労働者の搾取によって得られる」と指摘した。その後、シュンペーターは「企業のイノベーションこそが利潤を産み出し、資本主義経済を牽引する」と主張した[2]。このように、資本主義経済社会では、貨幣資本の変容プロセス、あるいは企業の持続的なイノベーションが、効率的に利潤を産み出し、貨幣自身が持っていた本来的な価値以上の価値を増殖させていった。特に近代以降、加速度的に拡大した経済活動は、貨幣を媒介とする幾多の交換プロセスや人為的に創出された「利子」も加わり、土地や建物を始め、貨幣から派生した証券や債券などの金融資産、あるいは特許権や著作権など、多種多様な形態に変容した数多くの資産を産み出した。また、貨幣の持つ価値貯蔵機能は、将来のリスクに備えることや効果的な投資をも可能にした。

トマ・ピケティは『二十一世紀の資本』[3]のなかで「r（資本収益率）＞g（経済成長率）」という不等式を示した。これは今世紀になり、資本を持つ者がより富を獲得し、これまで以上に格差が拡大したことを実証的に明らかにした象徴的な式でもある。ピケティ自身、「私は所得と富の分布の歴史を十五年間に渡り研究してきました。その中でわかったのは、長期的に見ると資本収益率が経済成長率を超えるという傾向があることです。（略）例えば資本収益率が五％だとして、経済成長率が一％だとする。すると資産家が資本収益のたった五分の一だけを再投資すれば、彼らの資産は経済の規模と同じ速度で増加するのです。」（TEDSalon Berlin 二〇一四年より）と、資本を持つ者がより富を獲得し、ますます資産格差を増大させると警告している。なお、ピケティが示した不等式は「資本利益率」と訳されているが、実質的内容は「資産利益率」である。調達資本を源泉として保有した資産を有効活用し「利益」を得るので、「資本」と「資産」の両方が使われている。これは「資本」の側面からみるか、「資産」の側面からみるかの違いであり、内容として特に問題はない。

貨幣は出現した時から主に国別に使用されてきたが、異なる通貨間に交換比率を設けることにより、経済活動の国際化が進み本格的に越境し始めた。その結果、拡大する経済活動を通して、貨幣始め貨幣から変貌した多様な資産が出現し、世界的規模で富の格差が生じることになった。このような状況を創り出した貨幣について、その本源的価値をどのように理解すればよいのか。また、貨幣の社会的役割や、「貨幣と人」あるいは「貨幣と社会」にはどのような関係があるのだろうか。こういった問題についてささやかな考察を試みたい。

貨幣の誕生

「貨幣とは何か」という「問」に対し、先人たちは多くの「貨幣論」を残してくれた。貨幣論の歴史はアリストテレス以来二千年以上になるといわれている。アリストテレス以後、特に経済活動が活発になるに従い、貨幣に付随する多様な問題を付加させながら議論を深めたジョン・ロック、ルソー、アダム・スミス、リカード、ヘーゲル、マルクス、メンガー、ケインズ、シュンペーター、ハイエクなど多くの賢者に継承されてきた。これらの議論の多くは、貨幣や商品の持つ「使用価値」の検討から始まり、次第に「交換価値」として機能する「商品としての貨幣」に変容していく過程を考察していることである。こういった議論に対し、「貨幣論の長い長い伝統のなかでは、相反するふたつの創世記がたがいに争いながら語り継がれてきた。『貨幣商品説（Commodity Theory of Money）』と『貨幣法制説（Cartal Theory of Money）』である。一方の貨幣商品説とは、貨幣とはそれ自体が価値をもつ商品をその起源とし、ひとびとのあいだの交換活動のなかから自然発生的に一般的な等価物あるいは一般的な交換手段へと転化したという主張である。他方の貨幣法制説とは、貨幣とはそれ自体が商品としての価値をもつ必要はなく、共同体の申し合わせや皇帝や君主の勅令や市民の社会契約や国家の立法にその起源をもとめることができるという主張である。そして、このふたつの創世記のあいだの対立にはいまだに決着がついていない。」(岩井克人)[4]とする見方もある。

貨幣誕生については、「貨幣商品説」を採る論説が多い。また、貨幣誕生の起源についても、貨幣は「物々交換」の抱える問題を克服するために考え出された、とするものが多い。抱える問題とは、いわゆる「欲望の二重の一致(double coincidence of wants)」という条件のことである。例えば、持っている穀物を持っていない野菜と交換したいと希望する人は、持っている野菜と持っていない穀物と交換したい人を探し当てないと物々交換は成立しない。この「欲望の二重の一致」を克服するために、当初は、石や貝、あるいは塩などが貨幣の代わりとして使われてきた。その後、金属貨幣など幾多の変遷を経て、現在では鋳造貨幣と紙幣が使われている。

人間社会では、まずは衣・食・住に関わる品物が必要である。しかし、人には個性があり好みが違うように、すべての人々が満足を得るには、多くの品物が必要になる。先述したように、ある人が必要とするAという品物があったとする。しかし、その人は必要とするAという品物を持っていないが、Bという品物を余分に持っていたとする。一方、別の人は、Aという品物を持っているが、その人が欲しいBという品物は持っていない。こういった欲求を持つ両者が出会い、互いに必要とする品物を交換によって得ることができたならば、双方の欲求は満たされる(「欲望の二重の一致」)。

初期における物々交換は、品物自体が持っている機能や利便性という「使用価値」に関心が集まった。しかし、その後は他の品物との交換が容易にできることが重視された。それは商品に求められる役割が

「使用価値」から「交換価値」へ移行する過程でもある。移行過程のなかで、その商品は持ち運びに便利でなくてはならないことや、コミュニティ内のすべての構成員にとって、その商品と必要な他の商品がいつでも交換できるという条件も加わった。しかし、互いに異なる品物を欲しいと思っている人同士が出会う確率は極めて低い。この問題を解決するために、多くの品物を一堂に集め、必要とする品物を交換によって得る機会を多くするために「市」が始まった。だがこの形態でも、人々が求める品物は同一のコミュニティ内でしか得られない。また、コミュニティの規模も限られていた。「市」は始まった時から品物の流通が限定され、多種多様な品物を交換するには限界があった。物々交換の持つこのような限界をどのようにすれば克服できるのか。物々交換よりも効率的に必要な品物を得る方法はないのだろうか。模索が始まったのである。

池上彰は、このような状況から「（略）交換の元となる『みんなが欲しがる共通の物』」が生まれてきました。日本の場合、それは『稲』でした。つまりお米です。（略）昔はそれが貴重品でした。つまり『みんなが欲しがる物』だったのです。当時はこれを『ネ』と発音していました。それで『これはどれだけのネと交換できるの？』『これはどれだけのネになるの？』という会話が一般的になされるようになり、そこから財物の価値のことを『ネ』と呼ぶようになりました。これが値段の『値』の語源です。」と、わが国の物々交換では、交換価値のある品物として「米」が重宝されたことを紹介している。また、中国では「貝」、日本では「稲」のほかに「布（紙幣の「幣」は、布という意味も持つ漢字）」、古代ローマでは「塩」が重宝されたことや、古代ローマにおける兵士の給料は「塩」であり、ラテン語で塩のことを「サラリウム」といい、今でいうサラリーマンが受け取るサラリー、つまり「給料」という言葉はここから派生したといわれていることも紹介している。当時、塩の精製技術が未熟なため多くを造ることが出来なかったが、生命活動にも不可欠で、持ち運びにも便利ということもあり、交換を可能とする商品として利用されていた。その後、塩の精製技術も向上し大量にできるようになったが、生産量にバラツキがあり貯蔵機能にも乏しいということで次第に貨幣の原型ともいえる「物品貨幣」として「貝（特にタカラガイ）」が重宝されるようになった。とはいえ、貝殻も必要な量の確保が難しく長時間使用すると欠けてしまうので、それに代わる品物が求められるようになった。

貝殻の持つ貨幣としての問題を克服するものとして金属貨幣が考えられた。金属貨幣は鉱石を加工し金属製品を造り出す技術がなければできなかったが、加工技術の発達により金属貨幣の製造が可能になった。当初は万人が価値あるものと認める金・銀・銅が重宝され、金属貨幣として使われた。確かに、金・銀・銅を素材とする金属貨幣は貝殻貨幣に比べ、長期間使用することによる腐敗やすり減るといった劣化は防止できた。しかし、特に金・銀などは通貨量に見合った純度が保持されているかという疑問もあった。いわゆる「悪貨は良貨を駆逐する（Bad money drives out good.）」という問題である。

さらに貨幣には、流通の円滑化のために「可分性」も求められた。一つの貨幣がある一つの商品と同等の価値があり、他の商品も一つの貨幣と同等の価値があるというように、存在するすべての商品が一つの貨幣と同等の価値を持っているならば問題ないが、実際には、一つの商品に対し二つ分の貨幣、あるいは三つ分の貨幣が必要になる場合が多い。この問題に対応するためには、貨幣自体を小さな単位、あるいは大きな単位に区分する必要がある。貨幣にこの可分性が加われば、多様な取引（経済活動）がより活発に行われることが期待できる。このように、貨幣の形態は流通過程で生じた多くの問題を克服しながら、現在の大きさや重さ、あるいは金や銀とは異なる金属で造られた金属貨幣（「鋳造貨幣」といわれる）と紙幣（時々、偽造紙幣が出回ることもある）に収斂されてきた。その結果、現在、世界市場で行われている「等価交換」や「貸借」といった取引は、鋳造貨幣と紙幣の併用によって成り立っているのである。

貨幣の信用創造と価値の保証

経済学では、貨幣はさまざまな形態を経るなかで「交換手段、価値尺度、価値貯蔵手段、決済手段」という貨幣特有の機能を獲得してきた、との説明がなされる。しかし、貨幣以外の商品には商品特有の使用価値を持っているが、ただの金属や紙切れでしかない貨幣に特別な使用価値があるわけではない。あくまでも貨幣に表示されている量としての通貨単位に見合った交換価値が備わっているだけである。それでは、なぜ貨幣だけにこのような機能が付与されているのだろうか。また、我々は小さく加工された金属や紙切れにしか過ぎない貨幣を無条件に信頼している理由とは何であろうか。この問題について、岩井(6)は「貨幣が貨幣として流通するのは、それが貨幣として流通しているからでしかない」と、貨幣の存在形態について触れ、「貨幣は無限の循環論法によって支えられている。」と述べている。それは、ただの紙切れでしかない一万円札や五千円札が一万円や五千円の価値を持ち、この価値が将来まで維持され、同等の価値を持つ他のあらゆる商品やサービスと交換できることを意味している。このような貨幣価値の維持・継続を社会の構成員全員が承認すれば、一万円札は一万円分の価値を、五千円札は五千円分の価値を持ち続け、無限に交換が行われるのである。岩井によれば「社会の構成員が共有する貨幣に対するこのような認識は、一種の『共同幻想』であり、この共同幻想が貨幣の価値を成立させる」としている。換言すれば、万人は現在持っている貨幣を、将来、他の商品だけでなく他国の貨幣（通貨）にも交換できるので、必ず受け取ってもらえるはずだと信じているからである。これは貨幣が持つ価値貯蔵機能であり、貨幣に対するこのような「信頼」は世界共通であることはいうまでもない。

現在の金融システムでは金融機関に預ければ「利子」が付加され、貨幣価値は増える。しかし、貨幣を預けないで手元に置きたがる人も多い。これについてケインズは「流動性選好（liquidity preference）」という用語を使い、利子率との関係（利子率が低ければ現金が選好され、高いほど現金需要は減る傾向がある）もあるが、貨幣を株式や債券などに変えずに手元に置いておけば、債券価格の下落による資産価値減少を回避でき、他の商品との交換も容易にできる「高い流動性」を持っていることなどがその理由である、と説明している。(7) 流動性選好という問題があるものの、貨幣は金融機関に預ければ「利子」により貨幣価値が増える。貨幣に表示されている金額は交換価値の量として評価され、同等の価値を持つ他の商品や他国の通貨とも交換できる。また、貨幣以外の証券や債券にも変貌するなど、貨幣は多くの顔を持っている。このような性質を持つ貨幣は、わが国でどのくらいの量が市中に出回っているのだろうか。また、どのようにして市中に供給されるのだろうか。これについては「貨幣の信用創造」という視点から検討してみたい。

貨幣の信用創造に関し、一般的に次のような説明がなされる。例えば、A氏がX銀行に一〇〇万円を預金した場合、X銀行は預金の引出しに備えて支払準備率（金融機関は準備預金制度により、預金額の一定割合を日本銀行の当座預金に積み立てることを義務付けられている）一〇%分を残し、九〇万円を借りたいという要請があったB氏に貸出し、B氏はこの資金を借りていたC氏へ返済したとする。そして、C氏はこの九〇万円をY銀行に預金すれば、Y銀行は支払準備率一〇%分を差し引いた残金八一万円を他者に貸出す。このようなプロセスを繰り返すことによって、当初の一〇〇万円は、九〇万円＋八一万円＋七二・九万円＋・・・＝九〇〇万円というように、ひとつの銀行の貸出し業務によって、最終的に、乗数倍の預金（「現金」といってもよい）として新たに九〇〇万円の貨幣が創造されるのである。このことにより「貨幣の信用創造」とは「金融機関の貸出し業務によって預金通貨（現金）を創造することである」ということができる。

では、国内で出回っている貨幣の量はどれくらいであろうか。わが国では、貨幣の量を「マネタリーベース（monetary base）」で把握する。マネタリーベースとは「日本銀行が供給する通貨」であり、「流通現金（「日本銀行券発行高」＋「貨幣流通高」）＋日銀当座預金」の合計額として捉える。マネタリーベースは日本銀行から市中銀行に供給され、企業や個人（家計）へ貸し出される。このような資金循環によって預金通貨が増加し、マネーストック（money stock：金融機関を通して経済全体に供給されている通貨の総量）も増加していくのである。ちなみに、日本銀行の資料（二〇一八年八月二日及び九日発表）によると、わが国におけるマネタリーベースの残高は、二〇一八年七月末現在で五〇二兆九、七八八億円、マネーストックの残高は一、七八五兆八千億円となっている。現在、わが国では対象とする通貨の範囲を「M1、M2、M3、広義流動性」の四つに区分している。これらの情報は、日本銀行で作成し、毎月、速報・確報として公表している。それぞれの内容は、M1＝現金通貨＋預金通貨、M2＝現金通貨＋国内銀行等に預けられた預金、M3＝M1＋準通貨＋CD（譲渡性預金）＝現金通貨＋全預金取扱機関に預けられた預金、広義流動性＝M3＋金銭の信託＋投資信託＋金融債＋銀行発行普通社債＋金融機関発行CP＋国債＋外債、となっている。

しかし、貨幣はあくまでも信用をベースとした「価値の共有」である。「共同幻想」といってもよい。但し、現在流通している貨幣は紙切れや金属である。かつて存在した金と交換できる兌換紙幣でもない。このような貨幣の価値を保証するのは一体何であろうか。この問題について、本稿の冒頭部分で、貨幣価値の裏付けについて、「各国の中央銀行（「政府」あるいは「国家」といってもよい）は、貨幣の量に見合うだけの価値を保証している。」と述べたが、それだけで貨幣価値が維持されるだろうか。貨幣価値は実際に運用することでその価値の存在が実証されるのではないだろうか。こういった観点からすると、貨幣の信用創造はもとより、貨幣を媒介とする経済活動を可能にするためには「借り手」の存在が欠かせない。と同時に、「借り手」が借りた債務を必ず返済しないと信用創造のメカニズムは崩壊してしまう。見方を変えれば、この「借り手」こそが貨幣価値を担保（保証）しているといっても過言ではない。

ここで、参考までに「シニョレッジ（seigniorage：通貨発行益）についても触れておきたい。貨幣が誕生した時から、貨幣の発行は誰が行い、発行者にはどのような利益がもたらされるのだろうか、という問題である。「シニョレッジ」という言葉は、貨幣を鋳造し、額面価格と貨幣鋳造に費やした原価との差額を収入とした中世ヨーロッパの封建領主（seignior）の存在に由来しているといわれている。現在、貨幣（厳密には紙幣）発行は日本銀行で行われているが、貨幣の額面価格と製造原価の差額が発行益と説明されることが多い。このため、しばしば間違った捉え方をする向きがある。それは、例えば一万円の紙幣があったとする。一万円札の製造原価は約二〇円といわれているので、一万円から二〇円を差し引いた九九八〇円が発行者の利益となる、というものである。これは誤った捉え方である。一万円を例にとって単純計算すれば、発行した一万円で年二％の利息が付く国債を購入すると、二〇〇円の利息を得る。これに対し、紙幣発行費用が二〇円で使用期間を五年とすると、年間四円の費用が発生する。したがって、発行者である日本銀行の発行益は年間一九六円（二〇〇円―四円）となる。算式で示せば「通貨発行益＝日銀保有国債×金利」ということになり、この貨幣発行益は政府に納付される。これが「シニョレッジ（seigniorage：通貨発行益）」の正確な捉え方である。

多くの国では、わが国同様、中央銀行が得た通貨発行益は政府に納付する制度が設けられている。しかし、政府がより多くの通貨発行益を得るために無暗に貨幣（紙幣）を増刷すると、インフレを誘導するばかりか、財政基盤そのものを危うくする恐れもある。このような安易に通貨発行益を求める財政政策は、金融システムに対しネガティブな影響を与えかねないのである。

貨幣に対する信頼と社会的関係

前節までの貨幣に関する議論は、概ね経済学的アプローチによるものである。資本主義経済は「商品経済」を特徴とし、労働を媒介とした社会的関係は「商品交換」を通して「物と物との関係」として表れ、貨幣はその中心に存在する。貨幣は無限に繰り返される経済活動の迅速化を図ることや利便性を求めることで出現した。その役割や機能として「価値尺度・交換手段・価値貯蔵」を、また金融的視点から「決済・金融仲介・情報資源」を挙げる説明はこの範疇に入る。これに対し、竹田茂夫は『信用と信頼の経済学』[8]のなかで、「『思想的』貨幣論」という領域は成立しないのかという問題意識からジンメルの「貨幣論」[9]を採り上げ、貨幣の捉え方を次の四点に集約している。

①貨幣はコインや紙幣のような「もの」や、決済システムや金融サービスのような「こと」でもなく、約束という（人の人に対する）行為であり、社会制度から発するものである。

②貨幣は人間が本来もっている表現、比喩、象徴、抽象、代用、代替などのかたちをとるが、置き換える（代替する）ができるものが価格づけの対象となり、貨幣による購入の対象となる。商品相互の価格比率とは、社会的に置き換えられた比率にほかならない。

③貨幣は約束という行為であると同時に、約束を記録した文字、つまり手紙でもある。記録することで人と人のあいだに介在して、約束という行為を容易にする媒体となる。

④貨幣経済が浸透していない共同体では、私生活のかなりの部分まで他人の目に曝されるが、貨幣があ

ることで、公私の区別が可能になる。

ジンメルの貨幣に対するこのような見解は、経済学的側面だけでなく、主体者である人間と共同体との関係性をも考察の対象にしていることを示している。さらにジンメルは「貨幣の持つ本質的な性質は交換価値を表しているばかりでなく、交換の対象となる理由は、貨幣が『信頼性』を有しているからである」とし、「人間の相互の信頼がなければ貨幣取引も崩壊するであろう」[10]と指摘している。

人間が持つ貨幣に対する信頼と社会との関係についていえば、我々は労働力を提供し貨幣を手に入れ、その貨幣を商品やサービスと交換する。紙切れやただの金属にしか過ぎない貨幣と、必要な商品との交換が連鎖的に行われることを可能にするのは、貨幣を媒介としたコミュニティ内の相互信頼が根底にあるからである。貨幣に対する信頼が無くなれば貨幣経済の循環システムは崩壊し、同時にその共同体（資本主義社会）も崩壊する。したがって、資本主義経済社会では、共同体存続のためにも信頼を基盤とした貨幣の存在は無視できないのである。

貨幣への信頼が社会的関係の前提となっていることを示す例として「仮想通貨」を採り上げ、検討してみたい。近年、新しい貨幣として「仮想通貨」が注目され、大量に取引されるようになった。しかし、二〇一八年一月下旬、仮想通貨取引所「コインチェック」から五八〇億円相当の仮想通貨ＮＥＭ（ネム）がハッキングによって盗まれたとの報道があり、改めて仮想通貨に対し関心が集まった。

仮想通貨は電子データとして存在するだけで、法定通貨のような貨幣を目にすることはできない。あくまでもインターネット上で国境を越えて取引される「幻想通貨」である。種類としては、二〇一八年二月現在、世界中で一〇〇〇以上あるといわれている。仮想通貨の取引は暗号技術を用い、複数のコンピュータで記録を共有・相互監視する「ブロックチェーン」と呼ばれる分散管理システムで運用されている。仮想通貨には法定通貨と違って国家による価値の保証はない。それにもかかわらず、極めて短期間に普及したのは投機目的にほかならない。それに加え、海外送金や決済なども金融機関を経ないので比較的安い手数料で済み時間もかからない。また、仮想通貨を扱う専門取引所で円、ドル、ユーロなどの法定通貨と交換できることも普及した要因として挙げられる。しかし、価値の保証は仮想通貨の利用者だけの信用を頼りにしているに過ぎない。利用者の信頼が無くなれば貨幣価値はゼロになる。今回の流出問題を機に、仮想通貨は実体のない貨幣であることや、管理・運用についても脆弱性が指摘されたこともあり、各国で規制する動きがある。仮想通貨の問題に表れたように、貨幣は「信頼の裏付け」があって初めて機能し、役割を果たすことができるのである。

経済のグローバル化により、利潤を求めて越境し続けた貨幣は、世界的規模でヒトやモノの移動を可能にし、世界をひとつの市場へと変貌させた。しかし、その行きつく先はナショナリズムとインターナショナリズムの相克であろう。その挙句、国民経済ばかりか、長い年月をかけて構築した各国固有の歴史や文化をも破壊するという悲劇を起こさないとも限らない。こういった現在の経済動向に対し、一方で「共生経済」という考え方がある。「共生経済は、競争でも、公共でもない、連帯・参加・協同を原理とする共生セクターによって推進され、①自然環境を破壊することなくリサイクルを実現し、地域経済の活性化を図る。②原子力や化石燃料に依存しない自然エネルギーを使った発電と電力の供給、③地域通貨による地域経済の活性化と福祉の充実など多様な経済の試み」「平等と参加民主主義という理念のもとに、自然環境・地域・人間との共生という多元的価値を認める経済社会[11]」である。これは自然との共生や人と人との共生を図りながら、人間とそれを支える共同体の維持・存続のために必要なモノだけを自給自足する、いわば「内需主導型」経済社会でもある。内橋はそれを「FEC自給圏」と名付け、「食糧（Foods）とエネルギー（Energy）、ケア（Care＝医療・介護・福祉）をできるだけ地域内で自給することが、コミュニティの生存条件を強くし、雇用を生み出し、地域が自立することにつながる」（内橋『前掲書』）と説明している。なお、共生経済では地域通貨の必要性に触れているが、地域別に使われる状態を如何にして他の地域でも使用できるようにするのかが課題になる。共生経済に基づいた社会（共同体）が実現し、地域通貨の壁が取り払われ時、貨幣はこれまでとはまったく違う性質を持ったものになると思われる。

注

（1）カール・マルクス『資本論』大内兵衛・細川嘉六監訳、大月書店、一九六八年。
（2）ヨーゼフ・シュンペーター『経済発展の理論（上・下）』塩野谷祐一・中山伊知郎・東畑精一訳、岩波文庫、一九九七年。
（3）トマ・ピケティ『二十一世紀の資本』山形浩生・守岡桜・森本正史訳、みすず書房、二〇一四年。
（4）岩井克人『貨幣論』筑摩書房、一九九三年。

(5) 池上彰『池上彰のお金の学校』朝日新書、二〇一一年。
(6) 注(4)と同じ。
(7) ジョン・ケインズ『雇用・利子および貨幣の一般理論』塩野谷祐一訳、東洋経済新報社、一九九五年。
(8) 竹田茂夫『信用と信頼の経済学』NHKブックス、二〇〇一年。
(9) ゲオルク・ジンメル『貨幣の哲学(新訳版)』居安正訳、白水社、一九九九年。
(10) 注(9)と同じ。
(11) 内橋克人『「共生経済」が始まる―競争原理を超えて―』NHK出版、二〇〇五年。

第二部　学びを拡げる

シリアの子どもたちの声を聞こう

——英語教育におけるボーダーレス

坂本《さかもと》　ひとみ

本学教授。専門は小学校英語教育とネイティブ・アメリカン研究。福島の子どもたちの国際交流をサポート。

著書『アメリカ研究とジェンダー』（世界思想社）、英語テキスト Your World ほか。

国境を越える言語

二〇一一年三月十一日の東日本大震災の後、私のもとには世界中の英語教師から続々とメールが届いた。「私の生徒たちが日本のために何かしたいと言っています。何をしたらいいですか？」という内容で、台湾、ロシア、アメリカ、ブルガリア、トルコと様々な国からのあたたかいメッセージであった。私は二百通にものぼるそうしたメールに毎日返事を書きながら、「英語はこういうためにあるのだ」ということを実感した。このときに始まったトルコの子どもたちと東北の子どもたちとの交流はいくつかの変遷を経ながらも今日まで続いている。

二〇一二年八月は、アイルランド政府から奨学金をいただいて、ホームステイをしながらアイルランド第二の町コークにあるUniversity College Corkで一か月間学ばせていただいた。クラスの人たちはヨーロッパ各国から来ており、私たちが使う共通語は英語である。各国のなまりのある英語も興味深いものであった。毎週金曜日は各自の国の歴史や文化を紹介するプレゼンテーションの日であり、あるときのテーマが「ボーダーレス」と設定された。それは、アイルランドから新天地アメリカへ渡った人々がどんなに苦労し辛い体験をしたかを学んだあとの発表の日だったからである。授業では、長い船旅で栄養失調になり、足元もおぼつかない状態で上陸したエリス島における移民局のひどい尋問、まだ若いアイルランド女性の頰に流れる一筋の涙などを描写する文章が私の胸に突き刺さった。

この日の発表準備にかかり、「日本におけるボーダーレス」ということで私がすぐに思いついたのは、相撲という日本の伝統的な分野に進出してきた外国からの力士たちのことであった。相撲のルールや歴史も紹介しながら、最近活躍のモンゴルの横綱たちのことをプレゼンした。クラスのみなが興味を持って聞いてくれ、いろいろと質問もしてくれた。ドイツの人は、ベルリンの壁が壊されて、東西ドイツは一つになったが、元・西ドイツの人々の心の中にはまだ「見えない心の壁」が東ドイツに対してあるのだということを話してくれた。スペインの理科系の青年のプレゼンは、「スペインにおける頭脳流出」というタイトルで、母国の就職事情がよくないために、若い人たちが英語力を身につけてドイツなどの会社に就職して高収入を得ていることについてであった。

インターネットやグローバル化の進展により、英語を使う人の数が世界でますますふえているが、そこには「英語帝国主義」の要素が潜んではいないだろうか。英語を母国語として操る国々の文化が世界の中心となる傾向が強まっていないだろうか。英語教師としては、英語の国境を越える力のポジティブな面とネガティブな面に目を配りつつ、授業をする必要があるのではないか。それはすなわち、グローバル化のもたらす光と影にも通じるものであろう。

シリアの内戦が激化し、大量の難民がヨーロッパに流れ込んできた衝撃を、島国である日本はあまり感じていないのかもしれない。しかし、これを対岸の火事のように受け止めるだけでいいのだろうか。今も多くのシリア人、それもたくさんの子どもたちが命を落としている中で、日本人は何もしなくていいのだろうか。英語教育において、この問いにどこまで迫ることができるのであろうか。以下は筆者が試みたチャレンジの記録である。

移民と難民

まず、「移民」と「難民」の違いは明らかにしておく必要があるだろう。ブリタニカ国際大百科事典によると、「通常の意味でいわれる移民とは、自由意思に基づき平和的に生活の場を外国に移し定住する人のことであり、英語ではこれを、受入れる側から immigrant（入移民）、出る側から emigrant（出移民）と呼んでいる。一般に労働力過剰国の低賃金労働者が、より高い賃金や安定した生活を得る目的で行う。国の経済政策として、移民の受入れ、送り出しを調整することもある。」

「難民」については、外務省のホームページには、「条約難民」の定義が以下のように書かれている。

難民条約（一九五一年の難民の地位に関する条約）に定義された難民の要件に該当すると判断された人を「条約難民」と呼んでいます。難民条約第一条A（二）で定義された難民の要件は、以下のとおりです。

（a）人種、宗教、国籍若しくは特定の社会的集団の構成員であること又は政治的意見を理由に、迫害を受けるおそれがあるという十分に理由のある恐怖を有すること

（b）国籍国の外にいる者であること

（c）その国籍国の保護を受けることができない、又はそのような恐怖を有するためにその国籍国の保護を受けることを望まない者であること

中学や高校の英語教科書で取り上げられることが多い緒方貞子さんは、一九九一年二月に国連難民高等弁務官（UNHCR　United Nations High Commissioner for Refugees）に着任し、すぐに、湾岸戦争後のイラクにおける大量のクルド難民流出に対応されたのであるが、そのときの彼女の英断は、多くの人々を感動させた。現地に飛んだ緒方さんが見たのは、トルコとの国境間際の岩山の中に取り残された膨大な人数のクルド人で、夜は氷点下になる寒さの中で凍えており、トルコには受け入れてもらえず、戻ればイラク政府に攻撃されるという人たちであった。野林健・納家政嗣編『聞き書　緒方貞子回想録』には以下のように記されている。

（略）住んでいるところを追われても自国内にとどまっている人たちは、条約上は「難民」ではないのです。（略）イラク国内でクルド人を保護する活動は、難民保護というUNHCRの本来の任

務ではないのではないか、ということが問題になったわけです。(略) 法務部などは基本的に現状維持派ですから、難民条約に定めてあることを厳格に適用しようとする。彼らは、イラクにおけるUNHCRの活動は合法とはいえず、危険な前例を作るものだと反対でした。逆に原則を乗り越えるべきだと主張する人もいたのです。(略) 最終的にイラク内の安全地帯で避難民の援助活動をすることにしたわけです。(略) ルールが変わることになるわけですが、UNHCRの任務は難民の命を守るという原則に則って解釈すべきだろうと考えました。

緒方貞子さんは、私が最も尊敬する日本人女性である。二〇一三年秋に彼女の生涯を描いたNHKの番組が放映されたが、それを見終わったとき、感動で涙が止まらなかった。翌日、そのことを、本学のある女子学生に話したところ、彼女もまったく同じだったという。忘れがたい思い出である。

私が所属している「小学校テーマ別英語教育研究会」の母体となった「グローブ・インターナショナル・ティーチャーズ・サークル」では、一九八〇年代から日本にも広まってきた国際理解教育の重要性に着目し、国際理解教育のテーマを内容とする英語授業のための教材開発に取り組んできた。テーマは、人権、平和、環境、異文化間コミュニケーション、地域・国別研究の五分野にまたがっており、人権分野の大事なテーマとして「難民」を扱った教材も一九九〇年代はじめに作成された。そこで扱われているストーリーはアフリカが舞台となり、マータという女の子が主人公で、国の政治紛争のせいで父親の命が狙われ、一家が命からがら国外へ逃げるというもので、易しい英語を用いた紙芝居になっている。

この教材を使って授業を受ける子どもたちは、一つ一つの場面でそこに出ている人々の気持ちを考えながらロールプレイをしつつ英語も学ぶ。

私が児童英語教育ゼミにおいて、この教材を使いながら学生たちと難民問題について初めて討論したのが二〇〇八年、リーマンショック直後の秋であった。この年の冬、新聞で大きく取り上げられたニュースで、「第三国定住によりミャンマー難民を日本に受け入れ」というものがあった。第三国定住とは、難民キャンプ等で一時的な庇護を受けた難民を、当初庇護を求めた国から新たに受入れに合意した第三国へ移動させることで、難民は移動先の第三国において庇護あるいはその他の長期的な滞在権利を与えられることになる。国連難民高等弁務官事務所は、第三国定住による難民の受入れを各国に推奨してきた。第三国定住による難民の受入れは、難民の自発的帰還及び一時庇護国への定住と並ぶ難民問題の恒久的解決策の一つとして位置づけられており、難民問題に関する負担を国際社会において適正に分担するという観点からも重視されている。このような国際社会の動向を踏まえ、我が国も国際貢献及び人道支援の観点から、アジア地域で発生している難民問題に対処するため、二〇〇八年十二月の閣議了解において、第三国定住によるミャンマー難民の受入れを三年間のパイロットケースとして実施することを決定したのであった。私はこれを喜ばしいニュースとして紹介したのであるが、リーマンショックのあおりを受けて就職難に直面していた学生たちからは「私たちだって経済的に困っているのに、どうしてそんな外国の難民を助けるの？」という素直なコメントが出され、私はおおいに戸惑った。

二〇一七年の六月、現代の国際問題を教えているインターナショナル・キャリア・プログラムのクラスでも、ミャンマーのロヒンギャの人々が難民として苦労をしているから、少しずつでもみんなで募金をしようと呼び掛けたときに、ある学生から「どうして私がそういう人たちを助けないといけないんですか?」という発言があり、その指摘は私の胸に深く突き刺さったままである。

自分とは関係のない外国の困った人たちを助けることにどういう意義があるのか。クリスチャンの大学であれば、学生たちに自然と受け入れてもらえるであろうことを、本学では論理的に説明していかなければいけない。論理的な説明に加えて、学生の心を動かす授業も必要であろう。国際理解教育では、自分とは異なる立場の人たちの視点に立って考えてみること、自分の視点とは違う視点からこの世界を見てみるという想像力が重要であり、それは一朝一夕に育まれるものではない。同じ地球市民としての連帯感、正義感なども育てていかなくてはいけない。私自身は、東日本大震災後にあらためて英語を学ぶ意義について考えていたとき、ユネスコ・アジア文化センターの冊子の表紙に書かれていたタイトル"Living together, helping each other"という言葉が心に響き、地球上のすべての命が共に生き、助け合うために必要な言葉として、英語を教えていこうと決意した。このことを学生たちに心から理解してもらうためには、幼いときから、繰り返し、スパイラルのように、このテーマに何度も何度も出会いながら自分なりの学びを深めていくしかないのではないかと思っている。

ベトナム難民女性の物語　The Lotus Seed

東洋学園大学には海外からのインターン生が一年間滞在し、イングリッシュ・ラウンジで自分の国のことをプレゼンしてくれたり、授業に入って手伝いをしてくれる。二〇一四年の九月から二〇一五年の夏までいてくれたタムさんは溌剌とした聡明なベトナム人女性であった。奨学金を得て、ニュージーランドの高校で学び、その後、アメリカの大学を卒業して本学にやってきた。二〇一五年四月三十日は、ベトナム戦争が終わって四十周年ということで、彼女と一緒に授業でおおいにベトナムを取り上げて、学生と共に私も学んだ。

二〇一五年の夏、私は初めてベトナムに行く機会を得て、タムさんにホーチミンシティーを案内してもらい、ベトナム戦争博物館を訪問して、四年前に日本の平和教育学会でお会いした女性館長と再会し、英語教育の学会にも参加した。タムさんと児童英語教育ゼミの学生と行ったベトナム・プロジェクト学習にCLIL (Content and Language Integrated Learning　内容言語統合型学習) を取り入れることで学生たちの学びが深まり、英語を使おうとする意欲も上がったことを発表した。会場からは質問がたくさん寄せられ、コンファレンス・テーマに沿った質問「あなたがこのベトナム・プロジェクトを進めるうえでのチャレンジは何でしたか?」というものもあった。学生たちの歴史の知識が浅いことが、ベトナム戦争について学ぶときに障害になったのでそのことを伝えると、「それをどのように克服しましたか?」とまた尋ねられた。アメリカの小学校で使われている歴史のテキストを使い、オーセンティックで易しい英文を学生たちに読ませて理解を深めたことを伝えると、会場のみなさんも納得してくださった。ベトナム戦争のことのみでなく、ベトナムの環境問題、難民のこと、難民の気持ちを理解するための物語 The Lotus Seed を使ってのスピーキングのアクティビティー、ライティングのアクティビティーも紹介した。

児童英語教育ゼミの学生たちと英語人形劇を創り、小学校で演じることにした The Lotus Seed という物語は、一九四五年に阮朝最後の皇帝「保大（バオダイ）」が退位させられるところから始まる。若くて勇敢な皇帝に憧れていた主人公の女性は、宮殿の蓮の池からひそかに種をとり、皇帝を思い出すよすが、そして幸福のお守りとしてずっと大切にしていた。のちに成長して結婚し、子どもも生まれたが、夫は戦地に旅立ってしまい、女性は一人で子育てをした。そうするうちに、戦争が激しくなり、彼女は子どもたちを連れてボートピープルとなってアメリカに渡る。アメリカでは働きに働いて生活費を捻出した。時は過ぎ、孫もできた。ある日、男の子の孫が蓮の花が咲くのを見たくなり、祖母が隠していた大事な種をこっそり持ち出し、どこかへ植えてしまった。種がなくなったのを知った主人公の女性は悲しみで泣きくらしたが、ある春の日、庭にピンクの蓮の花が咲いているのをみつけて驚嘆の声を上げる。これが咲き終わり、また、種をつけるとそれをとり、孫たち一人一人にベトナムのことを話しながら手渡した。物語の語り手である孫娘は、この種を大事にしまい、また自分も大人になったらこれを植えて花を咲かせ、新しく生じた種を自分の子や孫に分けてあげたいと思っているというストーリーである。

私はどうしてもこの物語の舞台であるフエの宮殿と蓮が見たくて、学会が終わった日の夜、フエに飛んだ。ベトナム航空の機体には国花である蓮の花が描かれていた。フエはベトナムの古都であり、代々の皇帝の立派なお墓も見どころとなっている。翌日はものすごい暑さであったが、英語を話すベトナム人の男性ガイドに伴われてPerfume Riverの船旅、皇帝の墳墓、宮殿見学、市場の散策を楽しんだ。宮殿内の博物館では、バオダイが履いていた靴も見ることができ、蓮の池には最後の花がいくつか残っていた。

戦後七十年、そしてベトナム戦争から四十年のこの年にベトナム訪問ができたことを心から嬉しく思い、このような機会を得たことに感謝をした。太平洋戦争中に日本人がアジアの人々に与えた苦痛の数々を学生たちにもしっかりと伝え、平和教育、人間教育に通じる英語授業を展開していきたいという思いを強くした旅であった。アジアの人々と互いに尊敬し合い、助け合う関係を築ける国際人を育てていきたい。英語教育はただの語学教育の域を越えて、平和、人権、環境、異文化理解について考えさせる教育へと高められるのである。ここに英語教育における「越境」の可能性が見いだせる。

シリアの子どもたちの声を聞こう

二〇一一年三月、中東の民主化運動「アラブの春」の波及後、アサド政権による弾圧をきっかけとして始まったシリアの内戦は、「今世紀最悪の人道危機」と呼ばれている。シリアのアサド政権を支持するロシア、イラン、中国、反体制派を支持するトルコ、サウジアラビア、米国などがかかわっている代理戦争とも言われ、過激派組織ＩＳ（Islamic State　イスラム国）やクルド人勢力も加わって、出口の見えない状況となっていた。二〇一七年、ＩＳは支配地域をほぼ失ったが、政権側、反体制派、クルド人勢力が争っており、内戦終結への道筋は遠い。

この文章を書いている二〇一八年二月、日本は平昌オリンピックの選手たちを応援する声にわいているが、シリアの首都ダマスカス近郊の東グータ地区ではアサド政権側による爆撃が激しさを増し、十八日から二十七日の間に子ども一四六人を含む市民五八八人が死亡したと伝えられており、子どもたちが訴える悲痛な声が動画サイトで流されている。東グータ地区は反体制派の拠点であり、二〇一三年秋ごろからアサド政権軍に主要部を包囲され、市民は食料や医薬品、燃料の不足に苦しんできた。現在、地下室に隠れている人々にはトイレも飲み水もなく、四八時間以上何も口にしていない人もいるという。国連人権高等弁務官事務所の報道官は、アサド政権の爆撃が、意図的に病院や医療施設を標的にしていると訴えている。国連の安全保障理事会は二十四日、三十日間の停戦を求める決議を採択したが、アサド政権は攻撃をやめず、死者は増え続けていた。こうした中、アサド政権に影響力を持つロシアは二十六日、東グータ地区で二十七日から毎日、午前九時から午後二時までの五時間、停戦を実施し、市民のための避難路も用意すると明らかにした。ロシアとしては国際社会の批判をかわそうと停戦を提案した形であるが、東グータ地区の爆撃はいっこうに収まっていない。

シリアではこれまでに四十万人以上が命を奪われ、内戦前の人口約二二〇〇万人の半数以上が家を追われ、避難民として国内外にいる。世界銀行グループの報告書によると、住宅全戸数の約三割が被害を受け、約二〇万軒が全壊、約六五万軒が一部損壊。学校も一〇%が全壊、五三%が一部損壊といわれている。プラン・インターナショナルのウェブサイトには、次のように書かれている。「二〇一一年から始まったシリア紛争が原因で人道支援を必要としている人は世界中に約一三五〇万人。その半数が子どもたちです。シリア難民の子どもたちは紛争の衝撃とその後の避難生活から、心にストレスを抱えています。子どもたちが再び日常生活を取り戻すためには、安心して学べる環境が必要です。シリアの未来をつくる子どもたちの心のケアと教育支援に、ご協力をお願いします。」私は、日本の子どもたちにも、こういう状況にある子どもたちのことを想い、自分にも何かできることはないかと考え、行動する人になってほしいという願いをこめて、「シリアの子どもたちの声を聞こう」という授業案を作ったのである。

この授業は、都内公立小学校六年生の三クラスにおいて、二〇一六年の二月から三月にかけて四回の外国語活動として実践された。宇都宮大学の山野有紀先生が研究代表者である「外国語活動におけるCLILを活用したカリキュラム及び指導者養成プログラムの開発」という科学研究費助成事業の一端を担う実践研究であった。授業案作成は筆者であるが、授業をしてくれるのは担任の教員とALT（外国語活動支援教員）の二人であった。初回の授業は、二〇一五年の秋、トルコの海岸に死体となって漂着したシリア難民の三歳の子どもアイラン君の写真を見せて、"What do you know?" と問いかけるところから始めた。この外国語活動の前に担任の先生とシリア難民について日本語で調べ学習をしていた児童たちは、真剣な面持ちで授業に参加してくれた。

CLIL授業案においては、学習内容の目標と学習言語の目標の両方がたてられ、内容と言語を統合しながら学習者の認知を高め、協働の学びを取り入れ、言語を習得し、彼らの思考を深めていくことをめざす。第一回授業の学習内容の目標は、シリアが戦争状態にあり、人々がそこから命がけで脱出して他国へ行って暮らそうとしていること（＝難民）、そして、その中には子どもたちも多く含まれ、命を落とす子どもも大勢いることを知り、理解しようとすること、第二回目は、シリア難民の子どもたち数名個々の生活や夢を知り、大変な状況にありながらも将来の夢に向かって何とか生きていこうとしていることを知り、その一人一人の立場に自分を置いてみて理解しようとすること、第三回目は、シリアの子どもたちに支援をしているユニセフの活動について知り、そのサイトに子どもたちを励ます言葉をのせるページがあるので、そこに寄せる自分のメッセージを考え、英語で表現してみること、第四回目は、シリアの子どもたちを励ます英語メッセージをグループ内で考え、そのメッセージに絵を添えたポスターを作り、それを見せながら、グループごとに思いをこめて発表することであった。

この四回の外国語活動を通して、国語、社会、道徳、総合などの他教科と連携をしながら、小学校高学年の子どもたちの「外国語」の学びの質を高め、子どもたちの心と頭に残る授業を展開できる可能性がCLIL授業にはあることを確信した。

小学校英語は、子どもたちが初めて外国語と出会う大切な役割を担うものである。この最初の段階で、高学年の児童の知的関心に合った内容を持つ外国語教育をしておくことにより、子どもたちは、中学・高校に進んでからも外国語を学ぶ意義を心で実感し、世界とつながる力、人とつながる力をつけるための外国語習得に努めるようになることであろう。これは新学習指導要領の「学びに向かう態度・人間性」という観点に沿ったものとなる。

「難民問題」というチャレンジングなテーマであったが、子どもたちはすぐに refugee という単語も覚えてワークシートに書いていた。このような学習内容と学習言語を統合したキーワードを毎回の授業で提示することは担任教諭のアイデアであったが、実に有効であった。第三回目の授業のキーワードはＵＮＩＣＥＦだったのであるが、この児童たちが、六年生の一学期に学校内の中心となってユニセフのための募金活動を展開し、この授業によって、あのとき集めたお金がシリアの子どもたちの冬の衣服を提供するために使われているのだということがわかり、ボランティア活動と授業での学びがうまく結びついたのであった。

また、筆者はアイラン君のほかにも、ヨルダンやレバノンに難民として逃れた女の子たちの物語を高輪のユニセフ・ハウスで入手し、彼女たちの立場に自分の身をおいてみる英語表現を使ったワークシートを作ったのであるが、それもうまく機能したと思う。また、ギリシャの島で暮らしている十三歳のムスタファ君のビデオも、児童たちは食い入るように見てくれた。また、ユニセフのサイトに難民の子どもたちを励ます英語メッセージをパソコンで送ったり、グループでポスターを書いて発表するというアウトプットの活動を入れることで児童の主体的な参加が増した。

今回の実践で、子どもたちの振り返りシートに次のような感想が書かれていた。「今まで、友達に向かって、かんたんに『死ね』などという言葉を使っていたが、死んでトルコの海岸に流れ着いた三歳の男の子の姿を見て、"dead"という言葉が胸にささり、『死ね』などということも気軽に口にはできないという気持ちになった」。英語を通すことによって、今まで自分が気軽に使っていた「死ぬ」という日本語の言葉を見直し、それが友達に向けて言っていい言葉かどうかを批判的に考え直しているのである。このような感性と知性をそなえた高学年児童の外国語教育は、ＣＬＩＬによってさらにその可能性を広げることができるであろう。他教科で学んだ内容を外国語を通して、また新たな角度から見直し、考えを深めることで、その外国語の言葉もパーソナライズされて児童の中に定着し、内容の方もスパイラルで繰り返し学ぶことにより、いっそうの理解が図られるであろう。

児童三クラス分の振り返りシートから、英語が苦手である児童も、また、英会話塾などで英語を習っている児童も、「シリアの子どもたち」というテーマ授業を四回継続したことにより、最終的には「この学習をしてよかった」という方向へ変化してきていることが読み取れる。この項目における三クラスの子どもたちの最終回におけるポジティブ評価は、すべてのクラスで九〇%を越えた。第一回の授業後には、すべての質問項目に否定的な答えをし、自由記述欄三か所すべてに「わかんない」と書いていた児童が、最終回では、「内容がわかった」「英語で何を言っているのかがわかった」「英語で世界の人とコミュニケーションしたい」「やってよかった」というすべての項目においてよい評価をつけ、「がんばったこと」について書くところに「英語」と書いていた。また、初回授業後の振り返りでは、「いつもの英語活動の方が英語を習うのでいい」と書いていた英会話塾に通っている児童も、最終回では「やってよかった」の項目に「とてもそう思う」と答え、「がんばったこと」として「班でいっしょに話し合い、ポスターを作ってみんなでクラスの前で英語を使って発表したこと」と書いている。このような両極の児童をまきこめる力をもったCLIL授業は、様々な能力や関心をもった子どもたちが存在する公立小学校において、希望のもてる授業方法であり、さらに実践と研究を重ねていくことが期待される。

東洋学園大学の英語教育においても、CLILに基づいたレッスンプランをたてて、学生たちに考えさせる活動を多く入れ、英語によるプレゼンテーションやレポート作成をさせ、グローバル教育につながる英語授業をめざしたいものである。

子どもの権利条約

ここ十年、児童英語教育の授業において、「子どもの権利条約」（児童の権利に関する条約）について、小学校で英語を使ってどう教えられるか、ということを扱ってきた。これは、子どもの基本的人権を国際的に保障するために定められた条約であり、前文と本文五四条からなっている。子どもたちが地球上のどこに生まれようとも、彼らが幸せに生きて育っていくために必要なものは同じである。一つ目は「生きる権利」で、生存のための条件が整っていること、家庭があること、病気になったときに診療を受けられること、二つ目は「育つ権利」で、遊び・文化活動ができること、教育を受けられること、情報を得られること、三つ目は「守られる権利」で、障がいを持つ子ども・難民の子どもも保護されること、暴力やいじめなどの苦しみを受けないこと、四つ目は「参加する権利」で、グループ活動ができること、社会活動に参加できること、意見を言えることとまとめられる。一九八九年の第四四回国連総会において採択され、一九九〇年に発効し、日本は一九九四年に批准した。

ユニセフは、国連人権委員会で「子どもの権利条約」の草案作りに参加し、国連総会での採択ならびに各国政府による批准を促すため、全世界で広報・アドボカシー活動を行った。そして、この条約の内容の実施に関する助言や検討などを行う国際機関として活動している。ユニセフは日本の小中学校における教育活動にも力を入れているが、筆者のゼミの学生の一人も、中学生だったときにユニセフの方がいらして授業をしてくださったことがきっかけで、世界の子どもたちのために何かをしたいという気持ちを抱き、その夢を実現させるために学び続けている。

千葉県流山市の小学校で、「学校に行けない子どもたち」という外国語活動の授業をさせていただいたことがある。織物工場で一日中カーペットを織っているイランの女の子、ゴミの山で少しでも金になりそうなものを拾い集めているフィリピンの男の子、児童兵士となり地雷をふんでしまったことにより片足を失ったカンボジアの男の子などの写真を提示した。この児童兵士の写真を出したときには、子どもたちから一斉に「あー」という悲しい声が上がり、教室のあちこちから「地雷」「地雷」という声が聞こえてきた。このときの児童たちが国境を越えた異国の子どもたちに向けたやさしさは筆者の心に今も強く残っている。

シリアでは国内外で就学できない子どもが二七〇万人にのぼる。国内の学校の半分は閉鎖され、五万人以上の教師が辞職に追い込まれた。学校がミサイル攻撃を受けて子どもや教師が死傷したり、戦闘準備拠点や拷問施設として使われている学校もある。長く続く内戦のせいで、学校に行けず、父母と死別し、生活のために労働を強いられるなど「子どもが子どもでいられなくなっている」状態であるとNGO「ワールド・ビジョン」のスタッフは語る。

国際理解教育からＥＳＤ（持続可能な開発のための教育）へ

日本の国際理解教育の背景にはユネスコの国際教育がある。ユネスコ憲章の前文には「戦争は人の心の中で生まれるものであるから、人の心の中に平和のとりでを築かなければならない」という言葉があり、国際教育の目的が平和教育であることがわかる。また、ユネスコが一九七四年に出した勧告では、教育の目的を「人格の全面的な発達」と「人権および基本的人権の尊重の強化」とすることが明記されており、「すべての国等の相互間の理解、寛容および友好関係を促進する」必要性がうたわれている。さらにその「指導原則」の中では、各国の教育現場で推進すべきものとして、「すべての教育に国際的側面と世界的視点を持たせること」「すべての人民とその文化、文明、価値、生活様式に対する理解と尊重」「他の人々とコミュニケーションする能力」があげられている。こう考えると、小学校段階の国際理解教育において、世界の文化についての「知識」や「技能」を授けるだけでなく、子どもたちが自己肯定感を持ち、他者を尊重できるような「態度と価値観」を育てる大切さが見えてくる。国際理解教育はすべての教育課程において実施されるべきものであるが、「ことばの教育」「コミュニケーションの教育」としての外国語教育に期待されるものも多いことは疑問の余地がない。

このような教育には、開発教育からグローバル教育へという流れと、異文化間教育から市民性教育へという二つの流れがあるが、両者は、二十一世紀に入ってＥＳＤ (Education for Sustainable Development) に包含されてきている。文部科学省のサイトにあるＥＳＤの説明によれば、ＥＳＤは持続可能な社会づくりの担い手を育む教育であり、人間性を育むこと、「つながり」を尊重できる個人を育むことの二点が重要であり、そのため、環境、平和や人権等のＥＳＤの対象となる様々な課題への取組をベースにしつつ、環境、経済、社会、文化の各側面から学際的かつ総合的に取り組むことが重要であるとされている。

筆者が国際交流活動の支援をしている福島の小学校は、県下で最初にユネスコスクールとなった学校である。ユネスコスクールにおいては、ＥＳＤを推進することがすべての教育のベースとなっている。今年はゼミの学生たちとこの小学校で「シリアの子どもたちの声を聞こう」の授業をさせていただく予定である。交流校のトルコの学校にはシリア難民の子どもたちが数名通ってきており、筆者のもとにはその子たちの写真も届いている。彼らはトルコ語が話せず父親が営むリサイクルの仕事で何とか生計をたてているという。筆者の友人であるトルコの先生は彼らにあたたかく接しており、シリアの子どもたちからは笑顔も見られるようになったという。

二十一世紀の外国語教育に求められているものは、ＥＳＤを推進することに貢献できるような学際的かつ総合的な学びであるといえよう。つまり、国を越えて異国の子どもたちの問題を自分の問題としてとらえ、グローバルな視点から解決策を考え、そのためにアクションを起こすことに通じるような学びでなくてはならない。ボーダーレスな英語教育をデザインしていく必要がますます高まってきているのである。

国境を越える学力
——国際バカロレア教育に着目して

末藤《すえふじ》　美津子《みつこ》
本学教授。専門は教育学。
主な著書『世界の外国人学校』（編著、東信堂、二〇〇五年）、『アメリカ　間違いがまかり通っている時代』（訳、東信堂、二〇一五年）。

はじめに

十九世紀後半から近代国家は国民を形成するために、公教育制度を構築し、子どもたちに共通の言語と標準化された学力を身につけさせることに努めてきた。例えば、移民の国と言われるアメリカの公立学校は、新たに流入してきた移民の子どもたちに英語と共通の教養、すなわち読み書き算とアングロサクソンの価値や道徳規範を教え込み、良きアメリカ人とすることに力を注いだ。また、日本においても明治政府は北海道開拓に際し、アイヌの子どもたちに日本語と内地の学校に準じた教科内容を教え込み、良き日本人とすることに尽力した。

だが、こうした共通の言語と標準化された学力を身につけた国民からなる近代国民国家という概念は、短時間に膨大な量の人、物、金、情報が国境を越えて行き交うことが可能となった二十世紀後半以降、大きく揺らいでいくこととなる。そこにはいくつかの要因が考えられるが、例えば人の移動に着目すると、国際社会の平和と秩序を維持するため、国連や世界銀行などの国際機関の果たす役割が増し、多様な国・地域から専門家が必要とされるようになった。また、ヨーロッパでは統合に向けた動きが加速され、さまざまな国の人々が一つのヨーロッパの実現を目指して共に働く機会が増えていった。加えて、企業のグローバル化が進展し、多国籍企業も少なからず誕生したことから、いくつもの国を移動して企業活動を展開する人々も散見されるようになった。こうした国際公務員や海外駐在員などに伴われて、生まれ育った国の言語や文化とは異なる環境の中で暮らすこととなった子どもたちの存在とその教育のあり方が、国家が公教育を通じて国民を育成するという考え方に一石を投じたのである。

世界各地の文化が交叉するコミュニティで育った子どもたちは、生まれた国とも現地社会とも異なる第三のアイデンティティを形成し始めているという意味で、「サード・カルチャー・キッズ（Third Culture Kids: TCK）」とも呼ばれている。押しなべてこうした子どもたちは、移民とは異なりいずれ母国に戻るつもりであり、エリート階層に属し、所属する組織からも現地社会からも特権を得ている。TCKと呼ばれる子どもたちに、安定した文化環境のもとで教育機会を提供してきた教育機関として、国際学校（インターナショナル・スクール）がある。世界各地に点在する国際学校の経営母体、学校規模、在籍する児童・生徒の国籍などは多様を極めるが、いずれの国際学校も、本国のものでもなく、現地のものでもない教育を子どもたちに提供してきた。

こうした国際学校の間で、共通の教育課程と試験制度を開発し、世界のどこでも通用する学力、いわば国境を越えた学力を提供したいという動きがしだいに高まっていった。特定の国の教育制度や教育内容に偏らず、さまざまな国の大学入試制度に対応できる、世界共通の大学入学資格を与えるプログラムの構築が求められるようになったのである。国際機関、財団、政治家、研究者など多彩な人々がそうした要請に応えようと、膨大な時間と労力を傾け、さまざまな試みを重ねた。その結果、一九六八年にスイスのジュネーブで非営利団体として国際バカロレア機構（International Baccalaureate Organization: IBO）が設立され、国際バカロレア（International Baccalaureate: IB）のプログラムが提供されることとなった。

世界中に通用する学力、すなわち国境を越えた学力が構想され、実際の運用が開始されたのである。当初、六カ国、七校で始められたＩＢのプログラムは徐々に広まっていき、二〇〇〇年以降には実施される学校数が飛躍的に増大し、半世紀が経過した二〇一七年六月現在、一四〇以上の国・地域にある四、八四六校で実施されている[1]。ＩＢＯは現在、ユネスコ（UNESCO）と欧州評議会（Council of Europe）の諮問機関となっている。そこで本稿は、ＩＢが目指す国境を越えた学力とはどのようなものであるかを明らかにしたい。

国際バカロレアの理念

ＩＢの成立過程を詳細に分析した福田誠治が端的に指摘しているように、そもそもＩＢの教育理念や教育方法は、「ルソーの教育思想に基づく国際新教育運動と進歩主義教育に根ざし、理論的基礎を整理したデューイの経験主義に基づいている。第二次世界大戦後は、国を越えた教育運動としてユネスコの動きを踏まえている」[2]。このＩＢの理念にも、近年、知識基盤社会と言われる時代の要請に応えるために新たな視点が加味されるようになった。

今日、ＩＢは以下のような使命を持つものと規定されている[3]。

国際バカロレア（IB）は、多様な文化の理解と尊重の精神を通じて、より良い、より平和な世界を築くことに貢献する、探究心、知識、思いやりに富んだ若者の育成を目的としています。

この目的のため、ＩＢは、学校や政府、国際機関と協力しながら、チャレンジに満ちた国際教育プログラムと厳格な評価の仕組みの開発に取り組んでいます。

ＩＢのプログラムは、世界各地で学ぶ児童生徒に、人がもつ違いを違いとして理解し、自分と異なる考えの人々にもそれぞれの正しさがあり得ると認めることのできる人として、積極的に、そして共感する心をもって生涯にわたって学び続けるよう働きかけています。

ＩＢは、多様性を理解し、尊重することを通じて、より平和で持続可能な世界を築くことができるような人材を育成することを目指している。それは、探究心、知識、思いやりを身につけ、国際的な視野をもった人を育てることでもある。では、国際的な視野をもつ人とはどのような人なのであろうか。その具体的な例として、ＩＢＯは二〇〇六年に次のような十の学習者像を提示した。これは、ＩＢの教育課程の具体的な目標であり、最上位の教育概念ともなっている。教師は、毎授業時にこの学習者像が実現されているかどうか、常に自覚していなければならないし、研修においても繰り返し確認されている。

・ＩＢの学習者像

1　探求する人

私たちは、好奇心を育み、探求し、研究するスキルを身につけます。ひとりで学んだり、他の人々と共に学んだりします。熱意をもって学び、学ぶ喜びを生涯を通じてもち続けます。

2　知識のある人

私たちは概念的な理解を深めて活用し、幅広い分野の知識を探求します。地域社会やグローバル社会における重要な課題や考えに取り組みます。

3　考える人

私たちは、複雑な問題を分析し、責任ある行動をとるために、批判的かつ創造的に考えるスキルを活用します。率先して理性的で倫理的な判断を下します。

4　コミュニケーションができる人

私たちは、複数の言語やさまざまな方法を用いて、自信をもって創造的に自分自身を表現します。他の人々や他の集団のものの見方に注意深く耳を傾け、効果的に協力し合います。

5　信念をもつ人
私たちは、誠実かつ正直に、公正な考えと強い正義感をもって行動します。そして、あらゆる人々がもつ尊厳と権利を尊重して行動します。私たちは、自分自身の行動とそれに伴う結果に責任をもちます。

6　心を開く人
私たちは、自己の文化と個人的な経験の真価を正しく受け止めると同時に、他の人々の価値観や伝統の真価もまた正しく受け止めます。多様な視点を求め、価値を見いだし、その経験を糧に成長しようと努めます。

7　思いやりのある人
私たちは、思いやりと共感、そして尊重の精神を示します。人の役に立ち、他の人々の生活や私たちを取り巻く世界を良くするために行動します。

8　挑戦する人
私たちは、不確実な事態に対し、熟慮と決断力をもって向き合います。ひとりで、または協力して新しい考えや方法を探求します。挑戦と変化と機知に富んだ方法で快活に取り組みます。

9　バランスのとれた人
私たちは、自分自身や他の人々の幸福にとって、私たちの生を構成する知性、身体、心のバランスをとることが大切だと理解しています。また、私たちが他の人々や、私たちが住むこの世界と相互に依存していることを認識しています。

10　振り返りができる人
私たちは、世界について、そして自分の考えや経験について、深く考察します。自分自身の学びと成長を促すため、自分の長所と短所を理解するよう努めます。

この十の学習者像からは、ＩＢ教育が児童・生徒の知識やスキルといった認知に関わることのみならず、感情や社会性にも目を配っていることがうかがえる。まさに、全人的なホリスティックな教育を目指していると言えよう。国際的な視野をもつとは、自分自身を大切に思うのと同様に、他者や周辺世界の価値をも認めて尊重し、相互理解を深めていくことであり、そうした努力がより良いそしてより平和な世界を築くことにつながっていくと考えられているのである。「探究」「批判的思考」「コミュニケーション」「正義」「多様性」「共感」「バランス」「振り返り」といったキーワードに体現されたＩＢの教育理念を、他の国際的な学力の基準と比べてみよう。

今日、世界の学力問題を考えていく際には、一九九七年から経済協力開発機構（OECD）によって始められた「生徒の学習到達度調査（PISA: ピザ）」が提起している学力観が大きな影響力をもっている。「生きるための知識と技能」と呼ばれるこの学力観は、日本では知識の活用ということでよく知られている。また、ＯＥＣＤは持続可能な社会の発展のためにどのような能力が求められるのかを明らかにするため、デセコ（DeSeCo）というプロジェクトを立ち上げ、二〇〇五年に「コンピテンシーの定義・選択」計画の最終報告書（DeSeCo, *The Definition and Selection of Key Competencies: Executive Summary, final report*, 2005）を作成した。デセコは、「心理的社会的な条件が流動化する中で特定の文脈において複雑な要求にうまく対応する能力」のことをコンピテンシーと定義し、キー・コンピテンシーを「道具を相互作用的に用いる」、「異質な集団で協働する」、「自律的に行動する」という三つのカテゴリーに分類した。

二〇〇六年には欧州連合（European Union: EU）の欧州議会（European Parliament）と欧州理事会（European Council）が、EUの拡大によって社会の文化的・民族的多様性が増していく中で、社会のすべての構成員を社会的・経済的活動に組み入れ、各人の能力を最大限に発揮させるにはどのような能力が求められるのかという観点から、『生涯学習に向けたキー・コンピテンス（*Recommendation of the European Parliament and of the Council of 18 December 2006 on key competences for lifelong learning*, 2006）』という勧告を出した。そこでは、「母語によるコミュニケーション」、「外国語によるコミュニケーション」、「数学・科学・技術の基礎的能力」、「デジタル能力」、「学び方の学習」、「社会的・市民的能力」、「起業家精神」、「文化の自覚と表現」という八つのキー・コンピテンスが提示された。こうした世界標準の学力とIBの目指すところは極めて親和性が高い。

国際バカロレアのプログラム

国際的な視野をもった人材を育成するため、IBは児童・生徒の年齢に応じて、プライマリー・イヤーズ・プログラム（PYP）、ミドル・イヤーズ・プログラム（MYP）、ディプロマ・プログラム（DP）、キャリア関連プログラム（CP）という四種類のプログラムを提供している。

三歳から十二歳を対象とするPYPは幼児・初等教育プログラムであり、精神と身体の両方を発達させることを重視している。十一歳から十六歳を対象とするMYPは中等教育プログラムであり、青少年にこれまでの学習と社会のつながりを学ばせるものである。PYPとMYPはどのような言語にも対応している。十六歳から十九歳を対象とするDPは大学接続プログラムであり、所定のカリキュラムを二年間履修し、最終試験を経て所定の成績を収めると、国際的に認められる大学入学資格が取得可能である。このDPは原則として、英語、フランス語またはスペイン語で実施される。また、十六歳から十九歳を対象とするCPは近年、創設されたプログラムで、生涯のキャリア形成に役立つスキルの習得を重視している。CPの一部科目は英語、フランス語またはスペイン語で実施される。

四つのプログラムの中でも、世界中の大学への入学資格を生徒に授与することから、「世界共通のパスポート」とも呼ばれているDPについて、少し詳しく見ていきたい。DPのプログラムモデルは、三つの円が同心円状に重なって構成されているとイメージすると分かりやすい。一番中心の円には、前述した「IBの学習者像」が置かれている。二番目の円には、プログラムモデルのコアを形づくる「課題論文」、「知の理論」、「創造性・活動・奉仕」という次の三つの必須要件が置かれている。

・IBのDPプログラムの必須条件

1　課題論文（EE：Extended Essay）

履修科目に関連した研究分野について個人研究に取り組み、研究成果を四〇〇〇語（日本語の場合は八〇〇〇字）の論文にまとめる。

2　知の理論（TOK：Theory of Knowledge）

「知識の本質」について考え、「知識に関する主張」を分析し、知識の構築に関する問いを探求する。批判的思考を培い、生徒が自分なりのものの見方や、他人との違いを自覚できるよう促す。最低一〇〇時間の学習。

3　創造性・活動・奉仕（CAS：Creativity/Action/Service）

創造的思考を伴う芸術などの活動、身体的活動、無報酬での自発的な交流活動といった体験的な学習に取り組む。

一番外側の三番目の円には、「言語と文学」「言語習得」「個人と社会」「実験科学」「数学」「芸術」という六つの教科グループが置かれている(4)。

・IBのDPプログラムの教科グループ

1　言語と文学（母語）

文学、言語と文学、文学と演劇（グループ1と6の横断科目）

2　言語習得（外国語）

英語、フランス語、スペイン語

3　個人と社会

ビジネス、経済、地理、グローバル政治、歴史、心理学、環境システムと社会（グループ3と4の横断科目）、情報テクノロジーとグローバル社会、哲学、社会・文化人類学、世界の宗教

4　実験科学

生物、化学、物理、デザインテクノロジー、環境システムと社会、コンピュータ科学、スポーツ・運動・健康科学

5　数学

数学スタディーズ、数学（標準）、数学（高等）

6　芸術

音楽、美術、ダンス、フィルム、文学と演劇

生徒は、カリキュラムのコアをなす必須要件である「課題論文」、「知の理論」、「創造性・活動・奉仕」のすべてを履修する。さらに、生徒は、六つの教科グループからそれぞれ科目を選択し、二年間で六科目を学習する。各科目には上級レベル（HL, 履修時間二四〇時間）と標準レベル（SL, 履修時間一五〇時間）があり、上級レベルは大学やその後の職業において必要となる専門分野の知識やスキルに対応している。生徒は、六科目のうち、三〜四科目を上級レベルで、その他を標準レベルで学ぶ。次に、カリキュラム

のコアをなす必須要件である「知の理論」を取り上げたい。

「知の理論」

「知の理論」は当初より、ＩＢプログラムを履修する生徒全員の必修科目とされ、各科目の相互関連性を理解させ、哲学的な思考をめぐらせる時間として位置づけられていたが、一九八五年に、「哲学」とは区別され、以下のように明確に定義し直された。(5)

本コースは、ＩＢの教育哲学で鍵となる要素なので、ディプロマの全志願者に必要である。その目的は、教室内外における生徒の知識と経験に批判的省察をさせることである。本コースは、概念を分析したり、討論することで、また全人類が作り出した価値判断を基盤にして、自分たちおよび他人が知ったことについて、生徒が批判的認識を獲得するように促すことを意図しているという点では、ある意味で「哲学的」である。本コースの諸目的は、ＩＢ教科の第三群にある選択教科の「哲学」の諸目的と同じである。「知の理論」と「哲学」との主要な差異は、「知の理論」が「すべての者の哲学」であるのに対して、「哲学」はこの教科に特に興味をもつ者に応じるものである。

「すべての者の哲学」と定義された「知の理論」は、知識そのものを根源的に問い直し、個々の学問分野の知識体系をも問い直し、理性的な考え方と批判的な精神を養うものとされた。現在のＩＢＯの

『「知の理論」（TOK）指導の手引き』によると、「知の理論」は特定の知識体系を身につけるのではなく、知るプロセスを探究する授業と定義されている。つまり、「知識の本質」について考え、私たちが「知っている」と主張していることを、いったいどのようにして知り得たのかを考察していくという。こうして身につけた批判的思考のプロセスを、生徒は教科学習に転移し、応用していくことができるとみなされている。

「知の理論」のねらいは一言で言うと、「あなたはどのようにして知るのか」（How do you know?）という問いに対する答えを生徒がさまざまな文脈において考え、この問いの価値を認識するよう促すことにあるという。具体的には以下の五つのねらいにまとめられている。

一　知識の構築に対する批判的なアプローチと、教科学習、広い世界との間のつながりを見つける。
二　個人やコミュニティがどのようにして知識を構築するのか、その知識がどのように批判的に吟味されるのかについて、認識を発達させる。
三　文化的なものの見方の多様性や豊かさに対して関心を抱き、個人的な前提や、イデオロギーの底流にある前提について自覚的になる。
四　自分の信念や前提を批判的に振り返り、より思慮深く、責任意識と目的意識に満ちた人生を送れるようにする。
五　知識には責任が伴い、知ることによって社会への参加と行動の義務が生じることを理解する。

「批判的思考」「多様性」「振り返り」「責任」といったキーワードが目に付くが、これらは当然のことながら、十の学習者像を踏まえたものとなっている。IBディプロマコースで学んだ学生からは、この「知の理論」が一番難しかったとも言われているようである。(6)

日本の現状

ここで、日本におけるIBの受入状況を整理したい。文科省は二〇一一年七月から「国際バカロレアについて」というホームページを開設し、グローバル人材の育成の観点から、我が国におけるIBの普及・拡大を推進していることを表明している。(7) 文科省は、IBの理念や教育カリキュラムと日本の教育政策の方向性は親和性が高いと判断している。具体的には、IBの十の学習者像が、「生きる力」にもつながり、学習指導要領が目指す資質・能力と合致するという。二〇一三年六月には「日本再興戦略――JAPAN is BACK――」が閣議決定され、国内におけるIB認定校（ディプロマ・プログラム）を二〇一八年までに二〇〇校に大幅に増加させることが目標として掲げられた。

二〇一三年度から文科省はIBOと協力して、ディプロマ・プログラムの科目の一部を日本語でも実施可能とする「日本語DP」の開発・導入に着手した。その結果、一部の認定校で二〇一五年四月から日本語DP課程が実施されている。日本語で実施可能となるのは、経済、地理、歴史、生物、化学、物理、数学、数学スタディーズ、音楽、美術、課題論文、知の理論、創造性・活動・奉仕である。

また、文科省は二〇一五年八月、学校教育法施行規則を一部改正し、DP認定校においては、IBと学習指導要領の双方を無理なく履修できるよう、教育課程の基準の特例措置を設け、DPの以下の七つの科目を履修したときは、それに対応する高等学校学習指導要領に定める科目を履修したものとみなすと定めた。マセマティカル・スタディーズを数学Iに、マセマティックスを数学Iに、フィジックスを物理基礎に、ケミストリーを化学基礎に、バイオロジーを生物基礎に、ランゲージBをコミュニケーション英語Iに、セオリー・オブ・ナレッジを総合的な学習の時間に読み替えることを認めたのである。あわせて、生徒の負担を軽減するため、IBのDP科目について三六単位まで卒業に必要な単位数に参入できるようにした。

文科省のこうした取り組みを経て、二〇一七年六月現在、日本におけるIB認定校は四六校、そのうち一条校のIB認定校は二〇校、日本語DP実施校は九校となっている。(8) 一条校とは、学校教育法の第一条で定める学校のことで、学習指導要領に則った授業を実施することが課されており、正規学校とも言われている。二〇一八年までにIB認定校を二〇〇校にするという目標の達成に向けて、二〇一四年に玉川大学大学院教育学研究科に、二〇一七年からは筑波大学大学院教育学研究科、岡山理科大学、都留文科大学などでもIB教員養成課程が設置されるようになった。日本におけるIBへの取り組みは着実に進展していると言えよう。

おわりに

現在、ＩＢ資格は、国により具体的な取扱いは異なるものの、国際的に通用する大学入学資格として、世界のおよそ九〇ヵ国、二、三〇〇以上の大学において幅広く受け入れられている。(9) ＩＢはすでに国境を越えた学力として認知されているのである。例えば、イギリスでは、ユーカス（Universities & Colleges Admissions Service: UCAS）という国の大学共通の出願機関がＩＢのスコアの換算表を作成していて、各大学が入学者選抜の目安としてＩＢのスコアを活用している。アメリカでは通常、ＳＡＴなどの共通試験やハイスクールの成績などを総合的に判断して大学への入学者が選抜されているが、レベルの高い大学では、ＩＢの履修が積極的に考慮されているところも少なくない。日本では、二〇一七年一〇月現在、五四の国公私立大学でＩＢのスコアなどを活用した大学入試が行われている。(10)

今日の国際社会においては、ＯＥＣＤのＰＩＳＡ、ＤｅＳｅＣｏのキー・コンピテンシー、ＥＵのキー・コンピテンスなどが世界標準の学力とみなされている。そこでは、考え方を学ぶとか、疑問をもってよく考えるとか、他人と上手に交流して全体をうまくまとめるといったスキルが求められている。日本の学習指導要領においても、知識を活用して主体的に問いを立て、解決策を考えられるようになることが求められている。ＩＢのプログラムもまさにそうした目標を共有している。ＩＢが国境を越える学力と呼ばれる所以はこうしたところにある。

注

（1）文部科学省「国際バカロレアとは」『国際バカロレアについて』
http://www.mext.go.jp/a_menu/kokusai/ib/1307998.htm

（2）福田誠治『国際バカロレアとこれからの大学入試改革』亜紀書房、一三五頁、二〇一五年。

（3）国際バカロレア機構『国際バカロレア（IB）の教育とは？』
http://www.ibo.org/globalassets/digital-tookit/brochures/ what-is-an-ib-education-2017-jp.pdf

（4）国際バカロレア機構『「知の理論」（TOK）指導の手引き』
http://www.ibo.org/contentassets/93f68f8b322141c9b113fb3e3fe11659/tok-guide-jp.pdf

（5）国際バカロレア『科目用指導書』一九八五年（福田誠治、前掲書、二三〇頁に所収）

（6）福田誠治、前掲書、二二二頁。

（7）文部科学省『国際バカロレアについて』http://www.mext.go.jp/a_menu/kokusai/ib/

（8）文部科学省「国際バカロレアの認定校」『国際バカロレアについて』
http://www.mext.go.jp/a_menu/kokusai/ib/1307999.htm

（9）International Baccalaureate Organization, 'University Admission', *International Baccalaureate*,
http://www.ibo.org/university-admission/recognition-of-the-ib-diploma-by-countries-and-universities/faqs/

（10）文部科学省「我が国の大学入学者選抜における取扱い」『国際バカロレアについて』
http://www.mext.go.jp/a_menu/kokusai/ib/1308005.htm

日本語の授業における越境

山本《やまもと》　博子《ひろこ》
本学専任講師。専門は中古語の複合過去形式。「日本語教育法」「日本語表現法」等の授業を担当していることから、日本語教育・リメディアル教育についても、実践報告をまとめている。

はじめに

「越境」――この言葉について、辞書には「境界線や国境などを越えること。」と説明されている。(1)

私は、日本語を母語としない人々が日本語を習得するために通う学校に、数年ではあるが非常勤講師として勤めた経験がある。母語とは異なる言語である日本語を理解し使えるようになるために学んでいる学習者達からは、時に私が全く想像もしていないような質問を投げかけられることがあった。それはまるで、私が教壇に立つうえで築く、ここからは正しいがここからは正しくないという日本語の用法の境界線や、おそらくこの学習者の間違いはこのような理由で生じているのであろうという予測を乗り越えられる体験であった。そして、そのたびに私は、日本語のおもしろさや奥深さを再認識し、日本語を教えていくことの活力を与えられていた。

本稿では、日本語の授業における私の越境体験を、日本語の文法・表記・意味・音声の問題に分けて紹介していきたい。

「桜がきれいですね」と「桜はきれいですね」

日本語の助詞「は」と「が」の違いについては、様々な側面からの説明が必要となる。その日の授業で使用していた教科書[2]にも、「伝えたい情報の前」や「疑問詞の前」は「は」になり、「伝えたい情報の後」や「疑問詞の後」は「が」になると説明され、以下のような例が示されている（本稿で示す引用例文の太字・網掛け等は、すべて引用教科書に準拠）。

A：これ**は**何ですか。　B：これ**は**時計です。

A：だれ**が**来ましたか。　B：田中さん**が**来ました。

さらに、「対比して示したいとき」は、「ワイン**は**飲めますが、ウイスキー**は**飲めません。」のように「は」を用いると説明されている。

このあたりの説明までは特に質問も出ず、淡々と授業は進行していた。

しかし、「が」についてのある説明をしている際に、越境体験がもたらされた。

使用教科書には、「目や耳に入ってくることを描写するとき」は「が」を用いると説明されており、例文として、「あ、鳥が水を飲んでいます。」「雨が降ってきましたよ。」が挙げられていた。二例だけでは少ないので、私は、教科書以外の例を示そうと思い、「日本では、春に桜がきれいに咲きますよね。そんな時、桜を見ながら、『わぁ、桜がきれいですねぇ』と言うんですよ。『わぁ、桜はきれいですね』とは言いません。」と説明した。一同、納得という雰囲気になった。

しかし、その時、まだ十代の中国人学習者が何か腑に落ちない表情で私にとつとつと質問をしてきた。「桜は……、見ている時しか、きれいだと言わないの……?」と。私は、すぐには彼の質問の意味が理解できなかった。しかし、それ以降も私に何かを伝えようとしている彼の言葉を拾っているうちに、彼の言いたいことがわかってきた。彼は、「桜をきれいだと表現したいのは、必ずしも桜を目の前にしている状況の時だけではないのではないか。頭の中で桜のことを浮かべ、きれいだと思うこともあるはずだ。そんな時は、どのように表現したらいいのだろうか。」ということを私に尋ねたかったのだ。

たしかに、そうである。私達は、桜の花を見ている時にしか、桜のことを「きれいだ」と言語化するわけではない。桜が全く咲いていない時期でも、「毎年この近くの川沿いに桜が咲く。桜の花は本当にきれいだ。」と、桜の花の恒常的な美しさを表現したいことがあるだろう。また、昔見た桜の花を思い出し、「高校の正門を入ったところに大きな桜の木があった。満開の桜はきれいだったなぁ。」と過去に見た桜の美しさを言葉にすることもあるだろう。そのような時には、「桜が」ではなく「桜は」と言うのである。

この「が」と「は」の用法の違いについては、『日本語文法　セルフ・マスターシリーズ1　はとが』[3]で、「見たことを出来事としてそのまま述べる文」は「主語に『が』をつける」、「見たことをそのまま述べる文ではなく、頭の中で判断したことを述べる文」は「主語に『は』をつける」と説明され、用例として「今日は川の水**が**きたないですね。」や「東京の新宿や六本木**は**真夜中でもにぎやかですよ。」などが挙げられている。また、『日本語の文法』[4]では、「形容詞が性質をあらわすとき、主語は『～は』になるが、一時的な状態をあらわすときは、主語が『～が』になる」と説明され、用例として「すみは　くろい」「にしの　そらが　くろい」が挙げられている。

私は、日本語を教える際には、学習者を混乱させないために、私が説明する用法以外の可能性をあえて考えさせないようにすることがある。その教え方は、わかりやすい授業につながることもあるが、一方で、言葉を単純化して示し過ぎるという危険性があることも自覚していた。

彼は、私が授業中には見せなかった表現の可能性を、自分で想像し問いかけてきたのである。桜の花を目の前にしているかいないかによって「は」と「が」が使い分けられる。思いがけない越境体験によりそのことを伝えることのできた私は、教員としての充実感で満たされていた。

腿と桃

日本語の授業における越境体験は、文法を教える際にだけではなく、文字を教える際にも起きる。ある日の授業で、体の部位の名前を教えながら、それを表す漢字を黒板に書いていた。

「あしくび―足首」「ひざ―膝」そして「もも―腿」……。その時、ネパール人学習者が尋ねてきた。「先生！それは、ピーチの漢字と同じですか？」と。ピーチ、つまり「もも」。音が同じだから、足の部位の「もも」も果物の「もも」も同じ漢字を書くのではないかと彼は推測したのである。このような発想は、日頃から表意文字である漢字を用いている日本人にはないものである。つまり、「腿」と「桃」は全く別の物を指し示しているのだから、いくら音が同じでも当然用いられる漢字は異なると考える。一方、母語で表音文字を用いている人々は、文字は意味ではなく音を表すものだという意識が根底にあるため、このネパール人学習者のような疑問が起こりうるのである。もちろん、この学習者も、漢字が意味を表す文字であるということは、日本語を学習し始めた段階で、ある程度は認識できるようになっているはずである。しかし、「もも（腿）」という言葉をおそらくこの時初めて知った彼は、咄嗟に自分の知っている同じ音の「もも（桃）」と結びつけたのだ。

別の日には、こんな出来事もあった。「この問題はなんかいです。」という例文が出てきたため、その意味を説明しながら「難解」と黒板に書いた。すかさず、インド人学習者が、「先生、その漢字は『ここはなんかい？』『五かいよ。』の『なんかい』と同じ漢字ですか？」と尋ねてきた。「残念ながら違うんです。なぜなら……」と私が言いかけている間に、彼女は、「じゃあ、『日本に来るのはなんかいめ？』『二かいめ。』の『なんかい』と同じですか？」と続けて質問してきたのである。私は、「残念ながら、それも違います。」と言うと、彼女は「どうして！」と納得がいかない表情をしたのである。私は、なぜこの三つの「なんかい」に用いられる漢字が違うのかを理解してもらうために、「難」「解」「階」「回」の意味を彼女に説明しながらも、彼女の口からぽんぽんと「なんかい」の例文が飛び出してきたことに感心していた。

漢字学習を円滑に進めていくためには、音が同じだから同じ漢字を書くのではないかということの学習者達のような発想は持たないほうがよいだろう。しかし、境界線を作らずに同じ音の言葉を結び付けようとする彼らの発想には、「足の部位の名前」や「果物の名前」などという言葉のグループの枠組みを飛び越えて日本語を捉える自由さがある。私にとって、これらの越境体験は、「腿」と「桃」、「難解」と「何階」と「何回」という、日頃関係づけて考えることのなかった言葉が、音という側面から考えれば同じグループに入ることを提示された新鮮で楽しい出来事であった。

おにぎりの中の卵

日本語を教えている際、「アルバイトから帰るの時、ラナさんに会いました。」と学習者が表現したら、『の』はいりません。『帰る時』が正しいです。」と修正することができ、「私のクラスにはアルバイトをしている人がありますす。」と学習者が表現したら、「人のことを言う時は『あります』ではなくて『います』と言いましょう。」と修正することができる。つまり、〈間違っている〉日本語を〈正しく〉直すということは、こちらもある程度の自信を持ってできることである。

しかし、時に、この表現は必ずしも間違っているわけではないが普通はこのようには言わないという表現に出会うことがある。

ある日の休み時間、日本語の勉強を始めてまだ一ヶ月程のタイ人学習者が、コンビニで買ってきたおにぎりを食べていた。とてもおいしそうに食べていたので、思わず私は、「そのおにぎりの中には、何

いかけをした。
「それ、何のおにぎり？」などと聞けばよいのだが、日本語初級者にわかりやすいようにこのような問
が入っていますか？」と質問した。日本語母語話者同士の会話であれば、おにぎりの具を尋ねる時は、

するとと、彼女は微笑みながら、「たまご」と一言答えたのだ。

——たまごが入っているおにぎり——

日本語では、食べ物の話をしている時に「たまご」と言ったら、基本的に「鶏の卵」を示す。しかし、彼女が食べているおにぎりの中に、その「たまご」が入っているようには見えなかったため、私は彼女が一体何を「たまご」と表現しているのかを確認するために、彼女のそばに行った。

彼女が食べていたのは、「明太子」のおにぎりだった。

「明太子」は、スケトウダラの卵巣に味を付けた食べ物である。私達は、袋の中に入った無数のスケトウダラの卵を食べている。つまり、彼女の「たまご」という表現もあながち間違ってはいないのである。私は、この時、「事実として必ずしも間違ったことを言っていなくても、相手に伝わらない言葉がある」ということに気づかされた。ちなみに、辞書で「たまご」を引くと、「鳥・魚・虫などの雌が産む、殻や膜に包まれた胚や栄養分。」という説明が一番目に書かれていて、「特に、食用にする鶏のたまご。けいらん。」という説明は二番目に書かれている。

間違ってはいないが母語話者はこのようには言わないのではないかという違和感は、「自動販売機ではミルクが売っていませんね。」「私は毎朝ミルクを飲みます。ミルクは体にいいですから。」と、牛乳

好きの中国人学習者が、「ミルク」という単語を連発している時にも抱いた。「ミルク」が、「牛の乳」を表す言葉であることは間違いない。しかし、実際に私達が「ミルク」という言葉を使うのは、「コーヒーにミルクは入れますか？」と尋ねる時や、「ミルク味の飴」というようにお菓子の味の種類を話題にする時などである。つまり、朝食の際などに飲む紙パックや瓶に入った牛乳を加工し、別の用い方がされているものを指しているのである。この「ミルク」についても辞書で引いてみると、「牛乳。」と一番目に書かれていて、「コンデンス‐ミルク（練乳）など加工乳の略。」という説明は二番目に書かれている。

『広辞苑』の凡例に「語義がいくつかに分かれる場合には、原則として語源に近いものから列記した。」とあるように、辞書は、その言葉の最も基本的な意味から順に示すと言える。そのことにより、私達は、辞書を通して、その言葉の意味だけでなく歴史も知ることができる。そして、実際の私達の生活においては、「たまご」「ミルク」をむしろ辞書の二番目の説明で用いていることも確認できる。私達の実際の生活では、「たまご」を、たらこや明太子やピータンなどの鶏の卵以外の卵とすみ分ける言葉として用い、「ミルク」を、紙パックや瓶に入った「牛乳」とすみ分ける言葉として用いていることが、この学習者達の日本語を聞くことによって気づかされるのである。

バララ

日本語を教えている際に、この学習者は促音（「っ」）に問題があるなと認識できるのは、その学習者が「ペトボトル」と発音しているのを聞いた時である。また、「私のいもと」と学習者が親族のことを紹介していたら、「あ、この学習者は長音（伸ばす音）が苦手なのかな」と判断できる。つまり、基本的には、学習者の実際の発音を聞くことによって、その学習者の発音の問題点を知ることができると言えよう。

しかし、ある学習者との出来事により、音声の問題が、必ずしも音声言語からわかるわけではなく、書記言語によってわかることもあるのだということを知ることができた。

ここでは、学習者の日本語の問題点に気づく過程に対する認識を、大きく変えられた出来事を紹介したい。

ある中国人学習者が、宿題のミニ作文に「私は、バララが好きです。バララはおいしいです。そして、食べやすいです。……」と、大好きな「バララ」について書いてきた。

――バララ――

私は、これは、明らかに「バナナ」の書き間違いであると判断した。そして、この学習者は、カタカナの「ラ」と「ナ」を曖昧に覚えているのだろうと考えたのである。そして、「ララ」の上に赤ペンで「ナナ」と書いて、翌日その作文を彼に返却した。返却する際には、赤ペンで修正した部分を指しながら、口頭で「バナナでしょう。バナナ。」と伝えた。私としては、たまたま書き間違えただけであろうという認識であったため、そのくらいの注意喚起で問題ないと考えていた。ところが、その作文をじっと見つめた彼が、「これ（＝バララ）は間違いですか……。」と聞いてきたのである。私は、彼が何に引っかかっているのか即座には理解できなかった。しかし、彼としばらくやりとりをしているうちに、彼がカタカナの「ラ」と「ナ」の区別がついていないのではなく、音声としての「ラ」と「ナ」を区別できていないのだということがわかったのだ。私が「バナナ」と言っても、「バララ」と言っても、彼には同じ音に聞こえるのだと言う。つまり、彼が「バララ」と書いたのは、書き間違えたのではなく、私達が「バナナ」と発音しているあの黄色い果物の名前が、彼には「バララ」と聞こえるから、聞こえた音をそのまま書いただけなのだということが判明したのだ。

　たしかに、「ラ」と「ナ」を発音してみると、口の中の舌の動きは非常に似ている。「ラ」の子音［ɾ］も、「ナ」の子音［n］も、「上の歯茎（の裏側）が調音点で、舌先が調音者になる子音[5]」の「歯茎音《しけい》」である。しかし、［ɾ］は、「舌先が歯茎の裏側を軽くはじいて作る子音[6]」の「はじき音」で、［n］は、「口腔内に閉鎖を作って、同時に軟口蓋を下げて鼻から声が出るようにして作る音[7]」の「鼻音」という違いがある。

　放課後、彼に改めて「らりるれろ」「なにぬねの」の発音の違いを教えることにした。「らりるれろ」の横に「ra ri ru re ro」、「なにぬねの」の横に「na ni nu ne no」とローマ字を書いて彼に発音させてみたところ、「ラ・リ・ルン・ネン・ロン」「ナ・ニ・ヌン・レン・ロン」となんとも不思議なラ行なのかナ行なのかわからない音を発していた。聞き分けることのできない音は、当然ながら発音し分けることもできないのである。

　私は、右手を歯茎に左手を舌に見立てて口の中の動きを示したり、少し極端なはじき音や鼻音を聞かせたりしながら、ラ行とナ行の発音の違いを伝えた。

　職員室に戻り他の先生方にこの話をしたところ、中国語にはどうも［ɾ］と［n］の区別がない方言があり、時折ラ行とナ行の区別がつかない学習者がいるということで、ベテランの先生方にとっては、さほど驚くような出来事ではないようであった。

しかし、私にとっては、普段日常会話には支障のない彼が、「バララ」と「バナナ」の違いがわからず、なによりもその事実を彼の作文によって知ることができたことは、たいへん興味深い体験であった。もし彼が、私との会話のなかで、「私はバララが好きなんです。毎日食べていますよ。」などと言っても、展開していく会話のなかにおける、その場で消えていく音声言語であるがゆえに、意味がわかりさえすれば、「バララ」という発音にそれほど着目することもなく、彼の「ラ」と「ナ」の混同の問題についても気づくことはなかったと考えられる。

また、この「バララ」の学習者とは異なり、「ペトボトル」と発音していても、表記のうえでは「ペットボトル」と正確に書ける、つまり「ペ」と「ト」の間に促音が入ることは認識しているが、実際に発音することが難しくてできていないだけだという学習者もいて、必ずしも表記と発音の問題が連動するとは限らない。

学習者の日本語の問題点に気づく過程は、学習者によって異なるということを初めて意識させられた経験であった。

再び「は」と「が」について――東洋学園大学の「日本語表現法」にて

私に越境体験をもたらしてくれるのは、必ずしも日本語を母語としない日本語学習者だけではない。日本語を母語とする大学生達も、時に私の作った境界線を越えて来る。

ここでは、東洋学園大学における「日本語表現法」(二〇一七年度後期/グローバル・コミュニケーション学部二年次選択必修科目)での越境体験を記したい。

当該授業では、大学生として適切な日本語を身につけることを目的とした教科書(8)を用いており、その日は、以下のような問題を解いていた。

次のa・bは、前後の文とのつながりを考えたとき、どちらの方が自然な語順だと考えられるか、自然だと考える方に○を付け、その理由を説明してください。

❶(1)(2)(3)のうち、(2)(3)は適切な答えとはなっていない。

a 適切な答えは(1)である。

b (1)は適切な答えである。

それにもかかわらず、一般的には(2)(3)の方が重要視されているのである。

この問題の答えは、aである。日本語母語話者は、特に深く理由を考えることもなく、この答えを選ぶことができるであろう。実際に、当該授業においても異論を唱える学生はいなかった。他の問題も残っていたことから、私はこの問題についてあまり詳しい説明をせずに授業を進めた。

しかし、授業が終わってから、ある男子学生が私のもとにやってきた。「❶の答えが納得いかないんです。」と。彼は私に、『(2)(3)は適切な答えとはなっていない。』と前にあって、次の文で(1)を強調したいのだから、(1)を前に出した『(1)は適切な答えである。』としてもいいのではないか。」と自分の考えを述べてきたのである。日本語母語話者である彼が疑問を抱くのだから、その考えにも一理あると認めるべきなのだろうかと、私は一瞬譲歩しそうになった。しかし、やはり、「そうですね。答えはbでもいいですね。」と言うことはできず、私にとっては、どう考えてもbは不自然だと考えられた。この「不自然だ」と私が考える理由を整理し彼に伝えるためには、やはり「は」と「が」の用法の違いを説明しなければいけなかったのである。

先に取り上げたように、「伝えたい情報の前」や「疑問詞の前」は「は」になり、「伝えたい情報の後」や「疑問詞の後」は「が」になるという違いが「は」と「が」にはある。この法則に則ると、選択肢aの文「適切な答えは(1)である。」の伝えたい情報は、まさに「(1)である」となる。一方、選択肢bの文「(1)は適切な答えである。」では、伝えたい情報が「適切な答えである」になってしまい、問題❶の文章全体で言いたいことがぼやけてしまう。彼が言うように、「(1)を強調したいのだから、(1)を前に出した文のほうがいい」と考えるのならば、助詞を「は」ではなく「が」にするべきなのだ。「(1)が適切な答えである。」とすれば、「伝えたい情報」は「が」を後ろに置いた「(1)」となり、この❶の文章全体の趣旨とも合致する。

もちろんこの用例だからそのように解釈できるわけではない。たとえば、「佐藤先生の出身地は千葉県です。」という場合は、「佐藤先生の出身地は（東京都や神奈川県ではなく）千葉県です。」という意味になり、「千葉県です」に文の焦点がある。一方、「千葉県は佐藤先生の出身地です。」という場合は、「千葉県は、（佐藤先生以外の人の出身地ではなく）まさに佐藤先生の出身地なのです。」という意味になり、「佐藤先生の出身地です」に文の焦点がある。また、「千葉県が佐藤先生の出身地です。」と言えば、「（他の県ではなく）まさに千葉県が、佐藤先生の出身地なのです。」という意味になり、「千葉県」に文の焦点があると言える。

このようなことを、いくつかの用例を挙げながら、日本語母語話者である彼と考えていく作業は、私にとってとても新鮮な経験であった。そして、母語話者である彼が、日本語の用法に疑問を持ち、その疑問をそのままにせず、「なぜだろう」「別の可能性もあるのではないか」と考え投げかけてくれたことを、とても嬉しく感じていた。

日本語を母語としない日本語学習者が日本語の文法規則を学ぶのは、正しい日本語が使えるようになるためである。しかし、だからといって、すでに日本語が使える日本語母語話者は日本語の文法規則を学ぶ必要がないということにはならないだろう。自分の母語を知ることにより、自分の言いたいことをより的確によりわかりやすく伝えていく術を自分自身で見つけることができるようになると考えられる。さらには、母語を客観的に分析する力を養うことにより、習得したい外国語の構造をより客観的に整理し使っていく力を得ることもできるだろう。

これからも、日本語母語話者が、日本語を知ることの面白さを知り、自ら考える力を育む授業をしていきたいと思う。

おわりに

以上、本稿では、日本語の授業における文法・文字・意味・音声に関わる私の越境体験を紹介した。その他にも、「あなたはどこに住んでいますか?」と教員である私を「先生」ではなく「あなた」と呼ぶ学習者がいて違和感を覚えたり、「先生、質問があります。」「はい、先生。」「先生、そうですね。」と会話の隙間に必ず「先生」と差し挟む学習者もいてそれはそれで違和感を覚えたりすることにより、日本語の会話における呼称の問題について考えさせられるなど、越境体験は留まることがない。

また、幸いにも私は、東洋学園大学で、日本語を外国語として学ぶ日本語学習者を対象とした日本語の授業と日本語を母語として自然に習得してきた日本語母語話者を対象にした日本語の授業を持たせていただくことにより、日本語を意識的に学習してきた学生達の視点と、日本語を意識的に学習する必要のなかった学生達の視点の両方を観察する機会に恵まれている。

これからも、日本語学習者と日本語母語話者に、私が知らず知らずのうちに作ってしまう言葉の境界線を越えてきてほしいと思う。その越境体験は当然のことながら想定外なため、ある一定の緊張感や不安を伴うが、その経験があるからこそ、私は、日本語をまだまだ知らないことがたくさんある言語として見ることができ、日々日本語と触れ合うことに飽きることがないのである。そして、いつか、日本語学習者と日本語母語話者がともに日本語について学び、私が得た越境体験を学生達自身が経験し、自分達自身で日本語の問題を見つけ出し、考え、解決し、次なる課題を見出すような学びの場を設けたいと考えている。

注

（1）『広辞苑　第七版』岩波書店、二〇一八年。
辞書で言葉の意味を確認する際、筆者は複数の辞書を参照しその記述内容を比較する。本稿を記すにあたり辞書でその意味を確認した言葉については、辞書ごとの記述に本稿の趣旨に影響をもたらすほどの違いが認められなかった。そのため、本稿で、辞書に書かれている言葉の意味を示す際には、今年一月に第七版が発行された『広辞苑』の説明を引用することにする。

（2）友松悦子・和栗雅子『短期集中　初級日本語文法総まとめ　ポイント20』スリーエーネットワーク、二〇〇四年。

（3）野田尚史『日本語文法　セルフ・マスターシリーズ1　はとが』くろしお出版、一九八五年。

（4）高橋太郎・金子尚一・金田章宏・齋美智子・鈴木泰・須田淳一・松本泰丈『日本語の文法』ひつじ書房、二〇〇五年。

（5）高見澤孟監修『新・はじめての日本語教育1　日本語教育の基礎知識』アスク出版、二〇〇四年。

（6）注（5）に同じ

（7）注（5）に同じ

（8）安部朋世・福嶋健伸・橋本修『大学生のための日本語表現トレーニング　ドリル編』三省堂、二〇一〇年。

アドラー心理学と教育

鈴木《すずき》　義也《よしや》

本学教授。専門は臨床心理学。共著書に『アドラー臨床心理学入門』（アルテ）、『臨床心理学のすすめ』（遠見書房）、『これ一枚で学級の問題が解決できるエンカレッジシート』（学事出版）等がある。

アドラーの方向性――フロイトやユングとの比較を通して

心理療法は「動物磁気」という東洋で言えば「気」のよう仮説を唱えたメスメルの民間療法的な臨床を突端とした。その治療理論は非科学的であったが、臨床では治療効果があがっており、実際には催眠現象だったと言われている。その後、科学的な医学を推進するフランス科学アカデミーが介入し、フランスを中心として、リエボーやシャルコーなどの各学派が、催眠治療についての論争を繰り広げた。

催眠は心理療法の生みの親とされる。従来の薬や手術によらない治療の可能性が開かれたのは催眠療法によるものである。また、催眠という医療技術についての研究が、無意識のメカニズムについて考えさせる契機となった。催眠によって症状が現れたり消えたりすることがわかったことで、人間の心身が心理的作用によって病理的もしくは治療的な影響を受けることが認識された。

(1) 催眠療法と精神力動論の分岐

ウィーンの向学心に燃えた若きフロイトも、フランスに留学してリエボーやシャルコーなどから催眠を学んだ。しかし、フロイトは催眠療法をうまく活用できなかったこともあり、催眠から離れて、独自の精神分析という心理療法を始めた。

後に、フロイトのもとに集ったアドラーやユングらも、時を経てそれぞれ別派を展開した。こうして、心理療法の歴史的注目はパリからウィーンに移っていった。これらウィーンの三巨頭に共通することは、催眠療法から離れたこと、無意識の心理を踏まえた心理療法をそれぞれ編み出したこと、医療技術の枠に止まらず文化的・社会的な影響を及ぼしたことである。

フロイトは自らの理論を「精神分析 psychoanalysis」とし、ユングは「分析心理学 analytical psychology」、アドラーは「個人心理学 individual psychology」と命名している。この三人の理論は「精神力動論 psychodynamic theory」とか「力動的心理療法」と総称されている。無意識を扱うことから「深層心理学」とも言われている（ただしアドラーは無意識という概念を好まない）。命名からしても医学より心理学的色彩が濃くなったことがわかる。

ちなみに、催眠療法は現在に至るまで医学的心理学的な発展を遂げている。そもそも催眠状態というものが本当に存在するのかしないのか、社会心理学的な事象ではないのかという論争は現在まで続けられてきたが、ここ数年の脳の研究により、催眠という独自の状態が存在することが裏付けられ、ようやく議論に終止符が打たれつつあるところである。

催眠療法は現在に至るまで医学や臨床心理学の専門的な治療技術であり思想ではないが、ウィーンの心理療法家たちの着想は、専門家だけでなく知識層や一般大衆にまで文化や思想として広がったのが特徴的である。

(2) 医療から人間論へ

これら三流派の力動論は、精神医学もしくは臨床心理学の領域における専門的な治療理論として出発したものであったが、心理学や文化として広がりを見せることになった。治療を前提とする医学の枠組みを超え、人間や心や社会の機序を探求するものとして幅を広げていったのだ。

フロイトは独自の文化論を展開し、世間に高名な思想家として知られるようになった。彼の論文「モーセと一神教」は、ユダヤ教を精神分析で解釈しようとする試みであった。ユングも無意識の探求を民族や人類にまで拡張し、神話や昔話や芸術に込められた心理を読み解こうとした。論文「ヨブへの答え」は、いにしえの錬金術や神秘主義に通じたユングならではの旧約聖書の再解釈である。

ところが、アドラーは文化論や宗教論は少なく、むしろ、人生論で大衆的人気を得ている。アドラーは身も蓋もなく、現実の社会とその生き方について記している。フロイトやユングは思想家として取り上げられることが多いが、アドラーは思想家というよりも実践家として認識されている。フロイトやユングは文化論や芸術論をからめた人間論を展開したが、アドラーは人生論や教育論による人間論が多く、その方向性は異なっている。

(3) 君主制から共和制へ

ところで、フロイト(一八五六~一九三九年)、ユング(一八七五~一九六一年)、アドラー(一八七〇~一九三七年)のいたウィーンは時代の大きな転換期にあった。古代ローマ帝国にまで遡るともされる西欧随一の王侯貴族であるハプスブルグ家のオーストリア・ハンガリー帝国が一九一八年に君主制の幕を閉じたのだ。代わって誕生したのは、歴史上「赤いウィーン」と呼ばれる社会民主政権で、現代では当たり前になっているような医療や福祉などの公共サービスを市民に提供する新しい政権だった。

アドラーもそのような時代の流れに応じて、一九一九年に世界初の児童相談所を設立し、オーストリアやドイツ各地に多くの児童相談所の開設を推進したり、教師や父母への研修をおこなった。

筆の立つフロイトやユングは、前述のように医学を超えて思想的影響を及ぼしていたが、臨床的実践はあくまで医学の枠組み中での仕事だった。対して、執筆は得意でないが講演はうまいアドラーは、医学を超えて教育行政や一般大衆など広範囲への社会実践に及んでいた。フロイトとユングは医師にして思想家であったが、アドラーは医師にして社会教育者としての側面が大きい。

(4) それぞれの脱君主

君主というのは大いなる父権であるが、ハプスブルグという王なき時代を迎えて、どのような国家にしたらいいのかという脱君主が当時の人々に出された課題であったことは自明である。政治的には共和制が模索されたのだが、その時代に生きた上記の三人は心理学的にどのように答えたであろうか。このような社会的文脈から彼らの理論を解釈してみようと思う。

まず、フロイトは父権と格闘し、君主の代わりとなる父権を心理学において確立しようとした。実父との葛藤、父性的治療モデルと徒弟制度、性的抑圧からの解放、出生であるユダヤ教の脱構築などを通して打ち立てようとしたのは、権威主義的で精神内的志向の生物主義と解することができる。

ユングは、父なき時代において母を求める旅に出た。近代西洋からすれば影に相当する古代や東洋の異教の中に見られる無意識の母性や象徴を探求し、出生であるキリスト教において影の存在である異端のグノーシス主義を追求して打ち立てようとしたのは、文化民族的な無意識志向の神秘主義である。

一方、アドラーはフロイトやユングのような深層心理学的解釈の文化論に入らず、ウィーンの変革を受けて、教育理念や教育技法の改革をおこなった。家庭や学校や地域における対人関係を考察し、教育行政の構築にいそしみつつ打ち立てようとしたのは、普遍的で民主的な市民社会の心理学であった。

このように、アドラーの心理学は、心の内側の心理力動だけでなく、対人関係や社会関係的のシステム構築を志向している。そのために、自ずと心理療法のみならず、心理的コンサルテーション、心理支援、心理教育、親教育、学校教育、教育行政、福祉、地域連携などに積極的な展開を成し得たと考えられる。これがアドラー流の脱君主であった。

フロイトとユングは文化的かつ思想的に脱君主を模索したが、アドラーは心理療法と教育における脱君主であったのだ。

アドラー心理学の教育への展開

(1) 普遍性を目指して

心のメカニズムを考えたフロイトや心の考古学を志したユングと違って、アドラーは社会的視野を持っており、現実的にして実践的であった。アドラーは民主的社会を実現しようとして、行政の教育や福祉の施策に関わっていった。アドラーは政治家になることで社会を変えようとはしなかった。彼の妻は政治活動家であったが、行動は共にせず夫婦で別々の道を歩んだ。アドラーは当時の教育改革にも関わったが、学校や家庭での民主的な教育はどのようなものであるべきかという普遍的な課題にも取り組んだ。教育の仕組みというハードだけでなく、教育政策から家庭の子育て方針に至るまでのソフトを考えたのだった。ウィーンの教育にローカルに携わるだけではなく、よりグローバルで後世にも通用する普遍的な教育のあり方を考えていた。だからこそ、現代に至るまでアドラー心理学の実践は続いていると言える。

アドラーの弟子たちは民主的な学校教育や家庭教育を広めたが、アドラー自身は民主主義という言葉は使わなかった。オーストリアやドイツで民主的な教育を広めたが、のちには民主的選挙によって生まれたナチスによってアドラーの施設は破壊されたり、ユダヤ人であるがゆえに祖国を離れざるをえなくなるという悲惨な目に遭っている。トロツキーも知り合いであったが、アドラーの子供は共産主義のロシアで殺されている。一方で、移住した米国では富豪の庇護を受けたりもしている。アドラーは自分の体験から、特定の主義に染まる政治や国家の脆さが身にしみていただろう。そのためあまり国家をあてにはしていなかったのではないだろうか。しかし、厭世的になるわけではなく、自分の理想とする市民社会や世界のあり方を描き続けていたように思われる。

ユダヤ・キリスト教と格闘したフロイトや、異教にのめり込んだユングは、自らの理論を宗教に適用したが、アドラーは出生であるユダヤ教などの宗教と葛藤した形跡がない。アドラーの考えはフロイトやユングと比べて遥かに社会的であったし、コスモポリタニズムに近いユニバーサルな思想を目指していたために特定の宗教とは距離をとっていたと思われる。

（2）市民のための心理学

これまで述べてきたように、アドラーはウィーンの新しい時代の波に乗って現実的に働きつつも、更に、未来の社会に向けた理想を追求していた。ここではそのようなアドラー心理学の理念を取り上げたい。

まず、度々述べているように、独裁制ではなく無政府主義でもなく民主制への志向が挙げられる。これは政治体制に限るものではなく、権威主義でもニヒリズムでもない民主的な姿勢であり、それは社会、教育、医療、家庭生活、人生観にまで及ぶものである。専門的な医療技術ではなく、私的生活や学校生活や社会生活も包括した原理である。古代ギリシャ・ローマを起源とする民主制の系譜を、現代の医療や教育に持ち込もうという考えがあったのかもしれない。

民主制においても大切なのは、市民という概念と自覚である。古代の市民権は上流階級だけのものであったが、現代はすべての国民が同じ権利を有する市民である。しかし、万人市民であるが故に、市民としての自覚に欠けることが問題となってくる。生れながらに市民権を与えられていても、それを民主的社会のために使えなければ宝の持ち腐れである。民主的社会の実現のためには、市民の育成が不可欠である。だからこそ、アドラーは子供を一人前の市民に育てる家庭教育や学校教育を重視した。

民主的社会とその市民に必要なものは何であろうか。その答えとして、ここではアドラー心理学において独自に頻出する四つの概念を取り上げてみたい。

一つ目は、「尊敬」である。これは自他の意志や選択や存在そのものを大切にするということである。アドラーがこれを成人の男性だけではなく、女性に対しても、子供に対しても、患者に対しても適用したのは先駆的であった。尊敬という日本語は上下関係の含意があるが、アドラー心理学ではそういうニュアンスはない。同じく、尊重や敬意などの言葉もよく使われるが、対等で水平な関係を前提としている。

二つ目は、「対等」である。市民は対等である。これも同じく大人の男性のみならず、女性や子供とも対等でいる感覚を大切にしつつ、教師と生徒の関係、家族関係、治療関係などに適用されてきている。

縦よりも横の関係を生かすことにつながっている。

三つ目は、「責任」である。個人だけを尊重することで自己中心性に傾かないようなカウンターバランスとして、社会における責任を考えることが必要である。責任を果たす人間になるということも、市民社会の形成のためには必要である。アドラー心理学は幼児期から責任感を育てようとしている。

四つ目は、「協力」である。自分の夢や幸福や利益を追求する姿勢がもてはやされているが、個人主義だけでは皆の幸福にはつながらない。自己実現という言葉はアドラーの弟子のマズローが述べた言葉で、日本では生徒指導提要にまで記されていているが、個人主義を助長する文脈でとらえられていないだろうか。そこで必要なのが協力の概念である。社会参画や社会貢献という協力行動は、個人の生きがいに帰着するのでなく、共同体の幸福へとつながるべきである。

まとめると、市民としての対等な関係において、同じ市民である相手を尊敬し、市民としての自分の責任を果たしつつ、市民社会のために協力していくということである。民主制は共同体の理論だから、市民が共同体とどのように関わるかが明らかにされてこそ豊かになっていく。このように、アドラー心理学は子育てや教育を通してユニバーサルな市民を育てようとしていると言えよう。

(3) 教育基本法や生徒指導提要とアドラー心理学

他書でも取り上げたが、アドラー心理学の理念と日本の教育基本法（制定一九四七年）には多くの共通点がある。以下は教育基本法である。

第一条（教育の目的）
　教育は、人格の完成を目指し、平和で民主的な国家及び社会の形成者として必要な資質を備えた心身ともに健康な国民の育成を期して行われなければならない。
第二条（教育の目標）
二　個人の価値を尊重して、その能力を伸ばし、創造性を培い、自主及び自律の精神を養うとともに、職業及び生活との関連を重視し、勤労を重んずる態度を養うこと。
三　正義と責任、男女の平等、自他の敬愛と協力を重んずるとともに、公共の精神に基づき、主体的に社会の形成に参画し、その発展に寄与する態度を養うこと。
第十条（家庭教育）
二　国及び地方公共団体は、家庭教育の自主性を尊重しつつ、保護者に対する学習の機会及び情報の提供その他の家庭教育を支援するために必要な施策を講ずるよう努めなければならない。

　第一条における教育の目的は、民主的社会の形成者としての国民の育成である。これは前項で述べたような民主的な市民社会を目指すアドラー心理学の理念とほとんど同じと考えられる。あえて違いを言うなら、教育基本法は国家の形成というものを描いているのに対して、アドラー心理学はより身近な市民社会から国際的もしくは世界的な市民社会まで広がる共同体という幅広さがあるところである。

第二条の二の「個人の価値の尊重」は、アドラー心理学で言うところの自他への「尊敬」と符合するし、第二条の三においても、「対等、責任、協力」などのアドラー心理学と同じ概念が提唱されている。第十条の二においては、国家の家庭教育への支援施策の義務を述べているが、その具体的な支援手法こそアドラー心理学の重要な実践対象である。

また、二〇一〇年に改定された「生徒指導提要」においても、第一章の第三節の二教育観・指導観の(二)①では「賞罰によって行動を促したり、抑制したりする方法」が明確に否定されているが、「賞罰によらない教育」はアドラーが提唱して現代まで継承されてきている教育法である。その他、主体性や自己決定や公共精神などアドラー心理学と符合もしくは共通する概念が散見される。

ここで言いたいことは、一九〇〇年代のウィーンに発したアドラー心理学は、現代の日本にも共通する普遍的な人間観や教育観を有しており、日本の公教育の理念とも共鳴しうるということである。

(4) 生徒指導とアドラー心理学

教育に心理学を活用しようとする場合、教職課程では「教育の基礎理論に関する科目」として教育心理学や発達心理学などの心理学科目が設置されている。一方で、教師として生徒への関わりについての「実践に必要な理論のための科目」群においては、心理学はカウンセリングと幼児心理学くらいしかない。

教科と課外活動以外で、教師が生徒に関わる重要なジャンルは、生徒指導、教育相談、進路指導である。

これらの内、心理学では特に臨床心理学やカウンセリング心理学が教育相談において活用されてきている。教育相談は子供や保護者の個別の相談に応じるという形態が多いため、個別で行うカウンセリングの様々なモデルが導入されてきている。そして、教育相談は教師だけでなく、スクールカウンセラーやスクールソーシャルワーカーなどの心理や福祉の専門職も担うようになり分業化されてきている。しかし、生徒指導と進路指導は構造的に教師以外はやりづらいものである。

筆者は二〇一六年度に発刊された「月刊生徒指導」において「アドラー心理学で生徒指導」と称して一年間の連載をおこなった。生徒指導にアドラー心理学が関わる連載記事は初めてのことと思われる。臨床心理学の立場からしても、今まで教育相談やスクールカウンセリングとして、いじめや不登校などの個別の問題解決に関わることは多々あっても、生徒指導をおこなう教師のために心理学を伝えることはあまりなかったことである。

これはアドラー心理学ならではのところがあると思う。明確な理念という方向性があること、個別相談だけでなく学級集団に対処する手法があること、問題理解や原因追求だけではなく、どのような方向に生徒や学級をもっていったらいいかというビジョンがあることなどがその強みである。これにより、アドラー心理学は教育相談だけでなく生徒指導にも適用を広げていくことができたと言える。

(5) 学級作りとクラス会議

前項では、アドラー心理学を教育相談のみならず、生徒指導にも活用する可能性について述べた。臨床心理学は一対一の個別の心理療法というスタイルが一般的なので、集団や地域での複数を対象とする実践モデルに乏しい。それを補うべく、臨床心理学では集団療法やコミュニティ心理学などのアプローチが現われてきているが、先駆的なアドラーは、最初の集団療法や最初のコミュニティアプローチの実践者と言われている。それができたのは個人だけではなく、共同体という集団状況を視野に入れていたからに他ならない。

一般的な臨床心理学の対個人モデルは個別指導には使えても、集団指導や学級全体になると使えないということはままあることである。それは先の自己実現や個の自立を唱導する心理学だと、協力や貢献などの公共性との方向性での矛盾が生じるためである。しかし、個人も学級も同じソフトで稼働するアドラー心理学は、一貫した教育姿勢が可能となる。対象をクラスにまで広げた学級経営でも、すでにアドラー心理学は活用されている。

アドラー心理学で学級作りと言えば、「クラス会議」という手法が有名である。日本の教育現場でも実績があり、書籍も多く出版されている。詳細は他書に譲るが、学級がひとつの輪となって自由に発言して決定していく小さな民主的の集団技法である。会議と訳されているが、教師からの上意下達の縦関係ではなく、英語ではクラス・ミーティングと呼ばれる横の会合である。個々を対等に尊敬しつつ、皆で協力していく体験によって学級の共同体感覚が育成され雰囲気が良くなっていく事例が日本でも数多く積み上がってきている。

ところで、クラス会議と同様な「家族会議」という手法も存在する。読んで字のごとく、家族でも会合を開くというもので、子育てや家族療法においても有益な技法である。アドラー心理学は、生徒個人と学級のみならず、子育てや家族療法においても、同じ姿勢と技法で臨むことができるのだ。

いじめとエンカレッジシート

(1) エンカレッジシートとは

アドラー心理学に基づいた学級作りの手法として「クラス会議」を紹介した。ここでは更に、学級への介入手段として用いる「エンカレッジシート」という技法を紹介する。エンカレッジシートは、クラス会議のように海外から輸入されたものではなく、アドラー心理学に基づいて日本の教育現場で近年開発されたものであり、学級の問題や荒れやいじめに適用している。

エンカレッジシートの手法はクラス会議と全く異なり、話し合いはなく、個別の意見を集約して掲示するというだけのものである。まず、学級で個別に無記名で以下の項目を記入してもらう。①学級にとってマイナスになること、②学級にとってプラスになること、③どんな目的なのか、④勇気づけの言葉(不適切な行動をした人と学級に向けて)の四つである。

担任は回収した個別の用紙をそのまま四項目ごとにまとめ、それをひとつの模造紙に印刷して掲示する。これによって、荒れ(教室の備品の破損)、いじめ(頻発した中傷落書きと盗難、死ねと机に書かれて不登校になる)などが一回の実施で止まる即効性を発揮し、クラスの雰囲気が良くなるなどの肯定的事例が報告されている。

（2） いじめの問題と対応

このような機能について述べる前に、それを適用する学級でのいじめの状況と課題について触れておく。

いじめは深刻な影響を被害者に与えるものである。いじめられたことを乗り越えられる人もいるが、その後の学校や社会人になってもいじめられた経験をずっと引きずっている人や、いじめをきっかけとして集団に参加することができなくなってしまっている場合も少なくない。個人に対する重大な侵害であり、社会にとっても大きな損失である。

二〇一三年に「いじめ防止対策推進法」が制定され、その重大性が法的にも確認された。その定義によれば、いじめとは「心理的又は物理的な影響を与える行為であって、当該行為の対象となった児童等が心身の苦痛を感じているもの」である。誰もが悪いことだと知っていており、様々な対策が取られてはいるものの、どの学級にも起こりうるものとして根深く存在しており、なくなる気配はない。

東京都教育委員会のホームページ「いじめ総合対策」における「調査研究から見えた課題」によれば、二〇一三年の約一万人の調査において、いじめられた経験がある生徒は六六％、いじめた経験がある生徒は五七％で、いじめに関わっているのは八割と大多数を占めている。

前記のホームページにある「裁判事例から見えた課題」は以下の三点を指摘している。①いじめを見た生徒が大人に知らせていない。②教員が一人で抱え込んで学校の組織的対応になっていない。③学校が警察などと連携できていない。つまり、生徒、担任、学校がいじめを封印して、風通しを悪くしていたために自殺など重大事件に発展したというのである。裏を返せば、各レベルでいじめの情報をスムースに交換し合い、いじめへの対処をおこなうことが望まれている。

東京臨床心理士会による聞き取り調査では、以下の三点がわかってきている（東京学校臨床心理士アドバンスト研修会資料、二〇一三年）。①被害者が相談しなかった理由としては、「話したくなかった」「話しにくかった」「相談相手がいなかった」「無駄だと思った」「恥ずかしい」などがあげられ、被害者もいじめを伏してしまう傾向がうかがえる。②加害者がいじめをした理由は「面白かったから」が多く、いわゆる憎しみ合う喧嘩と違って、弱い者をいじめて楽しむサディスティックな心理や、いじめを大したことがないものと過小評価する認識の甘さがうかがえる。③傍観者は「自分がいじめられたくないから、何もしなかった」といじめを見て見ぬふりをしている状況であることもわかってきている。加害者の自覚のなさはもちろんのこと、被害者も傍観者もいじめを伏せる傾向があることがうかがえる。

具体的方策としては、①いじめを軽く見る子どもの意識を変えること、②教員の意識と対応力を高めること、③学校体制の整備と関連機関との連携が提案されている。いじめが重大なことであるという意識改革を土台として、被害者、加害者、傍観者、教師、学校、地域が連携をすることの必要性が叫ばれている。いじめは当事者も学校も秘密裏に閉鎖的に行おうとする傾向を持つものなので、それとは逆に、オープンなコミュニケーションを取ることが望まれる。また、いじめはひとりだけをターゲットとして孤立させる傾向があるので、日頃から、友人や教師などとのネットワークや信頼関係をしっかり作っておくことも予防となる。

(3) 中間層を活性化するエンカレッジシート

いじめなどの問題が学級で起きているとき、それを見聞きしているのが中間層と言われる生徒たちである。彼らは問題の当事者ではないが、問題を知らないわけではない。いじめに関わっていのは一部の生徒であり、中間層は傍観者になっている。

傍観者であるがゆえに、「言いたくても言えない」、「自分に火の粉が降りかかる恐れがあるので怖くて何も言えない」、「何とかしたいのにどうしたらいいかわからないので黙っているしかない」、「見過ごすことで被害者に申し訳ない」などの恐怖や罪悪感や不全感というストレスを抱えている。

この傍観者でもある中間層は、特に問題もなく日常を普通にうまく過ごせている生徒達である。その中には学級代表や生徒会や部活動において活発な生徒も含まれている。学級の立て直しには、この生徒たちの勇気ある発言や行動が不可欠である。しかし、学級が荒れている場合、この生徒たちを元気にさせていく手法がなかなか見つからないのが現状である。

エンカレッジシートは、この中間層を活性化することを目指している。エンカレッジシートに最も意見を書くのは中間層なのだ。エンカレッジシートは中間層の意見を引き出し、学級のために意見を言う勇気を賦活する。中間層の意見がエンカレッジシートに反映されることで、学級が変わり活発になるということが起こっている。エンカレッジシートは、いじめを見過ごすしかなかった中間層の生徒たちの心の傷や虚無感を癒し、勇気を育てようとするものである。

担任はいじめを察知したら、すぐにエンカレッジシートを実施すると良い。学級をまたいだいじめがあるときは、学年一斉でも実施できる。いじめが起きていなくてもエンカレッジシートを実施しておけば予防になるし、健康な学級を育むことにつながる。

（4）アドラーと教育

アドラー心理学の理論と実践を、教育の側面から取り上げた。アドラー心理学は元々は臨床心理学の理論であるが、その教育的志向性と広範囲な適用性から教育現場にも越境して活用されてきた。アドラー自身もそのことを意図していた。本論ではその軌跡を理論とともに簡略に辿り、現在の教育現場での取り組みも紹介した。

アルフレッド・アドラーの理論と実践が、没後八〇年を経ても全く揺るがない理論的一貫性を保持しながらも、現代の潮流ともマッチするどころか、今後の展開の指針となりうるのは驚異的なことである。これは他の心理療法が紆余曲折を繰り返して変質しながらも現代に合わせていたり、自己満足的に自らの流儀に固執して時代と合わなくなっているのとは大きく異なるところである。

そのサバイバルの秘密は、新しい時代のウィーンの空気に触れたアドラーが、様々な思想から吸収し、自らも考案して作り上げたチョイスとレシピの妙味によるのではないだろうか。それは現代の民主的潮流ともマッチしている。アドラー心理学という流派の名前はなくなっても、アドラーの流儀は普遍的であるが故に広がりを見せている。過去ばかりを見つめるのではなく、未来の展開を見ようとしていたアドラーは、医療や心理や教育の未来を確信をもって見通し、ウィーンのカフェで弟子たちにこう語っている。

「わが子どもたちよ、個人心理学（筆者注：アドラー心理学のこと）を学んでおきなさい。なぜなら、今から50年後、ほとんどの医師や教師、教育者、人々と関わる者は誰であれ、共同体感覚の精神医学（筆者注：アドラー心理学のこと）の知識なくして実践をおこなうことはできなくなるのだから。」

第三部　心を拓く

“越境”心理學のすゝめ
――動物心理学からみたヒトの心

中村《なかむら》 哲之《のりゆき》
本学准教授。専門は認知心理学。主著に『動物の錯視：トリの眼から考える認知の進化』（京都大学学術出版会）、『心の多様性　脳は世界をいかに捉えているか』（東京大学出版会）がある。

「越境」という言葉に対して、みなさんは何をイメージするだろうか。また、その言葉はどのくらい自分自身にとって身近なものだろうか。

「『越境』をテーマに、ご自身の研究についてのご講演をお願いできませんか」

二〇一五年の年の暮れに、東洋学園大学・ことばを考える会の編集委員の先生からこの依頼を受けたとき、少々の戸惑いを感じた。職業柄、講演の依頼を受けること自体はそれほど珍しいことではないので特に問題では無かったのだが、テーマが問題であった。「越境」という単語に対して、新鮮さと困惑が入り混じったような印象を受けたのを今でも鮮明に覚えている。「越境」という言葉を聞いたことがないという人は殆どいないと思うし、意味も知っている人が殆どだろう。一方で、日常生活の会話のなかでこの言葉が出現する機会はそれほど多くはないように感じる。少なくとも私にとっての「越境」は、

「知ってはいるが、少し自分からは遠い存在」であった。さらに、私の専門分野である心理学（厳密には認知心理学）の世界においても、この言葉は殆ど（もしくは全く）登場しない存在である。テーマに沿った講演をどのようにして組み立てていくべきだろうかと数日ほど悩んでしまった。しかし、そのように悩んでいるうちに、「越境」という言葉が、心理学という学問において、さらには心理学を含む学問全般の学びにおいて、とても身近な存在であることに気がついたのである。本稿では、「越境」という切り口から心理学や学びについて考察していきたい。

〝越境〟心理學とは

タイトルにも掲げた〝越境〟心理學とはどのような心理学だろうか。「初めて聞いた」とか、「調べてみたが、発見できなかった」という声が聞こえてきそうである。それもそのはず、実は〝越境〟心理學という言葉は、私が先の越境をテーマとした講演の依頼を受けた際、発表内容や発表タイトルの作成に困った末に生み出した造語であり、少なくとも私が知る限りにおいてそのような心理学など存在しないから、見つからないのは当然である。講演のなかでは、〝越境〟心理學という言葉を『ヒトという境界を越えた心について研究する心理学』とはどのようなものか。また、どのような意味を持つのかという意味で捉え、議論を展開した。こうした研究分野は、一般的に「比較認知科学」とか「比較認知心理学」と呼ばれる分野で、簡単に言うと、ヒトを含む複数の動物種の認知（心のはたらき）を比べることで、それぞれの動物種の特徴を認知機能の観点から明らかにしていくことを目的としている。調査対象としての動物も多岐に渡り、チンパンジーやサルなどの霊長類、イヌ、ウマ、ネコ、ラットなどの霊長類以外の哺乳類、イルカのような水中で生活する哺乳類、ハトやニワトリなどの鳥類、爬虫類、両生類、魚類、さらには昆虫などの無脊椎動物などについても研究がおこなわれている（参考文献1〜5）。

なぜ、複数の動物種間の比較が重要なのか。例えば、「あなたは走るのが速いですか？」と聞かれたとき、どのように答えるだろうか。「速い」「普通くらい」「遅い」など、人によって異なるが、何らかの回答が出てくるだろう。なぜそのように答えることが可能なのだろうか。もし、仮にあなたが地球上で唯一存在する生物であったとしたら、こうした回答を導き出すことはできるだろうか。間違いなく不可能であろう。なぜなら、この質問は自分と他者とを「比較」することによってのみ回答可能であるからだ。「自分」という境界を超える〝越境〟によってのみ回答できると言い換えることもできる。

さらに、先の質問を「ヒトという動物は走るのが速いですか？」と変えてみるとどうだろうか。ヒトの走る速度だけを調べていては、この問いに答えることはできない。ヒト以外の動物の走る速度を知り、互いを比べることで、初めてこの問いに答えることができるのである。即ち、「ヒト」という境界を超える（〝越境〟する）ことが必要である。

同様のことは、心についてもあてはまる。「ヒトの心にはどのような特徴がありますか？」という問いに対する答えを知るためには、ヒトの心とヒト以外の動物種の心を比較することが必要なのである。

〝越境〟心理學の知見——〝騙し〟絵（錯視）の研究を例に

〝越境〟心理學は、これまでにどのようなことを発見してきたのだろうか。一般的に、近代の心理学は、一八七〇年代に哲学から独立する形で誕生したとされており、一八七九年、ヴィルヘルム・ヴント[1]が、世界でも最初の実験心理学の研究室を運用したことを以て、「新しい学問分野として心理学が成立」したと捉える研究者が多い。そう考えると、現在はそこから既に約一四〇年の歳月が経過していることになる。この歳月のなかで、心理学者は「心」について様々な観点から研究をおこなってきた。心理学の一領域である〝越境〟心理學についても、数多くの研究報告がなされてきた。ここでは、そのなかでも「錯視」と呼ばれる現象に関する知見に焦点を当てて紹介していきたい。

図1に錯視の例を示した。例えば、図1Aを見たとき、上の図形（図1A上）と下の図形（図1A下）の水平線分ではどちらが長く見えるだろうか。おそらく、上の図形の水平線分の方が長く見えると感じたヒトが多いだろう。しかし、実際に定規などで長さを測ってみると、実は両線分とも全く同じ長さであることが分かる。図1Bに関してはどうだろうか。小さい円に囲まれた円（図1B左）と、大きい円に囲まれた円（図1B右）とでは、図1B左の中心にある円の方が大きく見えると感じたヒトが多いと思うが、これも実際には全く同じ大きさである。

このように、物理的には全く同じ長さや大きさの物体が、その周囲に存在する別の物体の配置などによって、実際とは異なる長さや大きさに見えてしまう現象を錯視（visual illusion）という。これまでに

A. ミュラー・リヤー錯視図

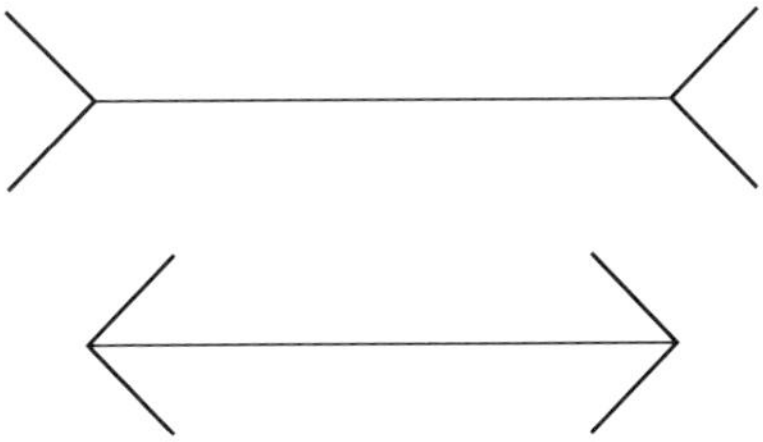

B. エビングハウス錯視図

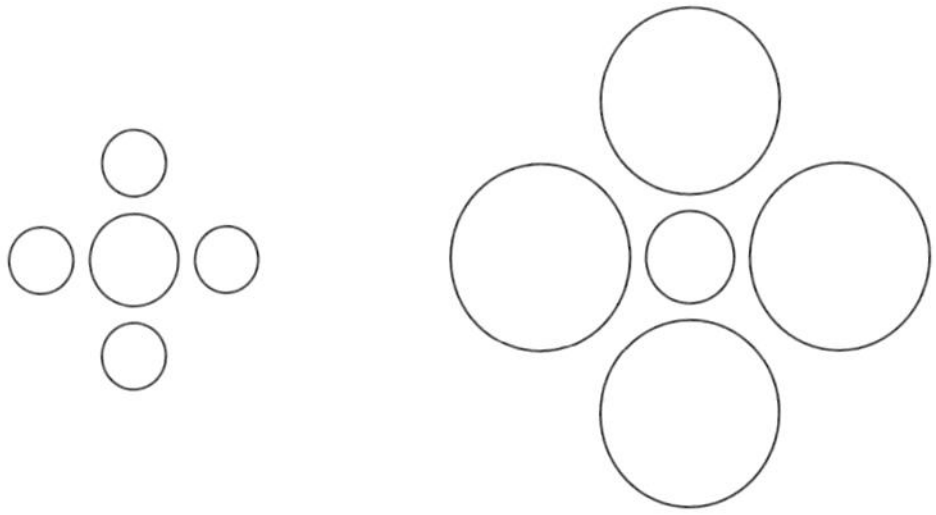

C.

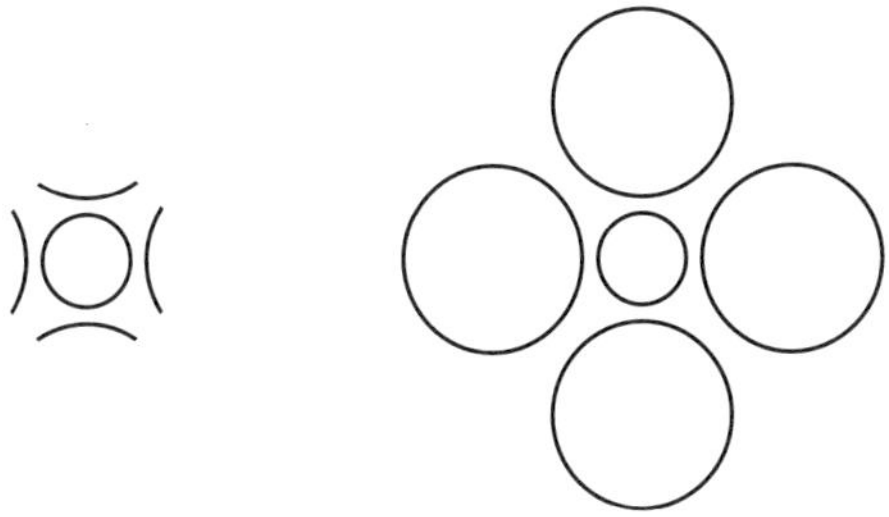

発見された錯視のほとんどには名前がついていて、図1Aはミュラー・リヤー錯視図、図1Bはエビングハウス錯視図と呼ばれている。長さや大きさの他にも、明るさや色、静止画なのに運動して見える図

など、これまでに様々な錯視が発見・報告され、それらの蓄積として、錯視辞典なども出版されているほどである（参考文献6など）。さらに最近では、テレビやインターネット上でも様々な錯視が紹介されているため、心理学を専門で学んだことがないヒトにとっても馴染みのある現象といえるかもしれない。

こうした錯視辞典やメディアの解説はとても魅力的で、基本的には正しいことを述べている。特に辞典に掲載されている情報に関しては、説得力も非常に高く感じる。しかしながら、厳密にいうと、実は正確とは言えない部分も存在する。その不正確さとは、これらの説明が「健常なヒトのオトナの多数派」に限定されている点にある。「ヒトの認知世界」という境界の向こう側の世界に存在する錯視を調査した〝越境〟心理學者の報告によれば、そこには、辞典に掲載されていた錯視とは必ずしも同じとは限らない世界が広がっていたことが分かったのである。

例えば、図1Bのエビングハウス錯視図を見たときに、ヒトと同じように〝騙される〟動物がいる（ハンドウイルカ（参考文献7））一方で、〝騙されない（=左右の中心円が同じ大きさに見えている）〟動物もいることが、フランスの研究グループによる報告から明らかとなった（アヌビスヒヒ（参考文献8））。さらには、ヒトとは逆で、図1B左の中心にある円の方が小さく見えている動物も存在することも分かった（ハト、ニワトリ（参考文献9、10））。ヒトと逆の錯視が生じた結果については、にわかには信じがたいかもしれないが、実は特殊な状況を作れば、ヒトでも逆方向の錯視が生じることが報告されている。

図1Cの左右の図形を見てほしい。中心に位置する円の大きさはどちらが大きいだろうか。おそらく

左側の円の方が大きく見えると感じたヒトが多いだろう。しかし、実際には左右とも同じ大きさである（参考文献11、12）。左の図をよく見ると、右の図の外側に位置する円の一部（中心から離れた部分四分の三）を削ったものであることが分かる。つまり、円の一部を削ることによって、中心に位置する円の近傍のみしか知覚できない状況を強制的に作り出すと、ヒトでも錯視の生じる方向が逆になるわけである。

なお、ヒトにおいても発達段階によって、図1Bのエビングハウス錯視図を見たときの錯視の生じ方が変わることを報告した研究もある（参考文献13）。この研究によれば、四歳児のヒトではヒヒ同様にこの錯視が生じず、年齢の増加に伴って錯視量も増加するという[2]。また、自閉症児では、ヒヒと同じように錯視が生じないという報告もある（参考文献14、15）。

これらの結果をまとめると、ヒト（のオトナ）は、図1Bに対して図形全体（中心に位置する円とその周囲に配置された円）をまとまりとして見る（知覚的に体制化する）傾向があり（参考文献16）、それがエビングハウス錯視を生み出している。一方で、ハト・ニワトリ、ヒヒはそのような捉え方をせず、中心の円により重きを置いた捉え方をするために、錯視が生じなかったり、ヒトとは真逆の錯視が生じたりする。また、ヒトにおいても、発達段階によって、図1Bに対する捉え方が変化する結果、錯視の生じ方にも変化が生じる。なお、この考察を支持する結果として、図形全体をまとまりとして見ることが錯視の生起要因の必要条件ではない錯視図（例えば、図1Aのミュラー・リヤー錯視、参考文献17）に対しては、多くの動物種において、ヒトと同方向の錯視が生じることが示唆されている（オマキザル（参考文献18）、ハト（参考文献19）、ヒヨコ（参考文献20）、ヨウム（参考文献21）、ハエ（参考文献22）。ただし、明確な実験結果とは言えない研究報告も含む）。

これまでの錯視辞典に掲載されていない〝錯視〟の発見は、〝越境〟心理學者による重要な功績の一つであると言えるだろう。なお、これに関連した他の研究報告（「森を見るヒト、木を見るハト」「文化や生活環境の違いが生み出す、事物の捉え方の違い」）を知りたい方は、参考文献23を参照されたい。

学びにおける〝越境〟の意味

心理学を〝越境〟という観点から捉えていくうちに、この概念が他の学問全般において、さらには「学び」という活動そのものにおいて重要な意味を持つのではないかと感じるようになった。例えば、冒頭で述べた〝越境〟心理學に関する講演では、私自身の専門領域とは全く異なる専門家の方々に研究成果を聴いていただいた。普段とは異なる観点からの質疑も多く、議論を通して得られた学びは大変深く、有意義なものであった。自身の専門領域という境界を越える〝越境〟という行為が、学問に深みを持たせることにつながることを実感する時間となった。なお、最近よく耳にする学際的研究と呼ばれるものも、これと同じ類の〝越境〟であると考えられる。

さらに、別の〝越境〟の例をもう一つ挙げてみる。先日、東洋学園大学所在地の文京区からの依頼により、一般市民向けの講座（文京アカデミア講座『脳が騙されるのは楽しい〜錯視・だまし絵を、心理学的に紐解く〜』）を合計六回（各回九〇分）担当させていただく機会に恵まれた。研究者でも大学生でもない、普段とは異なる受講者の方々に研究の話をすることは、少なくとも私にとっては、一種の〝越境〟であった。同じテーマを取り挙げても、いつもとは異なる反応が返ってくることがとても新鮮で、私自身にとっても様々な発見がある講座となった。最近は、国からの強い要請もあって、アカデミックの世界で得られた成果を世間に還元していくことも重要な仕事の一つとして捉える研究者が増えてきた。学術的成果がアカデミック世界という境界を越えやすくなったことで、今後は専門家以外の方でも、学びの面白さや重要さに触れられる機会が増えていくに違いない。

冒頭に述べた講演を引き受けるまでは、私自身のなかで〝越境〟は学問とは遠くかけ離れた存在であった。しかし今では、越境という考え方が、学びという活動において新たな切り口を見せてくれる貴重な存在なのだと気が付くことができた。このような視点を、今後の研究活動に活かしていきたいと感じている。

注

（1）それまでの哲学的な心理学とは異なる実証的な心理学を構想したとされている。実験心理学最初の書である「感覚知覚説貢献」（1858-1862）を著した。ライプツィヒ大学の哲学教授を務めていたときに、実験心理学研究室を運用した。

（2）ただし、五〜八カ月児でも、ヒトのオトナと同方向のエビングハウス錯視が生じていることを示唆した研究報告もある（Yamazaki, Otsuka, Kanazawa, & Yamaguchi, 2010）。

参考文献

1 藤田和生『比較認知科学への招待—「こころ」の進化学』ナカニシヤ出版、一九九八年。

2 藤田和生『動物たちのゆたかな心—心の宇宙〈4〉』京都大学学術出版会、二〇〇七年。

3 水波誠『昆虫—驚異の微小脳』中公新書、二〇〇六年。

4 中村哲之『動物の錯視：トリの眼から考える認知の進化』京都大学学術出版会プリミエ・コレクション38、二〇一三年。

5 中村哲之・渡辺茂・開一夫・藤田和生『心の多様性　脳は世界をいかに捉えているか』大学出版部協会、二〇一四年。

6 後藤倬男・田中平八『錯視の科学ハンドブック』東京大学出版会、二〇〇五年。

7 Murayama, T., Usui, A., Takeda, E., Kato, K., & Maejima, K. (2012). Relative size discrimination and perception of the Ebbinghaus illusion in a bottlenose dolphin (*Tursiops truncatus*). *Aquatic Mammals, 38,* 333-342.

8 Parron, C., & Fagot, J. (2007). Comparison of grouping abilities in humans (*Homo sapiens*) and baboons (*Papio papio*) with the Ebbinghaus illusion. *Journal of Comparative Psychology, 121,* 405-411.

9 Nakamura, N., Watanabe, S., & Fujita, K. (2008). Pigeons perceive the Ebbinghaus-Titchener circles as an assimilation illusion. *Journal of Experimental Psychology: Animal Behavior Processes, 34,* 375-387.

10 Nakamura, N., Watanabe, S., & Fujita, K. (2014). A reversed Ebbinghaus-Titchener illusion in bantams (*Gallus gallus domesticus*). *Animal Cognition, 17,* 471-481.

11 盛永四郎「大きさ対現象の条件の吟味」日本心理学会第70回大会発表論文集53、一九五六年。

12 Weintraub, D. J. (1979). Ebbinghaus illusion: Context, contour, and age influence the judged size of a circle amidst circles. *Journal of Experimental Psychology: Human Perception and Performance, 5,* 353–364.
13 Doherty, M. J., Campbell, N. M., Tsuji, H., & Phillips, W. A. (2010) The Ebbinghaus illusion deceives adults but not young children. *Developmental Science, 13,* 714–721.
14 Happé, F. (1996). Studying weak central coherence at low levels: Children with autism do not succumb to visual illusions. A research note. *Journal of Child Psychology and Psychiatry, 37,* 873–877.
15 Ropar, D., & Mitchell, P. (1999). Are individuals with autism and Asperger's syndrome susceptible to visual illusion. *Journal of Child Psychology and Psychiatry, 40,* 1283–1293.
16 Roberts, B., Harris, M. G., & Yates, T. A. (2005). The roles of inducer size and distance in the Ebbinghaus illusion (Titchener circles). *Perception, 34,* 847–856.
17 Post, R. B., Welch, R. B., & Caufield, K. (1998). Relative spatial expansion and contraction within the Müller-Lyer and Judd illusions. *Perception, 27,* 827-838.
18 Suganuma, E., Pessoa, V. F., Monge-Fuentes, V., Castro, B. M., & Tavares, M. C. H. (2007). Perception of the Müller-Lyer illusion in capuchin monkeys *(Cebus apella). Behavioural Brain Research, 182,* 67-72.
19 Nakamura, N., Fujita, K., Ushitani, T. & Miyata, H. (2006). Perception of the standard and the reversed Müller-Lyer figures in pigeons *(Columba livia)* and humans *(Homo sapiens). Journal of Comparative Psychology, 120,* 252-261
20 Winslow, C. N. (1933). Visual illusions in the chick. *Archives of Psychology, 153,* 1-83.
21 Pepperberg, I. M., Vicinay, J., & Cavanagh, P. (2008). Processing of the Müller-Lyer illusion by a Grey parrot

(Psittacus erithacus). *Perception, 37*, 765-781.

22 Geiger, G., & Poggio, T. (1975). The Mueller-Lyer figure and the fly. *Science, 190*, 479-480.

23 中村哲之「場を重んじる動物—ヒト」東洋学園大学ことばを考える会編『ことばのスペクトル「場」のコスモロジー』双文社出版、二〇一五年、二八六〜二九五ページ。

「越境しない子育て」を考える

福田《ふくだ》 佳織《かおり》

本学教授。専門は発達心理学。主な著作『笑って子育て―物語でみる発達心理学』（編著、北樹出版）、『家庭と仕事の心理学―子どもの育ちとワーク・ライフ・バランス―』（共著、風間書房）

乳児（0歳）と養育者の境界線

人にはパーソナルスペースというものがある。自身を取り囲む目に見えない境界のことで、この領域に他者が侵入しようとすると、緊張感などの強い情動反応が引き起こされる。この距離は相手との関係性などによって異なるが、E・T・ホール（参考文献1）によれば、最も接近したパーソナルスペースは六インチ（一五センチメートル）以内で、養育者が乳児を保護したり、あやしたりするような場合が想定される。また、M・S・マーラー（参考文献2）の「分離・個体化理論」では、乳児は誕生から生後六カ月くらいまで、自分が養育者と一心同体という感覚があるといわれている。このように見てくると、乳児にとって養育者との境界線は必要ないように感じるかもしれない。実際、乳児が自力で生き延びることは不可能であり、乳児が世話や保護を受けたり、安心感を得たりするためには、養育者の接近・接触が必要不可欠である。

ところが、最近の研究では、生まれたばかりの乳児でも自他の相違の感覚をある程度持ち合わせていることが明らかになっている。また、乳児は、刺激が多過ぎると感じるときに養育者の顔が自身の顔に近づくといった、さらなる刺激を与えられると、目を逸らしたり、仰け反ったりして、養育者が自分の境界に入らないよう拒絶することがある。このように、かなり幼いうちから、子どもは自分の境界を有しており、たとえ相手が養育者でも、やたらに侵入してくる場合には、不快感を持つのである。

したがって、養育者に求められるのは、乳児の様子を敏感に感じ取り、状況に合わせて、適度な距離から乳児を見守る（放置するのではなく）姿勢といえる。しかし、これがなかなか難しい。過剰刺激を拒絶する乳児のサインは極めて微細なため、養育者に心のゆとりがないと見落としやすいからである。ただ、心のゆとりを持った子育ても、また難しい。この時期の子育ては大変な労力を要するため、協力（共同）体制が万全でない限り心のゆとりを持ちにくいためである。しかし子育て環境は未だに整備されておらず、子育てという大仕事をほとんど一人で背負っている養育者が少なくない。協力を得られない不満感。重くのしかかる責任感。頑張っても頑張っても褒められない無力感。公共の場で泣き出す子どもに向けられた冷眼への恐怖感。子育てにかかりきりで何もできないことの焦燥感。自分のもとに生まれなければこの子はもっと幸せだったかもしれないという罪悪感。こうした様々なネガティブ感情が、子どものサインをさらに見づらくするのである。そして、これらの感情が増大すれば、子どもを可愛いと感じられなかったり、心身を病んだりするのも不思議ではない。

子育てに伴う苦労を味わった者のみが、子どもの成長の喜びを味わえる。喜びと苦労は、複数の養育者（例えば、父親と母親）で分かち合うものであり、こうした協力（共同）体制の整った環境下で子育てするとき、養育者は乳児が引いた境界線がよく見えるようになる。「越境しない子育て」が可能になるのである。

幼児（一歳～小学校入学前）と養育者の境界線

このように、養育者に暖かく見守られ、微細なサインに対して適切に対応してもらった乳児は、幼児期になると必要に応じて自発的に養育者に接近・接触するようになる。子どもが接近・接触するのは、自力ではどうにもならない困難に対処してもらいたい、喜びを共有したい、疲れたから甘えたい、そのようなときである。

しかしながら、これまで侵入的な養育（頻繁に越境した養育）を受けてきた乳児は、幼児期になると顕著に親と距離を取るようになる。恐怖を感じても、極力我慢しようとしたり（子どもの年齢相応でない我慢は、子どもの心に負担をかけ、エネルギーを消耗させる）、新しいおもちゃを手に入れても、養育者と喜びを共有するどころか、そのおもちゃを養育者の見えない離れたところに持っていって一人で遊んだり、養育者に背を向けたまま遊んだりする。幼児期といえば、盛んに養育者と遊んでもらいたがる時期だが、このような子どもは、養育者と一緒に遊ぶことで侵入され、自分が思うように遊べないことを知っているのである。

実は、乳児期も含めて、養育者と子の境界線は物理的な距離に限ったことではない。心理的な境界線も重要である。特に、様々な能力を身に付け、自信を持ち、何でもやりたがるようになる幼児期以降は、こうした心理的境界線をやたらに越境しない子育てが肝要である。Ｅ・Ｈ・エリクソン（参考文献３）の心理社会的発達理論によれば、幼児前期（一歳～三歳頃）の子どもは、自分でできた経験を積み重ねることにより、自律性を獲得し、意思力を持つようになるという。子どもは自分の能力を正確に把握していないため、能力以上のことにもチャレンジしようとしたり、時間がかかったりするものである。そのような状況で、「まだできないから」、「危なっかしいから」、「時間がかかるから」といって、養育者が子どもの境界を越えてしまう（やってあげてしまう）ことが増えると、自律性は身に付かず、意思力も獲得できなくなる。決して、子どものやりたい放題にさせよと言っているのではない。電車の座席に靴のまま立ちあがっても注意しないとか、飲食店で駆け回っても「元気いっぱいだね」と眺めているようでは、かえって、子どもは傍若無人な王様・王女様と化してしまうだろう。

話を戻そう。同じく心理社会的発達理論によれば、幼児後期（四歳～六歳頃）の子どもは、他者とは違う「自分」を認識し、自己主張がさらに強まったり、更なる能力の発達から自発的に行動しようとしたりするといわれている。ここでも、養育者が必要以上に子どもの境界を越えて、子どもの意欲を抑え込もうとすると、子どもは自分の行動に罪悪感を抱くようになり、目標を持つ力を損なうことになる。こちらも子どもを放任せよといっているのではない。

この時期の子どもには、まだまだ親の手助けが必要である。しかし、子どもが少し背伸びすればできるかもしれないこと、時間をかければできるかもしれないこと、失敗するかもしれないけど危なくないことといった、子どもの能力のちょっと先のことに本人が挑もうとしているとき、養育者は子どもの境界に侵入せず、自分の領域でじっくり見守ることが大切なのである。この「越境しない子育て」には、養育者の心のゆとりと忍耐が必要である。心のゆとりや忍耐を発揮するには、一人で子育てを抱え込んでいては難しいことを、養育者の周囲の人たちは特に忘れてはならない。

児童（小学生）と養育者の境界線

小学生ともなると、子どもの世界は一気に広がり、これまで何といっても養育者が一番だった子どもは、徐々に養育者よりも友人との付き合いを大切に感じるようになる。Hazan & Zeifman（参考文献4）は、六歳～十七歳までの子どもに、「誰と一緒に過ごすのが好きか（接近欲求）」、「離れていて最も寂しく感じるのは誰か（分離抵抗）」、「いつも頼れると感じるのは誰か（安全基地）」、「落ち込んでいる時に誰に慰めを求めるか（安全な避難所）」という設問に対して、それぞれ当てはまる人物を一人ずつ挙げてもらうという面接調査を行った。その結果，接近欲求については、全年齢すべての人が「友人」を挙げた。また、安全な避難所については、八～十四歳までに「親（養育者）」から「友人」へと徐々に移行していった。このように、児童期は養育者から友人へと、意識がシフトしていく（もちろん、養育者が不要になるという意味ではない）。

養育者にとっては、いくぶん寂しさも感じるかもしれない。しかし、それは子どもの成長の証。養育者は、子どもがいざという時に逃げ込める安心・安全な環境をオープンにしておくこと、つまり、子どもが自力で解決できない問題が発生し、子どもが養育者を頼ってきた時に（求められる前に養育者が手を出してしまわずに）、子どもを守ったり慰めたりすることが、この時期の役目といえるだろう。

しかし、養育者の中には、自分のもとから離れて行く子どもに「見捨てられ不安」を感じる者もいる。せっかく子どもが世界を広げるチャンスにもかかわらず、そのような養育者は「そっちは危険だ、ここにいた方がよい」と、子どもが養育者との境界を作ることを拒否したり、「それはあなたには無理だから、やってあげよう」と、子どもとの境界線を頻繁にズカズカと踏み越えていく。子どもにとっても、初めての世界は不安である。養育者に止められれば、「そうかもしれない」と世界に踏み出すことを躊躇してしまったり、失敗を恐れて挑戦せずに、養育者を頼り続けるようになるだろう。こうして子どもと養育者間に境界線のない密着した関係が形成されていくのである。

このような関係性とは真逆ともいえる関係もある。それは、子どもが自力で解決できない問題にぶつかったときでも、子どもと養育者の境界線が壁のように立ちはだかり、この壁を越えられないという関係である。つまり、養育者が子どもに自力での解決を強要し、養育者に頼ることを拒絶するというものである。児童期の子どもは、まだまだ未熟なところもあり、時折、養育者の支えが必要になる。だから、子どもの側からは自由に境界線を越えて、養育者からの慰めや保護が得られなければならない。しかし、子どもと養育者の境界線（壁）が強固で、子どもが養育者の助けを得られない場合、その子どもは、自分の解決能力以上の困難にぶつかっても、常に頑張り続けなければならないし、将来的に人に頼ることが苦手な人間に育つことになる。もちろん、自分で何とか対処できるような事柄であれば、自力で頑張ることは良いことである。しかし、世の中、自力ではどうにもならないことも少なくない。そのような事態でも人を頼れないとなると、心身に支障をきたす可能性も高まるだろう。

さらに、混乱した関係として、子どもと養育者の立場が逆転している関係もある。つまり、養育者が子どもに助けを求め、子どもが養育者を慰め守るという関係である。この場合も子どもと養育者との境界線のない密着関係という点で問題があるが、子どもが養育者の問題解決にエネルギーを注がなければならない点が加わり、非常に大きな問題を孕んだ関係性といえる。子どもは自身の世界を広げる余裕もエネルギーもなく、とにかく養育者の求めに応じなければならないのだ。

児童期は、子どもが新しい世界で失敗を恐れずに挑戦できるよう、養育者は温かく見守り、励ますこと、さらに、養育者側からは子どもの世界にむやみに立ち入らず、子ども側からは自由に出入り可能となるような柔軟な境界線が必要と言える。

青年（中・高・大学生等）と養育者の境界線

青年期に入ると、子どもはさらに養育者との境界線を明確にしようとする。先のHazan & Zeifmanの研究でも、十四歳までは一貫して「親」であった「安全基地（いつも頼れると感じるのは誰か）」、「分離抵抗（離れていて最も寂しく感じるのは誰か）」が、十五～十七歳になると「友人」に代わってくる。

こうして、児童期から思春期の間に、「接近欲求（誰と一緒に過ごすのが好きか）」、「分離抵抗」、「安全基地」、「安全な避難所（落ち込んでいる時に誰に慰めを求めるか）」の全項目すべてを「友人」が担うようになる。さらには、恋人にそれらの役割を求めるようになる青年も少なくない。

このように、青年期の子どもは、頼りにする相手、離れたくない相手が友人や恋人となり、養育者との距離はますます離れていく。しかしながら、友人や恋人もたいてい自分と近い年齢である。完全に身を委ねられるほどお互い成熟していないし、ある程度の気遣いや遠慮も必要である。だからこそ、この時期の子どもは、養育者と距離を置きたいと思いながらも、甘えたり頼ったりしたいという葛藤を抱くようになる。

養育者は、こうした子どもの依存と独立の葛藤に振り回されることもしばしばである。子どもが自分に甘えてくる様子を目の当たりにすると、つい「まだまだ子どもなのだ」と勘違いし、子どもの領域に立ち入ってあれこれと口を出したり、制止したりしてしまうこともある。すると、それは「自立したい」ともがく子どもを苛立たせることになる。こうした苛立ちを感じやすい時期がいわゆる第二反抗期で、十二〜十五歳ごろから見られる（小高、参考文献5）といわれている。

この時期の子どもが養育者に対して容易に苛立ちを示すことは、典型的な姿であるとみなされがちだが、こうしたいわゆる「第二反抗期」は誰にも生じるわけではない。生じない理由は複数あるが、最も多い理由として、「養育者が子どもの発達に適した対応が取れた（取れている）こと」が挙げられる。中学二、三年生を対象とした福田（参考文献6）の調査でも、母親に対して苛立ちを感じることが「ほとんどない」、「まったくない」と回答する者は三割程度おり、その半数が「親が自由にさせてくれたから」、「自分をよく理解してくれたから」というポジティブな理由を挙げていた。また、大学生の回想的回答に基づく調査（福田、参考文献7）でも、三割が反抗期を経験しなかったと回答し、その理由で多かったのが「親が自分を理解してくれたから」、「親が自分を尊重してくれたから」という内容であった。つまり、養育者が子どもを理解し、子どもを尊重して、ある程度自由にさせてあげること（放置するのではなく）が大切なのである。養育者が子どもの境界線を尊重して、そこへの立ち入りを自重するならば、子どもは過剰に境界線を明示することなく、平穏な養育者と子どもの関係が築けるといえるだろう。

成人と養育者の境界線

成人期といえば、一人前の大人である。養育者が成人となった子ども（「養育者に対しての子ども」の意。以下同様）を一方的に支えるというのではなく、必要に応じて双方向的支えが可能になる時期といえる。また、成人となった子どもは、多くの選択肢の中から、自己責任の下で自分の人生の方向性を決めていくことになる。例えば、就業、居住、結婚等々のライフイベントの決定権は本人にあり、養育者はせいぜいちょっとしたアドバイスをしたり、些細なサポート役に徹したりする程度である。ハヴィガースト（参考文献8）によれば、早期成人の発達課題は、配偶者の選択、その相手と暮らすことの学習、家庭の形成、育児、家の管理など様々な発達課題があるとしている。もちろん、これらの発達課題は養育者と共に遂行されるものではない。これらに大いに口出しする養育者は、親子の境界線を踏み越えており、この時期の子どもの発達を阻害、妨害することにほかならない。もちろん、結婚しないこと、子どもを持たないこと等の選択権も本人（とそのパートナー）にある。

こうした決定にも口を出し、子どもをコントロールしようとする養育者には、「養育者」というアイデンティティしか形成してこなかった人が少なくない。つまり、養育者以外の役割アイデンティティ（仕事をする自分、趣味を楽しむ自分、地域交流する自分など）を持ち得てこなかったということである。複数の役割アイデンティティを有していれば、子どもだけに固執することはない。子どもが自立しても、養育者自身のアイデンティティのすべてが喪失するわけではないので、子どもの成長を応援することができる。しかしながら、養育者アイデンティティのみしか有していない養育者は、子どもに自立されることで唯一のアイデンティティを喪失することになる。それは何としても回避しなければならない忌々しき事態だ。そこで、子どもを自身の手元に置き、自立できないよう心血を注ぐわけである。例えば、子どもが恋人を連れてくれば、難癖を付けたり、難しい条件を相手や子どもに突き付けたりする。この時期の子どもであれば、養育者がそのようなことを言ったとしても、拒否したり、無視したりすることもできるはずだが、子どもの方も、養育者の言いなりになりやすい。なぜなら、このような養育者は以前から子どもを手中に収めようと、子どもが自分の意思で行動する力が身につかないように育ててきたからである。

幼児期の箇所で述べたとおり、Ｅ・Ｈ・エリクソンの心理社会的発達理論では、幼児前期（一歳〜三歳頃）の子どもは、自分でできた経験を積み重ねることにより、自律性を獲得し、意思力を持つようになる。この時期、養育者が「あなたは私（養育者）がいないと何もできないのだよ」というメッセージを発信しながら、子どもの身辺のことを全てやってしまい、続く幼児後期（四歳～六歳頃）でも、子どもの失敗に対して、養育者が「ほらね、あなたは私（養育者）がいないと何もできない。私の言うとおりにしていればいいのだよ」と、子どもの意欲を抑えれば、目標を持つ力を損なう。そして、児童期（小学生）でも、養育者が掲げる高いハードル（到達目標）に挫折する子どもに対し、「こんなこともできないようでは全然ダメだ」と言われ続ければ、子どもは劣等感を強く抱くようになる。ここまでくれば青年期になっても、やりたいことは何も見つからず、養育者が決めた進路に従って進み、アイデンティティの確立には程遠い子どもとなるのは当然で、その状態のまま成人期に突入する。

こうなると、養育者が境界線を越えてくることを子どもが自力で阻止するのは非常に困難である。子どもの認知を変えるよう周囲がサポートするか、養育者の認知を変えるよう周囲がサポートするか（こちらの方が困難）ということになるだろう。あるいは、養育者が加齢とともに、子どもの境界線を踏み越える力を喪失していくのを待つか。それまでには、長い年月を要するし、そこでようやく自由の身となった子どもは、これまでの自身の生き方を振り返ったときにどう感じるだろうか。

まとめ

子どもと養育者の境界線は、可視化できるものではない。養育者自身も、それを踏み越えている自覚がない場合が多いだろう。「子どものために良かれと思って」という善意、「養育者としてそうあるべき」

という責任、こうした善良な心に基づいた越境だからこそ、境界線内で踏みとどまることが難しいのである。

しかも、まれに、養育者がこの境界線を踏み越えるべき事態も起こり得る。しかしそれがいつなのか、どの程度踏み越えてよいのかという基準はない。そのため、養育者が意識的に適宜立ち止まって、自身の行動を俯瞰的に眺めたり、様々な他者と関わって意見をもらったりしていかないと、気づかぬうちに越境した子育てに陥ってしまう。

ヒトの発達は、幼ければ幼いほど養育者からの影響が強い反面、可塑性も高いのも特徴である。また、養育者以外の重要な他者との交流を持つ子どもは、養育者から受ける影響が小さくなる。ここまで、乳児、幼児、児童、青年、成人まで養育者の影響を全面的に受けた場合の子どもの状況を記述したが、子どもに養育者以外の他者とのつながりがあれば、実際はもう少し状況は異なる。子どもには幼いうちから誠実に心を通わせてくれるような大人（養育者以外で）や友達の存在が重要であること、養育者にとって他者との関わりが自身の子育てを見つめ直す契機となること、複数の養育者で子育てを担うことが養育者の心のゆとりや忍耐力を形成すること、これらのことを心に留めて子育てにあたることで、適切な「越境しない子育て」が実現するといえる。

参考文献

1　E. T. Hall 1966 *The Hidden Dimension.* Garden City, New York: Doubleday and Co.　日高敏隆・佐藤信行訳

『かくれた次元』（みすず書房、一九七〇年）
2　M. S. Mahler, F. Pine, & A. Bergman 1975 The Psychological Birth of the Human Infant: Symbiosis and Individuation New York: Basic Books.　高橋雅士・織田正美・浜畑紀訳『乳幼児の心理的誕生―母子共生と個体化』（黎明書房、二〇〇一年）
3　E. H. Erikson 1982 *The life cycle completed.* New York: W. W. Norton　村瀬孝雄・近藤邦夫訳『ライフサイクル、その完結』（みすず書房、一九九九年）
4　Hazan, C & Shaver, P. R. 1994 Attachment as an Organizational Framework for Research on Close Relationships. Psychological Inquiry, 5, 1-22.
5　小高恵「親―青年関係尺度の作成の試み」『南大阪大学紀要』3、八七〜九六ページ、二〇〇〇年。
6　福田佳織「中学生の第二反抗期の現状―母親に対する反抗的態度に焦点化して―」『東洋学園大学紀要』25、二五〜三六ページ、二〇一六年。
7　福田佳織「第二反抗期が生起しない要因の検討―第二反抗期の経験認識のない大学生の自由記述から―」日本教育心理学会第58回総会、660、二〇一六年。
8　R. J. Havighurst, 1972 Developmental tasks and education. New York: McKay.　児玉憲典・飯塚裕子訳『ハヴィガーストの発達課題と教育』川島書店、一九九三年。

児童養護施設における心理職

——心理から福祉への越境

塩谷《しおや》　隼平《しゅんぺい》

本学教授。臨床心理士。専門は臨床心理学。研究テーマは児童養護施設における心理臨床や心理教育的なグループアプローチ。著書『こころを見つめるワークブック』（共著、培風館）ほか。

毎週日曜日は児童養護施設へ

毎週日曜日は、朝から夕方まで八王子市の郊外にある児童養護施設に非常勤心理職として通う生活を十五年ほど続けている（去年からは、土曜日と日曜日に分けるようになったが）。大学では一応「塩谷先生」と呼んでもらっているが、施設では子どもたちがつけてくれた「しおぴー」というあだ名で呼ばれている。私の働く施設では、子どもたちが職員にあだ名をつけることも多く、施設長ですら子どもたちから「〜ちゃん」と親しまれている。児童養護施設では入所している子どもの心理療法を担当しており、遊びによって心的世界を表現する遊戯療法（プレイセラピー）を用いて、個別心理療法やグループ心理療法を実施している。基本的にはプレイルームと呼ばれる心理療法室でカウンセリングを行っているが、豊かな自然に囲まれた施設なので、子どもが希望すれば、相談して枠組みを決めたうえで、夏は園内にある林で一緒にカブトムシやクワガタを捕まえることもあるし、大雪が降れば雪合戦に興じたり、かまくらづくりを手伝ったりすることもある。また、ミニサッカーができる程のグランドでサッカーをしたり、ホールにある卓球台で卓球をしたりすることもある。子どもからすると一緒に遊んでくれるおじさん（十五年前はお兄さんだったと思うが）という認識だろう。

児童養護施設との出会いは臨床心理士になるためのトレーニングを受けていた大学院修士時代まで遡る。それまでは児童養護施設どころか子どもの心理療法にもあまり興味がなかったが、大学院の同級生から施設でのボランティアに誘われ、入所児童のグループ心理療法にかかわるようになった。はじめ児童養護施設と言われてもピンとこず、子どもの頃に読んだ『聖闘士星矢』（車田正美作、一九八六年から一九九〇年まで週刊少年ジャンプで連載）というマンガで主人公たちがたくましくもやや悲惨な暮らしをしている施設の場面が浮かぶくらいだった。しかし、実際の施設の雰囲気はとても明るかった。ボランティア時代は守秘義務のため子どもの入所理由を知ることはなかったが、施設に入所するだけの大変な背景を背負っているであろう目の前にいる子どもたちはとにかく元気で素直で一緒に遊ぶのがとても楽しかった。その後、修士課程の修了時に非常勤心理職として働かないかと声をかけてもらい、他にもいくつかの理由はあるのだが、簡単にいうと施設にいる子どもに魅了され、彼らを支えたいという思いから週一日の非常勤の心理職として働くようになった。

今では多くの施設に心理職が配置されているが、児童養護施設に心理職（正式には心理療法担当職員）

が導入されてからまだ二十年も経っていない。心理職は児童養護施設の歴史のなかでは新参者であり、福祉の領域への越境者でもある。また、私自身の児童養護施設での経験がそのまま施設における心理職の歴史と重なっている。本稿では、施設における心理職としての経験をふりかえりながら、心理から福祉への越境というテーマで、児童養護施設における越境者としての心理職の役割や課題などについて論じていきたい。

児童養護施設とは

二〇一七年現在、日本には十八歳以下の子どもが約二〇〇〇万人いる。そのうち、何らかの理由で親と一緒に生活することができずに社会的養護のもと、さまざまな児童福祉施設や里親家庭などで暮らしている子どもが約四万五千人いる。これは子ども四五〇人に一人程度の割合であり、決して少なくない。そのうち、最も多い約二万六千人の子どもが入所しているのが児童養護施設である。児童養護施設とは、「保護者のいない児童、虐待されている児童その他環境上養護を要する児童を入所させて、これを養護し、あわせて退所した者に対する相談その他の自立のための援助を行うことを目的とする（児童福祉法第四一条）」児童福祉施設であり、全国に六一五ヵ所ある（施設数や人数は二〇一七年のデータをもとにしている）。身体に障害をもつ子どもが入所しているイメージを持たれることもあるが、かつての孤児院であり、確かに障害を抱えた子どももいるが、そのために入所しているわけではなく、あくまでその子どもが置かれた養育環境のために措置されている。入所している子どもは二歳から十八歳（大学などに進学すれば二十歳まで措置延長可能）までで、施設から地域の小中学校や高等学校に通い、高校生になればアルバイトをする子どももいる。

児童養護施設が養育環境に問題のある子どもの入所施設として位置づけられたのは一九四七年の児童福祉法の制定からである。それまでの時代は公的救済保護がほとんどなく一部の宗教関係者や篤志家によって孤児院が設立され、親と一緒に生活できない子どもたちの受け皿となっていた。しかし、第二次大戦後、街中に戦災孤児たちがあふれ、慈善事業としての援助の限界が訪れ、児童養護施設（当初は養護施設）の設立に至った。一九五二年の児童養護施設への入所理由は一位が貧困、二位が親の死亡、三位が棄児で、児童養護施設の役割は、戦災孤児や浮浪児などを保護することであり、大きな建物のなかで多くの子どもが集団生活する大舎制による集団養護が一般的であった。

その後、時代は大きく変化し、近年、子どもを取り巻く問題として児童虐待が顕在化してきた。一九八九年の国連での子どもの権利条約採択の影響で統計を取り始めた、児童相談所における児童虐待の相談件数は二〇一六年には十二万件を超え、一九九〇年の一二〇倍にもなった（図1を参照）。それにともない、児童養護施設の入所理由も一九九二年から親による虐待・放任が一位となり、現在、児童養護施設に入所している子どものほとんどが被虐待児かネグレクト（育児放棄）環境にいた子どもたちである。そのため、児童養護施設の目的も「保護」から「自立支援」へ変わり、大舎制による集団養護を減らし、小さな建物で十名以下の子どもたちが生活する小舎制やグループホーム（地域小規模児童養護施設）による家庭的な養護が推進されている。しかし、まだまだ児童養護施設の五割が大舎制であり、

図1　児童相談所の児童虐待の相談件数
（参考文献 1）

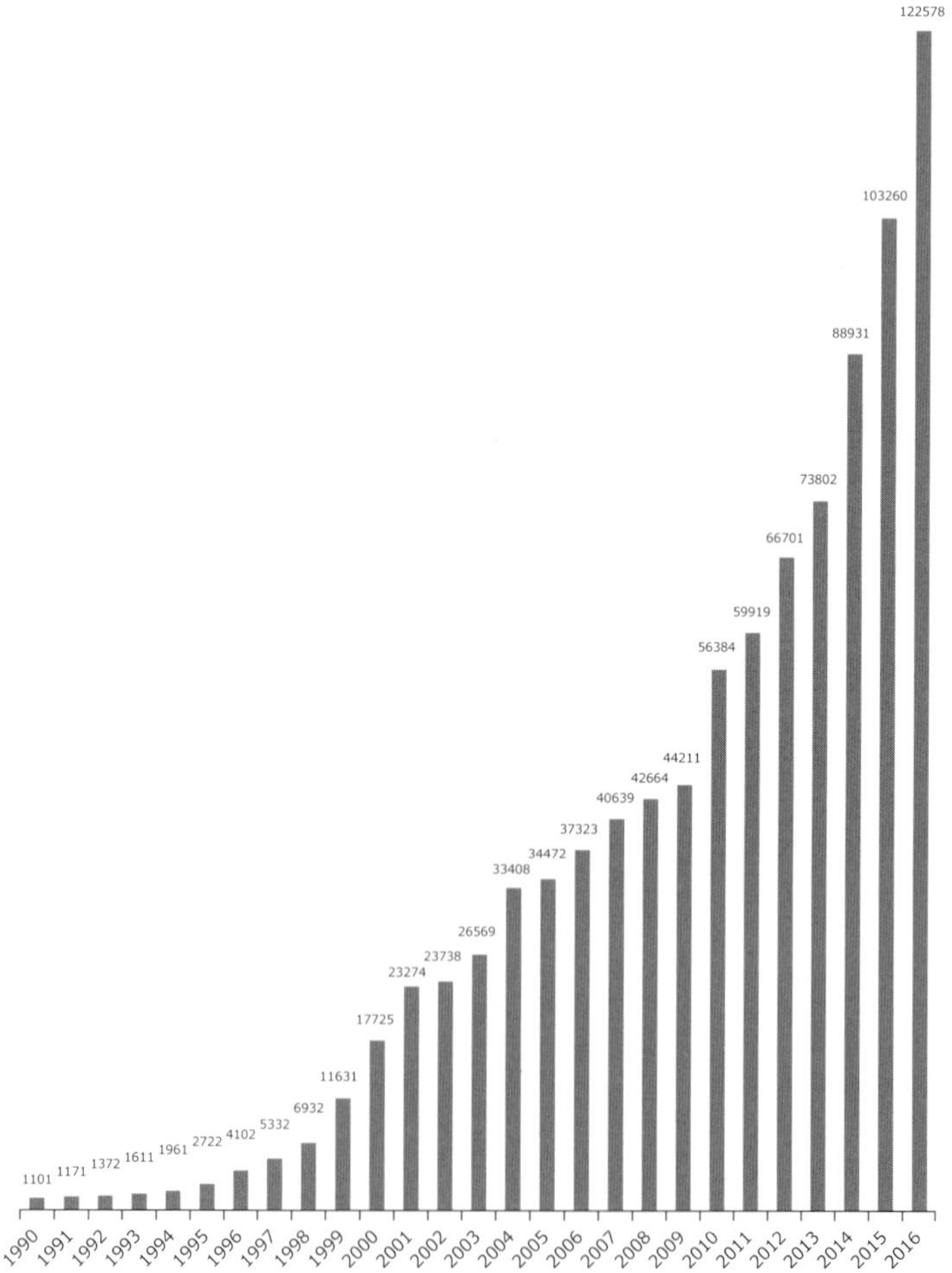

入所定員が百名を超える施設もある。また、職員の厳しい労働環境や慢性的な人手不足など多くの課題を抱えているが、それらの背景の一つに、何度か改正されているものの戦争直後に制定された児童福祉法をもとに現在の社会的養護が展開されていることもあるだろう。

心理職の導入

虐待を受けた子どもたちは基本的信頼感（この世界は自分が生きていてもいい世界なんだ、自分はそこで生きるに値する人間なんだという感覚）が脆弱で、愛着（不安になったときに信頼できる人に接触することで安心する感覚）が不安定なため職員を上手に頼ることができない。また、虐待的人間関係の再現傾向（西澤、参考文献2）と言われる特徴をもっており、職員から怒りや攻撃性を引き出す挑戦的な言動を意識的または無意識的にとり、自分にとって重要な大人を挑発しながら、本当に安全な大人かを試してくる。大人がその関係に巻き込まれると苛立ちや怒りを感じ、虐待がくり返されてしまう危険性もある。さらに、自己評価が低く強い攻撃性ももっており、対人関係スキルも乏しいため、子ども同士の人間関係を構築することも苦手である。そのような特徴をもつ子どもが増えたため、施設でも治療的な養育が必要となり、心のケアが求められるようになった。

そのような現状を背景に一九九九年に厚生省（現在の厚生労働省）からの通達により、被虐待児の心理療法などのために児童養護施設への心理職の導入が始まり、二〇〇六年に常勤心理職の配置が義務化されて、児童養護施設で働く心理職が急増した。私が施設に関わりはじめたのが二〇〇一年で、非常勤の心理職として働きはじめたのが二〇〇三年なのでちょうど施設心理職の黎明期にあたる。その当時は、施設臨床の実践報告も日本ではまだまだ少なく、施設で心理療法を展開しようとすると様々な戸惑いを感じた。詳しくは「児童福祉施設に心理士が参入する際の課題について」（塩谷ら、参考文献3）で論じたが、その戸惑いは、治療構造の問題とケアワーカーをはじめとした他職種との連携の二つにまとめられる。

児童養護施設における治療構造

大学院時代の心理療法のトレーニングはクライエントがセラピストのもとを訪れて、決まった時間に決まった部屋で面接を実施する外来型の方法や理論が中心であった。言い換えると、クライエントに心理の専門家が準備した枠のなかに入ってもらい、非日常的な空間で心理療法を行うのである。これはフロイトが創始した精神分析の考え方を基盤にしており、無意識を含めた人の心の機微を読み取るためには、クライエントが安心できる安定した治療構造が必要となるからである。しかし、児童養護施設における心理療法の最大の特徴は子どもたちが住み暮らす施設のなかで展開されることにある。心理療法室はあるが、物理的にも心理的にも日常生活に囲まれており、完全に非日常的な空間を作り出すことはできない。そのため施設の心理臨床では、それまで教わってきた心理療法をそのまま展開することは難しかった。例えば、外来型の心理療法ではクライエント同士が会うことは稀で、クライエントとセラピストの二者関係だけに注意を払っていればよかったが、施設では同じ心理職から心理療法を受けている子ども同士が自分の心理療法の中身について語り合い、その関係が心理療法に影響を与えることもあった。また、外来型の心理療法では、面接の場以外でクライエントとセラピストが接する機会はほとんどないが、施設で働いているとクライエントである入所児童と心理療法以外で全く会わずに仕事をすることはかなり難しい。ケアワークには関わらないと決めていても、目の前で子どもたちがケンカでも始めれば介入しないわけにはいかない。

そのような施設の特徴を心理療法の阻害要因としてだけ捉えると施設で心理臨床を展開することは難しいかもしれない。もちろん、子どもにとって心理療法の場が安心できる環境になるように最大限の努力を重ねる必要があるが、児童養護施設にあわせた治療構造を子どもと一緒に作っていくという観点も大切である。例えば、本稿の冒頭で心理療法の時間に子どもと心理療法室の外で遊ぶエピソードを書いたが、心理療法の枠を大切にする人からみると考えられないことであろう。しかし、虐待を受けた子どもたちにとって、密室で大人と二人きりになる場面は虐待の恐怖を想起させる体験でもある。そのため、その恐怖に耐えられずに心理療法室に入れない、または入室してもすぐに出ていってしまう子どももいる。そのような子どもの心理療法において心理療法室への入室にこだわっていると支援をする機会そのものを失ってしまうことになる。心理療法のはじまりと終わりの時間は厳格に守りながら、過ごす場所は柔軟に対応することで子どもは安心してセラピストと会うことができる。そのなかでセラピストへの信頼感をはぐくみながら、徐々に心理療法室でも安心して二人で過ごせるようになることを目指してもよいのではないだろうか。子どもの心理的発達段階やその時の心理状態を読み取りながら、子どもと一緒に子どもに適した治療構造をつくっていくという考え方である。

心理の領域から児童養護施設という福祉の場に越境するなかで、今までの理論ややり方に従うだけではなく、新しい場所の特徴やニーズに合わせてやり方を柔軟に変え、児童養護施設という場所に適した心理療法の方法を作り上げていく必要があるだろう。

他職種との連携

児童養護施設において、子どもの日常生活のサポートをするのがケアワーカー（正式名は直接処遇職員）である。資格としては保育士か児童指導員をもっており、朝、子どもたちを起こし、朝食の準備をし、学校に送り出し、洗濯・掃除をして、子どもたちを学校から迎え入れ、宿題を手伝って、一緒に遊び、夕食を食べ、入浴を手伝い、寝かしつけ、安全な眠りを見守るという仕事である。もちろん交代勤務ではあるが、まさに三六五日二四時間、子どもたちを支え、守り続ける親代わりである。

施設心理職の黎明期には、越境者である心理職に対するケアワーカーからの抵抗もあった。自分たちとは異なる専門性をもった心理職がケアワーカーの仕事を評価し、批判してくるのではないかという評価懸念や、逆に心理職による心理療法を受ければ子どもたちがすぐによくなるのではないかという魔術的な期待もあり、心理職がどのような専門性をもち、どのような仕事ができるのかを丁寧に説明していく必要があった。また、ケアワーカーがチームで働くことを前提にしているのに対し、心理職は一人職場であることも多く、子どもの支援に関する方針が異なることも少なくなかった。例えば、ある子どもにとってよい支援でもチームで働くケアワーカーは、同じような支援を他の職員が他の子どもに対しても提供できるのかというフェアさを大切にするが、心理職はその子どものことだけを考えて判断してしまうことがある。しかし、虐待を受けた子どもをはじめ施設の子どもたちのケアにはチームによる複層的な支援が必要であり、多職種の連携や協働が前提となる。特に後から施設に参入した心理職はケアワーカーの専門性や仕事について十分に知らなければならない。たとえ、一週間に一回一時間程度の心理療法がどんなに効果的であっても、残りの六日間と二三時間の生活が不安定ならば子どもの心は成長していかない。そのため、施設における心理療法の目的の一つは、子どもがケアワーカーからうまくケアされるようになることであり、愛着の修復でも担当する心理職ではなく、担当するケアワーカーに愛着がつくように支援する必要がある。

児童養護施設における心理職の支援内容は図2（図中のCWはケアワーカーの略称）のように発展すると考えている。まず、初期の「子ども個人を対象にした支援」の段階では、個別心理療法やケアワーカーとのコンサルテーションを中心とした支援が実施される。次に「子どもを取り巻く環境を整える支援」の段階になると、集団心理面接や外部機関との連携が展開され、子ども集団や家族が支援の対象となる。さらに「施設全体のケア能力を高める支援」の段階になると、施設内研修の講師などを担うようになり、施設全体のケア能力を高めることが目的となる。このように児童養護施設の心理職にはケアワーカーのケア能力を含めた施設の持つ子どもを育てる力の向上に寄与することが求められる。

施設心理職の抱える課題としてケアワーカーとの連携があげられることも多いが、ケアワーカーが子どもの生活を守ってくれるから安心して心理療法を展開することができるのである。児童養護施設への越境者として、ケアワーカーへの敬意と感謝の気持ちは忘れずに仕事を続けていきたいと思う。

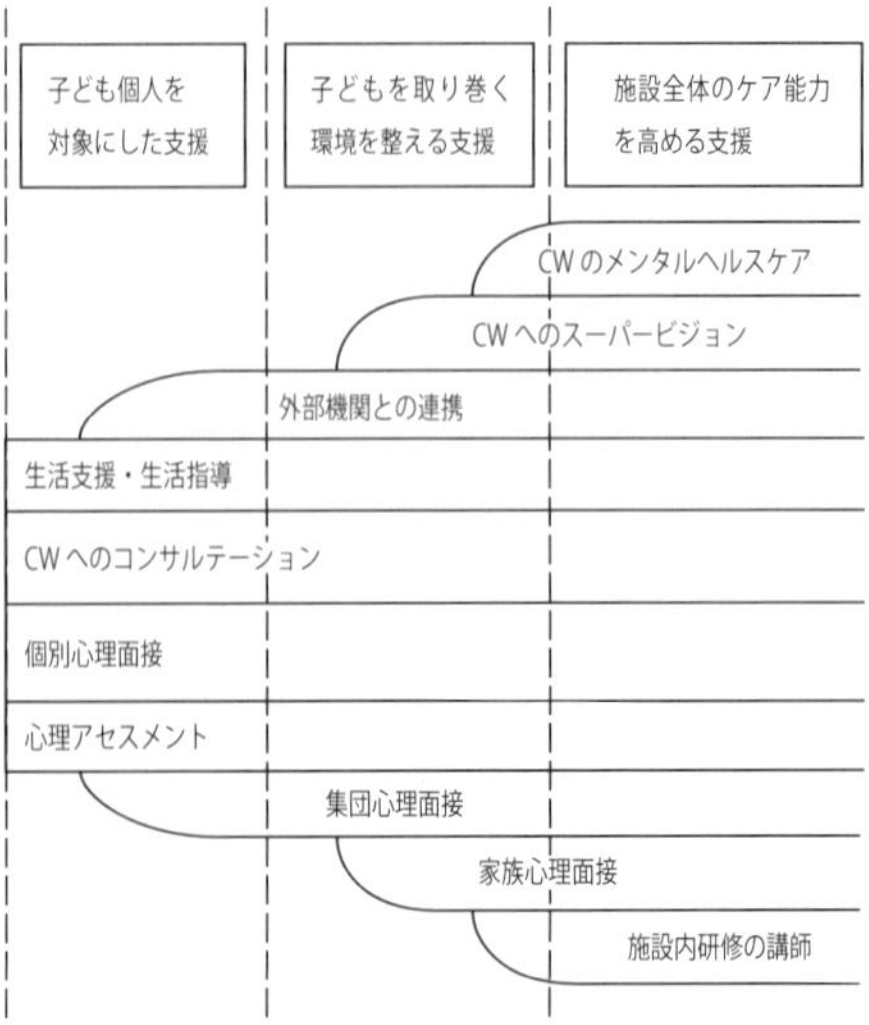

図2　児童養護施設における心理職の支援内容の発展モデル（参考文献4）

子どもの「心」をみるということ

施設で心理職をしながら思い続けるのは、施設と子どもたちにとって、心理職の果たす役割がケアワーカーとどう違うのか、どのように差異化できるのか、ということである。

児童養護施設の心理職に求められることは子どもの心理療法とともに、子どもを心理的な視点からアセスメントすることである。子どもの心理的な発達段階や子どもが起こす問題の心理的意味など、子どもの「心」をみることが、その名の通り心理の専門家の仕事である。先にも述べたように、フロイトが一見窮屈にも思えるような治療構造を設定して心理療法を行ったのは、そうしないと心の世界が見えないからである。限られた時間と空間と情報の中でクライエントの心について徹底的に考えることで心の中身はやっとみえてくるのだと思う。そして、それは語られる言葉や目に見えている行動や表情とは全く異なっていることも少なくない。

図3　ルビンの盃（参考文献5）

図地反転図形という図形がある。通常の知覚体験では、「図」としてみえる部分と「地」として見える部分は決まっている。例えば、今皆さんの目の前にある紙上では、黒い文字が「図」となり、白い用紙が「地」となっているから、安定して文字を読み続けられる。しかし、図3のルビンの盃に代表されるような図地反転図形では「図」と「地」が交代する現象が生じる。白い部分を「図」として知覚すると盃や壺のような形に見え、黒い部分を「図」とすると向かい合った二人の横顔が知覚される。さらに図地反転図形の面白いところは、この二つを同時にみることはできないという点である。

歪を知覚しているときは横顔が知覚できず、横顔を知覚しているときに歪は知覚できない。

ケアワーカーがみる現実場面での子どもの様子と心理職がみる心理療法での子どもの様子はまさにこの図地反転図形のような関係にあるように思う。もちろん、どちらも同じ子どもであり、同じ形である。しかし、見ている視点が異なるのである。私が心理療法を担当していた男子が写真の入るロケットペンダントに自分の亡くなった母親の写真を入れてきて母親への愛情を語ってくれたことがあった。その数日後、その男子を担当するケアワーカーから、男子の部屋のごみ箱から母親の顔だけくり抜かれた写真ができてきたが、何か心の闇のようなものを抱えているのではないか心配であると相談されたことがあった。母親の写真はロケットペンダントに入っていることを説明すると笑いながら安心していた。半分笑い話のようなエピソードだが、「図」と「地」の両方をみることで子どもの全体像がみえてくるよい例だと思う。

児童養護施設における心理職にとって大きなテーマの一つが、子どもの生活の場にどう関わるかである。必要があれば心理職もケアワークにも参加しなければならないとも思うが、子どもの日常生活にかかわりながら、子どもの心的世界を理解するのは言うほど簡単ではないような気がする。心理職は、ケアワーカーが見落としていることに気づいて補ったり、ときにはケアワーカーの方針とは異なる意見を言う必要もあるかもしれない。ケアワーカーと並んで働きながら、ケアワーカーとは違う景色を見るには、心理臨床家としての専門的な知識と確固たる自信が必要になるのではないだろうか。非常勤で日常のケアワークには入らない私でも、子どものアセスメントで子ども本人の利益ではなく、ケアワーカーの見え方や期待に沿ったアセスメントをしてしまい、後から反省することもある。児童養護施設の心理職には、福祉の現場にどっぷりとつかりながら、心理職としての視点を持ち続けなければならない。それが越境者としての心理職の役割であろう。

これからの児童養護施設と心理職

現在、社会的養護は大きな転換期を迎えており、家庭的養護の推進のために、子どもの措置先として児童養護施設ではなく、里親家庭やファミリーホームを優先しようとしている。また、施設養護でもできる限り家庭的な環境での養育（小規模グループケア、グループホーム）が推進されている。しかし、この「家庭的」という言葉には、夫婦や少人数の職員に子育てを全面的に委ねる危険性も含まれている。児童虐待は複数の要因が輻輳的に絡み合って生じるが、その要因の一つに子育ての孤立化がある。もともと人間は、集団で子どもを育てるように進化してきており、その子育ての特徴のために地球上でここまで繁栄してきた（参考文献6）。かつての日本社会も同じような雰囲気があり、子育ては社会がもつ公共的な責務であり、地域が子どもを育てきた。その観点からするとたとえ「家庭的」ではなくても、施設で行われている集団養護は人間的な子育てなのかもしれない。施設養護にはもちろんデメリットもあるが、集団で子どもを育てることには多くのメリットもある。たとえば、子どもは子ども集団の中で多くのことを学び、大きく成長していく。また精神的に非常に不安定で衝動性が高い子どもは、やや管理的な雰囲気の集団生活の方が落ち着いて生活できることもある。そのようなメリットを十分に検討しないままに、施設を小規模化し、里親への委託を進めることは、里親の虐待や施設内虐待が増加する危険性を大きくはらんでいるように思える。

そのような流れの中で越境者としての心理職にできることはなんだろうか。子どもと大人の人数が減れば、それだけ濃密な関係が生まれる。しかし、その関係に耐えられずに苦しくなってしまう子どもも職員も増えることが予想される。心理職に期待されることは、その関係に新しい風をふかせ、ゆとりを生むことであろう。かつて日本の家庭には両親だけではなく祖父母もいたように、またおせっかいな近所のおばさんが子育てを手伝ったように、子どもが育つためには、子どもにとって様々な距離の大人が必要である。心理職には、子どもやケアワーカーにとってそのような存在になることが求められると思う。

児童養護施設で働く醍醐味

児童養護施設で働いて何よりも楽しいのは、子どもの成長に長く寄り添えることである。二歳から十八歳までの十六年間でも十分に長い期間だが、アフターケアで関わればさらに長い間、子どもの成長を見続けることができる。最近、自分が心理療法を担当した子どもが立派に成人し、施設に結婚の報告をする姿を見たり、街角で働いている姿を見かけたりすることがあった。大変な背景を背負いながらも、力強く生きている彼らを見ていると本当にうれしくなる。

いよいよ二〇一八年から、心理系初の国家資格である公認心理師の養成がはじまるが、資格取得に必要な大学の科目にも「福祉心理学」が並び、①福祉現場において生じる問題及びその背景、②福祉現場における心理社会的課題及び必要な支援、③虐待についての基本的知識について学ばなければならない。公認心理師にも児童福祉施設での心理支援や被虐待児の支援が大きく期待されている。

心理職を始めたばかりの頃、施設心理職仲間とともにある学会で、児童福祉施設での心理臨床について発表した際に、参加者から「あなたたちが十年後も施設で働いていられるか」というやや批判的な感想をもらうことがあった。あれから十五年たったが、こうして心理職として生き残っている。施設の子どもたちにとって職員が変わらずに働き続けることがなによりうれしいことである。自分の小さい頃を知っている大人の存在が彼らの支えになる。これからも越境者としての謙虚な気持ちを忘れずに、しかし委縮することなく、施設のニーズに合わせながらも、心理職としての専門性を忘れず、他職種との協働を大切にしながらも、流されることなく、児童養護施設での心理支援の確立と発展に貢献していきたいと思う。

参考文献

1　厚生労働省『平成二八年度　児童相談所での児童虐待相談対応件数』二〇一七年。
2　西澤哲『トラウマの臨床心理学』金剛出版、一九九九年。
3　塩谷隼平・藤岡大輔・古舘有希子・浜崎あえか・大塚斉・三枝菜子「児童福祉施設に心理士が参入する際の課題について」『首都大学東京・東京都立大学心理学研究 Vol. 16』四五～五〇ページ、二〇〇六年。

4　塩谷隼平「児童養護施設における心理職の役割の発展」『東洋学園大学紀要Vol. 22』一九～二九ページ、二〇一四年。
5　Rubin,E　Visuell wahrgenommene Figuren（Gyldendal、1921）
6　ＮＨＫスペシャル取材班『ママたちが非常事態!?　最新科学で読み解くニッポンの子育て』ポプラ社、二〇一六年。
＊ほかに厚生労働省子ども家庭局家庭福祉課「社会的養護の現状について」（二〇一七年）を参考とした。

対象喪失と悲哀の仕事

――絵本で学ぶ臨床心理学

有木《ありき》　永子《ながこ》

本学准教授（臨床心理学）。臨床心理士。関西医科大学など医療保健領域での臨床活動に長年従事。主な著書は『臨床心理士をめざす大学院生のための精神科実習ガイド』。

はじめに

私たちは生まれてから死ぬまでの間にたくさんの物語を経験する。それだけでなく、たくさんの絵本や童話、小説、映画、音楽、絵画などを、読んだり観たり聴いたりする中で、そこに込められた物語に思いを馳せている。

絵本や童話をめぐる臨床心理学的な研究は、河合隼雄をはじめとするユング派の分析家による先行研究がたくさん存在する。これらの多くは、クライエントとの対話の中で実践してきたことが礎となっている。私も臨床心理士としてさまざまな年代のクライエントと心理アセスメントや心理療法（カウンセリング）でお会いしてきた。かつて臨床心理学を学び始めた時、たくさんの絵本に出会い、その物語の意味や展開を考えることも心理臨床の一つのトレーニングであった。実際に絵本のストーリー展開は、心理療法のプロセスと重なることもあり、クライエントのこころの回復や成長を考え、支援の方向性を検討する時に役立っている。

絵本は、短い言葉と絵によって独自の世界を創造し、私たちのこころに語りかけてくる。特に子どもの成長・発達は、絵本なくしてはありえないと思う。松井（参考文献1）によれば、「子どもは絵を見るのでなく絵を読む」のだという。絵本は子どもに読ませるのではなく、「大人が子どもに読んでやる本」である。そして子どもは絵本を読んでもらった時、絵の中にある言葉を読み、同時に耳から言葉の世界を体験するのだという。おそらく読み手である大人の語り口調や声の質を味わいながら、時間や空間を共有できることが、子どもの成長・発達にとても大切なのだろう。自分ひとりで読むのと違い、読み手と聞き手がいれば、絵本の中に広がる世界を一緒に旅することができる。

子どもだけでなく、思春期になっても青年期になっても、そして成人してからも、絵本は人の心の何かに触れることが多い。それはなぜだろうか。絵本は、文字が読めない子どもでも理解できるように、やさしく、少ない言葉でエッセンスを凝縮して伝えてくれる。こうした短いシンプルな語りかけの中に、とてつもなく深い意味を含むものもある。読む者の年代、経験、その人が持つ課題やこころの状態によって、受けとるメッセージも違ってくる。だからあらゆる世代の人のこころに届けられるのかもしれない。

一方、「大人こそが絵本を！」と呼びかけている柳田（参考文献2）は、人生後半になって絵本の深い語りかけを再発見したとして「絵本の[redacted]に子どもだけでなく大人までが魅せられるひとつの理由は、現実世界と空想世界の境目がなく、両[redacted]混然一体となっているからだ」という。大人にとって絵本の無駄をそぎ落とした語り口は、想像[redacted]き立て、空想と現実の間すなわち境界を行きつ戻りつしながら、心理的に生きる世界を越境させてくれる。抽象的な言葉でなく、「うれしい」のなら「踊りました」、「悲しい」のなら「泣きました」と表現されたものは、情景が目に浮かびやすく、いつのまにか物語の文脈に自分自身を重ね合わせてしまう。そこで味わったことを、自分自身や身の回りの物事と結びつけて考えるうち、これまでとは違った感じ方や受け止め方という変化をもたらすことがある。大人こそが絵本を読むとよいのは、すでに脈々と続いてきた自分の歴史があるだけに、絵本の深い語りかけに気づき、それまでの価値観や体験の在り様を再構成し、新しい生き方の創出へつながる可能性を秘めているからと言えるかもしれない。

絵本で語られる物語にどのような意味が内包されているのかと自分のことに置き換えて考えてみる行いは、心理療法の営みと似たところがある。心理療法では自ずとこれまでの自分を振り返り、整理する作業が含まれる。それにかかる時間は人によりずいぶん異なるものだが、クライエントが自分自身の物語を語れるようになった時、新たな創造が始まっていることが多い。これは不適応から適応へといったレベルの話ではなく、自分の物語を見つけて、新しい自分が発芽するような変化である。

クライエントとの面接において、絵本からの学びが役立ったことは一度や二度ではない。大切なだれかを失くしたり、自分自身の身体の一部を失くしたり、失う痛みを味わった人の気持ちとその回復過程に寄り添う時、絵本からの語りかけに耳を傾け、物語の展開に思いを馳せながら、クライエントの語りを聴き続けたことが思い返される。

そこで本稿では、生きている以上は誰もが遭遇する「失くす痛み」（対象喪失）とそこからの回復ないしは適応（悲哀の仕事）について、身近な絵本で学べる臨床心理学の視点を紹介し、こころの回復・適応に何が必要であるかを検討したい。

対象喪失と悲哀の仕事

この世に生まれてから、大切なものをなくしたことのない人はいないだろう。愛する人、家族、大切な友人、健康な心身、夢や希望、仕事や趣味……。自分にとって存在感の大きいものであればあるほど、そのダメージは大きく、計り知れないほどの深い悲しみを抱くものである。

では、大切な人やものを失くした時、私たちはどのようなこころの状態に陥るのだろうか。

通常、私たちには、日常生活を安全に営めるよう、こころを守り現実に適応するためのからくりが備わっている。これは適応・防衛機制と呼ばれるもので、その人の心の水準によって種類や機能の仕方に違いがある。しかし、大切な人やものをなくした時、すなわち対象喪失が生じた時に人がたどる心のプロセスは、その順序や必要な時間に個人差があるにせよ、一定のパターンを持つことが明らかになっている。

精神分析の創始者であるフロイト（Freud）は、『悲哀とメランコリー』（参考文献3）の中で対象喪失から回復するために必要な心理過程を悲哀（喪）の仕事（mourning work）と名付けた。悲哀とは、現実には対象を失くしているのだが、今なお心の中に思慕の念があり続けるために生じる心理的苦痛のことであり、失った対象をあきらめられるように整理していく心理過程のことを悲哀（喪）の仕事と呼んでいる。フロイト以降、ボウルビー（Bowlby, J）やカプラン（Caplan, G）など後進の研究者がこの理論を発展させている。

ここでいう対象とは、必ずしも人やものに限られていない。松木（参考文献4）は対象を「それまで手に入れていた、あるいは手に入るものと感じていた、よいものと認識されていた（もしくは認識される）何か──すなわち（広義の）愛情を向けていた何か──」として、そうした対象を失うことが対象喪失であると定義づけている。対象には、愛する大切な人やペット、病気や事故で失ったからだの一部、志望校への入学、理想や目標なども含まれ、死別や別離、また健康の喪失や失敗や断念などとして体験されるものである。

それでは、対象喪失と悲哀の仕事とは具体的にどのような心理過程であるのかを見てみよう。

対象喪失と悲哀の仕事の実際

対象を失くした時、それが突然の喪失であればあるほど、準備も覚悟もないまま、その出来事は私たちの身にいきなりふりかかる。多くの場合、混乱した状態に陥り、一体何が起きたのかわからなくなる、いわゆるショック状態である。時間が止まったように感じられたり、自分の身に起きていることを少し離れたところから映画のワンシーンのように距離を置いて観ていたり、自分のこととして感じられなくなる場合もある。そして「そんなはずはない、何かの間違いだ。」と、その出来事自体をなかったことにしようとする。あるいは事実から目を反らして異常なまでにハイテンションになることもある。これらは否認と呼ばれる適応・防衛機制で、自分自身を維持するためにさまざまな形で使われる。否認は、起きた事実を認めるには都合が悪すぎるという時にできるだけ現実を遠ざけるために行う機制である。時に、なくした対象を元通りにしたいとして、修復の願望が示されることもある。だが、ずっと否認し続けるわけにもいかない。次第に、何故こんなことになったのか、何が悪かったのかと、自分自身を振り返り、その責めを自分に帰したかと思えば外部に帰すなど、怒りを放出させるようになる。何故このような事態になったのか、一体どうすればよかったのかとエネルギーが怒りとして表れている間は活動的に見えるが、どのようにしても失った対象が戻ってはこない現実に直面する中で、気持ちは落ち込み、無気力で抑うつ状態に陥ることがある。悲しみや罪悪感に苛まれ、希望を失い、自分の殻に引きこもることもある。悲しみ尽くすことは抑うつを招くが、この抑うつは人によって重篤度がさまざまであり、正常な悲哀と抑うつの反応は、こころの回復のためには必ず通る道である。しかし病前性格や置かれている環境、それぞれの発達段階や年代などが複合的に重なり合うと、専門的な治療が必要な場合もある。

そして、対象を失くしたことを受け入れていくためには、対象について考え、思いを馳せるこころの作業が必要となる。このように、悲哀の仕事は対象喪失を受け入れ悲しみ尽くし、少しずつ少しずつ、失くした対象をあきらめ、現実を受容し、そこに注ぎ込んできたエネルギーが新たな対象に向け歩みを進めていくことになる。

対象喪失と悲哀の仕事というこころの作業を理解するにあたり、二つの絵本を紹介したい。

（1）スーザン・バーレイ（作・絵）『わすれられないおくりもの』（小川仁央訳、評論社、一九八六年）

非常に有名な絵本で、翻訳されてからすでに三十年余り経っている。小学校の教科書にも採用されており、自分や子どもの成長過程において目にした人も多くいるだろう。とても温かみのある色彩を多用しており、見ているだけでホッとする、そんな気持ちになる絵本である。

主人公である年老いたアナグマは、森に住む動物たちから敬愛され、一目置かれる存在だった。アナグマは自分の死期が近いことを知っていたが、死を恐れてはいなかった。なぜなら、死んで身体はなくなっても、心は残ることを知っていたからである。
自分の力がどんどんなくなっていくことを実感していたアナグマは、ある日、森の仲間に手紙を書いてから夢を見た。どんどん地下へもぐっていくと長いトンネルがあり、走れないはずのアナグマが走っている。トンネルの奥へ行けば行くほど杖も持たず、体が軽くなってアナグマはあの世へと行ってしまった。

翌朝、起きてこないアナグマを案じて、森の動物たちが集まってきた。そこへキツネが悲しい知らせを持ってきた。アナグマからの手紙をたずさえて。

「長いトンネルのむこうに行くよ　さようなら　アナグマより」

森の動物たちは大きなショックを受けて、悲しみにうちひしがれた。なかでもモグラはショックのあまり、アナグマのことばかり考え、涙で毛布がぐっしょりだった。

冬が来て、雪は地上を覆ったけれども、みんなの心の中の悲しみまで覆い隠してはくれなかった。森の動物たちはなすすべもなく途方に暮れた。

やがて春になり、外に出てきた動物たちは互いに行き来してはアナグマとの思い出を語り合った。モグラはアナグマからハサミの使い方を教えてもらい、カエルは得意なスケートができるまでアナグマに見守ってもらったことを。キツネはネクタイの結び方を教えてもらい、料理上手なウサギはアナグマから最初にパンの焼き方を教えてもらったことを。

そして気づくのである。アナグマは、別れた後でも宝物となるようなおくりものをのこしてくれたと。最後の雪が消えたころ、アナグマが残してくれた宝物のおかげでみんなの悲しみも消え、楽しい思い出が語れるようになった。モグラは丘の上からアナグマに御礼を伝えると、アナグマがそばにいるような気がした。

この作品の中で繰り広げられているこころの物語をみてみよう。村の誰からも慕われてきたアナグマを失うという、森の動物たちにとって大きな対象喪失が起きている。アナグマは村のことを何でも知っている年長者で、困った時に相談に乗ってくれる頼りになる存在だった。まさしく愛情を向けていた対象である。

残された動物たちの悲しみの深さは、モグラの行動に見て取れる。「涙があとからあとからほおをつたい、毛布をぐっしょりぬらします」と、モグラは泣きに泣いていたのである。冬の到来は、動物たちがすすめる悲哀の仕事にはなくてはならないものだった。対象喪失の痛みから回復・適応する過程では、悲しみの中にどっぷりと身を置くこと、つまりあるがままの自分の状態に身をゆだねることが必要だとされている。そのため多くの場合、抑うつ的な気分に陥ることとなる。

動物たちは冬の間、冬眠という名のもとでそれぞれがしっかりと引きこもり、悲しみの中に身を置く時間を過ごした。あたたかな春がやってくると、村の動物たちは集まって、アナグマの話を始めている。まさに集団心理療法である。集団心理療法とは、グループメンバーの一人ひとりが話し合いを通じて自らの苦悩や葛藤、生き方、考え方などに洞察を得る心理療法であり、悩める者同士のつながりと相互に励ましあい支え合うことが希望を与え、症状や苦悩の改善に役立つとされている。

動物たちは大切な対象を失った体験を共有し、さびしさや悲しみに触れ合ってその苦悩をともに味わった。グループの凝集性も高まっていたのだろう。その語らいの中でそれぞれにアナグマがしてくれたことや残してくれたことに思いを馳せられるようになった。もう、目の前にアナグマはいないのだけど、自分たちのこころの中にアナグマは居続けてくれている。失った対象を生き返らせることを諦め、現実受容に向かう悲哀の仕事がここからもうかがえるのである。

そしてこのお話にはもう一つ大きな展開が起こっている。モグラは、アナグマの姿、形はなくなってもこころは生き続けることを感じとり、アナグマが自分の中に知恵や工夫という贈り物を授けてくれたことに気づくのである。失った悲しみはいつしか感謝の思いへと大きな転換を遂げている。「悲哀の仕事は人間の心をより成熟したものとし、より豊かでより愛情に満ちより創造的な世界に導いてくれる道である」(H.Segal　参考文献5)とされるように、人生を生き抜くために必要な知恵や工夫をアナグマから宝物として授けてもらったという気づきが、モグラを成熟させ、より豊かで愛情に満ちた創造的な世界へといざなうのであろう。

悲しみに打ちひしがれている時、私たちは対象との間で起きたこと、一緒に味わったことを思い出しがたい。なかでもよい体験を思い出すことが難しい。絶望や無力さ、罪悪感が混然一体となった悲しみの波に揺られながら、その感情を味わい尽くしてからでなければ辿り着けないのだと思う。この物語で、動物たち、なかでもモグラの悲哀の仕事に注目すると、アナグマを失った現実を遠ざけ悲しみにくれた後、仲間と同じ思いを分かち合えたことが大きな支えになっている。この仲間の存在は、それぞれの悲哀の仕事をすすめるプロセスにおいて、大きな役割を果たしたと言えるだろう。

次に、もう一つ、対象喪失と悲哀の仕事を考える上で取り上げたい絵本を紹介する。

(2) 湯本香樹実文・酒井駒子絵『くまとやまねこ』(河出書房新社、二〇〇八年)

この絵本の絵は、灰色の背景に白黒のみで版画のようなタッチで迫ってくる。大切なことりを失くしたくまが、悲しみを受け入れて再び歩き始めるようになるこの絵本こそ、誰かに読み聞かせてもらって味わってほしいと思う。この色彩と絵から語られるくまとやまねこの気持ちの通い合いに私はとても心打たれ、この物語を心に刻むこととなった。まずはあらすじを紹介したい。

あるあさ、くまはなかよしのことりを失くしてしまう。ずっといっしょにいると信じていたくまは、ことりがいないことを受け入れられず大粒の涙をこぼした。

「ああ、きのうはきみがしんでしまうなんて、ぼくは知りもしなかった。もしもきのうの朝にもどれるなら、ぼくはなにもいらないよ」

くまは亡くなったことりをきれいな木箱にいれて、どこへいくにも持ち歩いた。森のどうぶつたちに箱の中身を尋ねられ、見せるとみんなは困った顔をしてだまりこみ、きまって言われるのだった。

「くまくん、ことりはもうかえってこないんだ。つらいだろうけど、わすれなくちゃ」

くまは家に閉じこもり、なかからかぎをかけて、暗く湿った部屋で昼も夜もうつらうつらとしていた。ある日、まどをあけると外はいいお天気で、風が草のにおいをはこんできた。外を歩きはじめたくまは、みなれないやまねこに出会う。やまねこはおかしな形の箱を持っていて、くまが中身を見せてほしいとたのんだら、やまねこはくまが箱の中を見せてくれたら自分のものも見せるというのだった。くまが迷いながら箱の中身を見せると、やまねこは横たわることりをみつめてつぶやいた。

「きみはこのことりと、ほんとうになかがよかったんだね。ことりがしんで、ずいぶんさびしい思いをしてるんだろうね」

くまはおどろいた。こんなことを言われたのははじめてだったからである。やまねこは箱に入っていたバイオリンで、二人のために演奏した。このシーンの絵は見開き一面に広がっていて、あたかもバイオリンの奏でる音が聴こえてくるような心地を覚える。するとくまはいつのまにかいろんなことをおもいだしたのである。ことりがイタチにおそわれケガをしたこと、切れた尻尾を隠すためにきれいなはっぱをあつめピンクのリボンで結んだこと、たのしかったことのかずかず。ことりがまいあさくまを起こす時におでこをつついたこと、お天気のいい日に水浴びしたこと、そのときのことりのはねのにおい、けんかしてなかなおりしたこと……みんな思い出したくまは、ことりとひなたぼっこした日の当たる場所にことりをうめた。

「ぼく、もうめそめそしないよ。だって、ぼくとことりは、ずっとずっとともだちなんだ」

やまねことくまはことりをうめたところに石を置き花でかざりつけた。やまねこはくまを旅に誘い、手垢のついたタンバリンを手渡した。くまはやまねこの友達のことを聞いてみたくなったが、そのかわりに「ぼくれんしゅうするよ。おどりながら、タンバリンをたたけるようになりたいな」と話し、二人で世界中を巡業する旅に出ている。

この物語では、大切なことりが死んでしまうという突然の別れに大きなショックを受け、ことりが死んだ現実を否認し、きれいな箱の中に入れて肌身離さず持ち歩くくまの様子が描かれている。この痛々しい振る舞いに、くまの受けた衝撃がどれほど大きいものかは想像に難くない。失くした対象を元通りにしたいという修復の努力の現れでもある。箱の中身を尋ねられ、亡くなったことりを見た動物たちがかけた言葉は「ことりはもう戻ってこない。辛いけど忘れなきゃ」。忘れたくても忘れられない、愛情を注いだ対象との死別という現実が、くまのこころに突き刺さったように感じられる。あまりのショックと寄る辺ない気持ちに襲われ、どうしたらよいかわからなくなったくまは、どうしてもことりと離れられなかったのだろう。ことりが生き返り、もとのように暮らしたい……そんな気持ちの現れが箱を持ち歩くことだったのではないだろうか。

この後、クマは鍵をかけて家に引きこもる。ことりを失った痛みに加えて、それを分かち合える対象もなく、くまは昼も夜もじっと座り続けて浅い眠りに身をまかせるのだ。抑うつ的な気分に苛まれて、じっくり眠れず疲れが蓄積していく様子がうかがえる。

どれだけの時間が経ったのか、しばらくして窓を開けたくまは、外はいい天気で草のにおいを運んできた風を感じて、歩き始める。そこで一匹の見慣れないやまねこに出会うのである。やまねこは、ほかの森の動物たちとは違い、箱の中のことりをじっと見つめて、つぶやいた。「きみはこのことりと、ほんとうになかがよかったんだね。ことりがしんで、ずいぶんさびしい思いをしてるんだろうね」このつぶやきこそが、くまが変わる瞬間であろう。

くまはくまの悲しみを初めてそのまま受け止められたと感じたのではないだろうか。人は大切な存在をなくした時、いまここで（here and now）感じるものを照らし返されてはじめて気づく気持ちがある。ことりの亡骸にしがみついていたくまの思いは、とてつもないさびしさであり、不安であり、深い悲しみであったろう。同時に、なぜ自分を置いていったのかという怒り、きょうの朝がずっと続くなんて思わなければよかったといった自責感、生きることに絶望し自分もことりの後を追いたくなる気もちなど、悲しみや絶望、思慕が混ざり合って混乱し、くまのこころを揺さぶり続けてきたのだろう。くまは、くま自身が感じていることをやまねこから照らし返され、はじめて失くした痛みやさびしさを自分のものとして感じ、そしてそのことを分かち合える新たな対象に出会ったように思われるのである。この後、場面は大きく展開する。やまねこが奏でるヴァイオリンの音色に耳を傾け、くまはことりとのさまざまなやりとりを思い出す。

ことりがイタチにおそわれケガをしたことやことりのためにきれいなはっぱをあつめたこと、ことりがまいあさくまを起こす時におでこをつついたこと、お天気のいい日に水浴びしたこと、そのときのことりのはねのにおい、けんかしてなかなおりしたこと、日々の暮らしの場面が思い出され、楽しかったことがくまのこころをあたためる。

ここは、『わすれられないおくりもの』でアナグマを失った森の動物たちが集まって、アナグマとの関わりを思い出し、語らい合ったところとてもよく似ている。『わすれられないおくりもの』の動物たちは、この後、アナグマから生きていく上で必要な知恵や工夫を授かっていたことに気づくのだが、『くまとやまねこ』では、やまねこのつぶやきや演奏に支えられ、ことりを埋葬するという弔いが行われるのである。

なにもかも思い出したくまは、ことりといっしょにひなたぼっこしたいつも日の当たる場所にやまねことことりを埋めて、石を置きその周りを花で飾り付けた。先述したようにこの絵本は白黒だけの絵で展開されているのが、石の周りの一部の花だけがピンクに彩られている。ピンクは、ことりがイタチに襲われてしっぽの羽が抜けた時、くまが集めたきれいな葉っぱを結びつけたリボンの色だった。白と黒だけのベースで描かれたこの作品に、色彩が入っているのは、このピンクだけである。ことりとくまの結びつきを感じられずにはいられない場面である。

かつて傷ついたことりのしっぽを修復したくまは、ことりの亡骸を土に返してお墓を作り弔うことができた。罪悪感、絶望感、無力感…、そして失った対象を修復したい願望に折り合いをつけられたのだろう。

それから、くまはやまねこと新しい人生を歩き始める。やまねこから受け取った手の汚れがいっぱいついたタンバリンには、やまねこにも大切なだれかがいたのではないかという思いをくまに抱かせる。くまの悲哀の仕事は、同じ痛みを知っているかもしれないやまねことの関係性に支えられてこそすすめることができたのだろう。

おわりに

本稿では、対象喪失と悲哀の仕事というこころの作業がどのように進むのか、絵本二作品をとおして検討してきた。どちらも、愛情を向けてきた対象を失った時、こころがマヒした状態に陥った。作品の中では、残された者が悲しみに打ちひしがれ、泣きに泣いたり、なんとか対象を修復させようとしたり、悲しみに圧倒される姿が描かれている。しかしそうした状態に変化が訪れるのは、自分の思いをそのまま聞いてくれる他者の存在に気づいた時である。失った対象について語ることができ、ありのままの自分を受け止めてくれる存在との関わりの中で、失くした対象をあきらめ、新しい対象に向かい、新たな感情として対象への感謝を感じられるようになる。

心理療法の過程は、失った悲しみを取り上げ、わきおこるさまざまな思いを受け止めながら、ありのままの気持ちの動きにそっと寄り添うこころの作業の繰り返しである。失った対象との関係性に思いを巡らせ、よい体験を心の中に内在化させることが、回復のカギを握っているが、二つの作品をみても、アナグマを失ったモグラとその仲間、ことりを失ったくまにはやまねこといった、悲しみを共有したり、そのまま受け止めてくれたりする存在が欠かせない。

今回、対象喪失と悲哀の仕事として二つの絵本を取り上げたが、柳田（参考文献2）が「人生で大事なことは、すべて絵本から学べると言ってよい。」というように、私も生きる上で大切なことは絵本に学ぶことができると思う。絵本には、現実と空想を越境させられる橋渡し機能があるのだろう。一方で、絵本は、死の受け入れ方や乗りこえ方を、教えるものでもおしつけるものでもない。このことをどう受け止めるかは、一人ひとりに委ねられている。

臨床心理学は人が生きやすくなるための実践的な学問である。臨床実践を行う者として、また臨床心理学を学ぶ学生を育てる者として、絵本が語るメッセージを聴きつづけたい。そして、現実と空想の境界をほどよく行き来できる臨床家でありたいと思う。

参考文献

1 河合隼雄・松井直・柳田邦男『絵本の力』岩波書店、二〇〇一年。
2 柳田邦男『生きる力、絵本の力』岩波書店、二〇一四年。
3 S.Freud 1917, Mourning and melancholia.The Standard Edition of the Complete Psychological Works of Sigmund Freud, Volume XIV (1914-1916) 井村恒郎・小此木啓吾訳「悲哀とメランコリー」『フロイト著作集六 自我論／不安本能論』人文書院、一九七〇年。
4 松木邦裕『不在論―根源的苦痛の精神分析―』創元社、二〇一一年。
5 H.Segal 1952,A Psycho-analytic Contribution to Aesthetics. The Work of Hanna Segal' Aronson, N.Y.1981 松木邦裕訳「美学への精神分析的接近」『クライン派の臨床』岩崎学術出版社、一九八八年。

第四部　歴史を歩む

江戸と明治　商業蔑視から富国論へ

荻野《おぎの》　博司《ひろし》

元本学教授。ジャーナリズム論、コーポレート・ガバナンス論。主な著作『日米摩擦最前線』（朝日新聞社）、『問われる経営者』（中央経済社）、『渋沢栄一に学ぶ「論語と算盤」の経営』（共著、同文館）など。

商人、吸血鬼論

二六〇年に及ぶ江戸時代において、商人階級にはたえず厳しい目が向けられてきた。商品経済が発達して市場機能が発達するなか、仲介役を果たす商人の役割は拡大し、社会への影響力を増した。それとともに農民からの年貢米をもとに武士階級が社会を支配するという封建制度が揺らぎだしたことへの危機感や反撥がその背景にある。

江戸時代中期を代表する儒学者荻生徂徠は、『政談』のなかで商人を吸血鬼のようにとらえている。「武家の輩、米を貴ぶ心なく金を太切の物と思ひ、是よりして身上を皆商人に吸取られて、日々に困窮する事也」。すなわち、貨幣経済が進むなかで武士階級が拝金主義に陥り、農民が丹精を込めて育て年貢として納めた米ばかりか、武士の蓄えまで商人が掠め取ってしまうというのだ。

このため、「唯武家と百姓との常住に宜き様にするを治の根本とすべし」「商人の潰るる事をば、嘗て構まじき事也」という乱暴ともいえる結論に達する。

封建制度を確立することで国家（幕藩体制）の永続的な安泰を願う徂徠の目には、商業は不要な存在とさえ映ったようだ。商人は怠けて儲けようとしており、結果として物の値段が騰貴し、武士や農民の生活を困窮させている。需給関係でものの価格が決まることは経済活動における当然の摂理であったが、市場で取引される商品には本来の価値に商人が自己の利益分を入れ込むという「妙術」を弄しているとする。

徂徠が没した十年後に生まれ、『海国兵談』などで、国際的な視点からの国防策を提起した林子平の商業観も紹介したい。「およそ日本橋よりして欧羅巴に至る、その間一水路のみ」という時代を先取りした名言を残しているが、商人に対しては冷酷というほかない。

「町人と申し候は、ただ諸士の禄を吸い取り候ばかりにて、ほかに益なき者に御座候。実に無用の穀つぶしにこれ有り候」（『上書』）。松前から長崎まで全国を行脚し、その広く深い識見から「寛政の三奇人」とされる林子平とは思えない断じぶりである。江戸時代初期の儒学者、山鹿素行の、「（商人は）ただ利を知りて義を知らず、身を利することのみ心とす」（『山鹿語類』）はその源流といえよう。

大名貸しで肥え太る豪商、幕府や藩の要人に近づき、さらには米の買占めで巨利を得る御用商人などの存在は、貨幣経済のもと米相場や銭相場が乱高下し生活が困窮する庶民からの攻撃の対象ともなった。一七三三（享保十八）年に江戸で起きた大規模な打ちこわしを契機に、飢饉や凶作、銭相場の乱高下などのたびに騒乱が起こるようになる。天明年間（一七八一〜八九年）の相次ぐ飢饉のもとでは、江戸にとどまらず大坂、京都、広島、長崎など全国に及び、商人への反撥はピークに達する。

支配層、被支配層のいずれにおいても商業蔑視が広がった江戸時代ではあるが、商人が徂徠や子平のいうような社会に寄生するだけの存在であり、利益を得ることが卑しい行為ということであるのなら、なぜ多くの制約にもかかわらず江戸時代を通じて経済活動が拡大し、たとえば世界でも類例をみない精緻な先物取引が大坂・堂島に成立しえたのか。明治維新で誕生した新政府が強引に推し進めた重商主義政策、すなわち「殖産興業」をだれが担えたのか。封建社会に根を下ろした賤商思想、貴穀賤金思想という呪縛を破り、市場経済の新たな分野に踏み込んだ先人の足跡をたどろう。

利益を支える「三方よし」

「買い手よし、売り手よし、世間よし」の三方よしは、江戸時代以前から全国で商業活動を展開していた近江商人の理念とされる。たしかに、この経営思想は江戸時代の商家の家訓などに形を変えて根付いており、商業が単に利潤の追求にとどまってはならず、それだけでは事業の永続性が望めないことを確認するものである。商業の原点を示す思想といえよう。

近年になってからも企業の社会的な責任（ＣＳＲ　Corporate Social Responsibility）の源流として国内外で紹介されている。たとえば、経済同友会の二〇〇三年報告書には「昨今、近江商人の『三方良し』

にみられるわが国の伝統的な経営哲学が改めて評価され、社会課題の解決に関する会社への期待が今まで以上に大きくなっている」との記述が見られる。

はるか昔にCSR経営の萌芽があったというのは、たしかに現代の企業人の心をくすぐる。ただ、この用語そのものが広く知られるようになったのは、一九八〇年代末からの四半世紀ほどに過ぎない。名付け親は滋賀大学教授だった小倉栄一郎氏とされる。小倉氏は著書のなかで以下のように述べている。

「有無相通じる職分観、利は余沢という理念は近江商人の間で広く通用しているが、ややむずかしい。もっと平易で『三方よし』というのがある。売手よし、買手よし、世間よしという商売でなければ商人は成り立たないという考え方である。時代は下るが湖東商人の間で多く聞く」。九一年に滋賀県であった世界AKINDOフォーラムにセゾングループ代表（当時）の堤清二氏がパネリストで登壇している。そこでの論議で取り上げられた「三方よし」に感銘を受けた堤氏が、新聞のインタビューの際に紹介したことで知名度が一気に上がったとされる。

目先の利益を追わないという行動規範は「三方よし」という魅力的な用語が誕生する以前から根付いていた。江戸時代に雄飛した近江商人の存在感は明治に入ってからは薄れてしまったが、近江商人を創業者にもつ伊藤忠商事などはその流れを受け継ぎ、「経営理念の根幹」と位置付けている。

いうまでもないが、江戸時代には有限責任を基本とする株式制度はなく、情報開示が求められることもない。貨幣経済に足元を崩されつつあるとはいえ、支配層である武士階級の権力は絶大であり、そうしたなかで経営の永続性を保つための知恵が蓄積して「三方よし」の経営理念や経営の工夫が生まれたといえる。限界や断絶があったことを認識した上で、近江商人が編み出した経営手法のなかに維新後にも通ずるものが少なくないことを知る意義は小さくない。

持続可能性への手立て

江戸時代には事業の永続性を保つということは、家を守ることと同義だった。そのために近江商人は今に通じるさまざまな仕組みを講じている。注目されるのは合議制による意思決定だろう。主人による独断専行を防ぐため、本家から枝分かれした分家、別家からも当主が集まり、店舗の展開に関する決定などの重要事項を審議する例は少なくなかった。さらに家の財産を危うくし、事業の継続にも影響が出ると判断された主人に対する「押し込め隠居」を家憲に明記している家もある。

「主人は一つのファンクションと考えられていた。家そのものの存続が至上の目的であり、主人は後継者に経営権を任せるまでの間の役割に過ぎない。職責の本質は手代や番頭と変らない」(上村雅洋)との指摘はきわめて興味深い。経営の暴走を許さない危機管理の姿勢からは、経営者は株主から会社経営を任された存在に過ぎないという株式会社制度の大原則に通じる意義が見いだせる。「家」という概念を通じて、永続的な企業価値、株主価値に通ずる考え方を理解していたといえる。

近江から出て北海道、東北から九州まで活動拠点を広げた「他国稼ぎ」の近江商人にとって、進出先での信頼の維持は自らの生命線である。江戸時代は戦乱こそないが、先にも指摘したとおり一揆、打ちこわしなどの騒乱は決して少なくなかった。そうしたなかで他国者は襲撃の対象となりやすい。しかし、

「近江店のうち、他国者でありながら一揆の襲撃を回避し、家業と家産を維持しえた商家は少なくない」（末永國紀）とされる。利益を最優先とするのでなく、進出で不可欠とされるような存在として、日頃から地域との良好な関係の維持に腐心してきたことがうかがえる。

近江に隣接する京都の呉服屋から始まった大丸百貨店は「先義後利」を店是とし、一八三七（天保八）年の大塩平八郎の乱では「大丸は義商なり、犯すなかれ」として焼き討ちを免れたと伝えられる。商業を軽んずる風潮が強まるなかで、「三方よし」は生き残りには欠かせない基本姿勢であった。

商人の利益は武士の禄

江戸時代に入って経済規模が拡大し、都市部を中心に商業資本が拡大するなか、行商人の素朴な行為規範から始まった「三方よし」の意識は薄れ、ともすれば利益優先の気風が広がる。それに比例して賤商思想も影響力を増すが、これに異を唱え、商業の社会的意義を明らかにするとともに倫理観の重要さを唱えたのが石田梅岩だった。京都に私塾を構え、町人らに自らの信念を語る梅岩に、丹波の故郷から訪ねてきた知人が議論を挑む形で構成された『都鄙問答』を紹介したい。

そのなかで、質問者は、商人は強欲な者が多く、日ごろから利を貪ることを仕事だと思っている、としたうえで、そうした人間にまで無欲の心得を説くなど、それこそ猫に鰹節の番をさせるようなものだ、とあけすけに批判した。

それに対して、梅岩は「売利ヲ得ルハ商人ノ道ナリ」と明快に反論し、さらに「商人ノ売利ハ士ノ禄ニ同ジ。売利ナクバ、士ノ禄ナクシテ事《ツカ》フルガ如シ」と武士の禄と商人の利益を同等の視点でとらえる主張を展開した。農民における収穫、工業者における労賃も同じ位置付けであり、四民はそれぞれの職分をもって、社会を支えているというのだ。後に門弟の手島堵庵らによって全国に知られるようになった石門心学の真髄ともいえる視点である。

商業の意義については、有無あい通じ合わせる社会的に不可欠な機能であるとして、利益を得ることをしっかりと肯定する。ならばこそ武士道に並び立つような商人の心構えと基準が必要であるとしている。

「我物は我物、人の物は人の物、貸たる物は受け取り、借たる物は返し、毛すじほど私なく、ありべかかりにするは正直なる処也」（『斉家論』）

そうなることで、社会に評価されることになる。おのずから「三方よし」に通じるものとなる。

「売物ニ念ヲ入レ、少シモ麁相《ソソウ》ニセズシテ売渡サバ、買人ノ心モ初メハ金銀惜シト思ヘドモ、代物ノ能《ヨキ》ヲ以テ、ソノ惜ム心自ラ止ムベシ。惜ム心ヲ止メ、善ニ化スルノ外アランヤ」（『都鄙問答』）

商業における倫理観の重要さを唱えた。放っておけば社会に悪をもたらすとする賤商思想に対抗し、事業の持続可能性を確立するうえで不可欠な思想的根拠を示したことになる。

「分度」こそ基本

梅岩が没してから半世紀ほど後に、異色の思想家であり、政治経済論者（当時の経世家）が世に出る。

二宮尊徳である。彼の思想の根幹にあったのは「分度」であった。領主であれ、村であれ、商家であれ、各々の収入、つまり「分」に応じて支出に限度を設けなければならない。予算を立て、その範囲内で財政を運営する合理的な経済運営こそが社会を安定させる基本と主張する。

身分制度に縛られた江戸時代の封建制度において、支配層である領主やその家臣らは農民や商工民のうえに君臨する絶対的な存在だった。その垣根を軽やかに乗り越えるような合理性を備えた経済運営の理念が芽吹き、幕末、維新期につながっていったことには驚きを禁じえない。実践も怠らず、その成果を目の当たりにした各藩はもちろんのこと、幕府までが尊徳に助言を求めるようになる。

尊徳が幼少のころから、寸暇を惜しんで勉学に励んでいたことは、明治期以降、修身教科書などを通じて広く知られるようになった。柴を背負って歩きながら四書五経のひとつ「大学」を読む金次郎像は全国の学校に置かれ、一部は今も残る。そうした学究心は統計処理などの数理面にも発揮され、小田原藩の家老服部家に奉公した折には用人や若党、中間といった人びとの資金の工面や運用にあたる「五常講」まで始めている。信用組合の原点ともいえるもので、まさに商人としての行動であった。

また、一八二〇（文政三）年には自らが考案した年貢枡が認められ、領内の枡の統一を実現させている。複利計算までこなす計数能力は統計データをもとにした分度への支配層の理解を勝ち取り、自らが編み出した農村や藩の再建策（仕法）の実践への大きな力となった。

身分制度のもとで育った武士階級にとって、予算を立てて藩や自家の財政を計画的に運用するような発想は乏しいし、賤金思想では金銭に手を染めること自体が卑しい行為とされがちだった。そうした支配層を相手にするだけに、尊徳の農村経営が実績を上げて収穫量が増えれば、年貢も上積みされ、荒地の開発で生まれた米まで勝手に取り上げられる恐れは残る。このため「無尽蔵」と称する特別会計に繰り入れる策も編み出した。

尊徳の時代には、藩や家を存続させるために一族や奉公人が力を尽くす考えこそあっても、農民や商人などは利用する存在でしかない。さきの林子平の言を待つまでもなく、領主は「生かさず、殺さず」に農民から年貢を取り、商人を利用するのが常識だった。そのなかで、統計数値を踏まえ、持続可能性をにらみながら分度を定めて支配層を説得し、将来の利益の分配まで確定させた尊徳の発想には、会社経営やコーポレート・ガバナンスに通じる一面が見出される。もちろん賤商思想などとは無縁である。

尊徳がこうした先見性を備えた背景を考えてみよう。

尊徳が生まれた一七八七（天明七）年には、第十一代将軍の座に徳川家斉が就いている。ここから家斉が亡くなる一八四一（天保十二）年までは「大御所時代」と呼ばれ、幕藩体制のほころびが広がり、その後に続く幕末、維新への素地を培った時期とされる。尊徳は、幕府が開国に踏みきった直後の一八五六（安政三）年まで生きるが、人生のほとんどが大御所時代に重なる。

この時代には、幕府の放漫財政のもと爛熟した大江戸文化（化政文化）が花開いた。上方中心の元禄文化に対して、江戸を中心とする化政文化では浮世絵や狂歌、川柳などが隆盛を極める華やかな一面はあるが、幕府による貨幣の改鋳で物価は上昇。庶民の暮らしは一段と厳しくなり、打ちこわしが各地の主要都市で起こった時期である。

貨幣経済は農村にも浸透をはじめ、借金漬けに陥って田畑を失った農家が村を離れることで地域の衰退が進んだ。とりわけ江戸の周辺部では無宿人や博徒が横行し、関東取締出役が設けられるに至る。尊徳が再建を手がけた上野・桜町領について、自ら「人少く困窮致し、田畑手余り、荒地に罷成り」「(農家は)逃去り、又は死潰れ」と窮状を記している。衰退した農村は気候の変動や天変地異にはひとたまりもなく、そのたびに飢饉が襲った。

農民出身ながら支配層からも経営の才を認められた尊徳だが、そこには武家の人々にはない農業や商業への理解や共感にくわえ、経済環境の変容への鋭い感覚が随所に見られる。たとえば、小田原藩の家老服部家で財政の切り盛りを託された際に商業的な米の投機を試みている。安値のときに蔵米を買いおいて、その後の値上がりを待って転売することで利益をあげようというのだ。

八代将軍吉宗が、下落が続く米価の安定を図るために開設させた大坂・堂島の米会所を中心に全国に広がった米取引を尊徳は積極的に受け入れ、自らの経済政策に生かした。さらに桜町領でも必要に応じて米相場に関わっている。年貢を納めた後に手元に残った米から最大限の価値を引き出して農村の再興に生かすには、リスクのある先物相場であっても利用するという現実的なビジネス感覚が見て取れる。

門弟が著した『二宮翁夜話』では、浦賀に戻り家業の商売を継ぐ人に説いた商業哲学が書き残されている。

「汝売買をなすとも、必ず金を設《もうけ》んなどゝ思ふべからず、只商道の本意を勤めよ、商人たる者、商道の本意を忘るゝ時は、眼前は利を得るとも詰り滅亡を招くべし、能《よく》商道の本意を守りて勉強せば、財宝は求ずして集り、富栄繁昌量るべからず」

尊徳の時代は、貨幣経済、商品経済が浸透するなかで、次第に道徳と経済の調和が崩れだした時代であった。米も商品の一つとなり、現物取引から先物取引へと拡大していく。農民出身の尊徳であれば、今でいうマネーゲームの色彩を帯びた米相場には強い抵抗感もありそうだが、「そこに創出された『財』に道徳的意味づけを行うことで、その調和を保とうと試みた」（見城悌治）と評価できるのではないか。

明治への橋渡し

尊徳と入れ代わるように世に出たのが渋沢栄一である。明治の富国強兵の基礎固めを担い、第一国立銀行（現在のみずほ銀行）や王子製紙、日本郵船など五〇〇を超える会社や団体の設立に関わったとされるが、その最大の功績は江戸時代の商業資本の限界を打ち破る「合本法」のわが国への導入であろう。その構造は現代の株式会社制度の原型と受け止められがちだが、渋沢が手掛けた合本組織には株主の有限責任原則に貫かれた株式会社のみならず、合資会社や匿名会社なども含まれて融通無碍の印象を受ける。江戸時代の商業資本の限界である、家中心、一族中心の経済活動の制約を破る試みであった。

渋沢の考える理想の会社像を理解するには、本人の言行録をたどるのが近道だ。そこでは合本法に基づいて事業を起こす際の四つの点検項目を明示している。

（一）その事業は果たして、成立すべきものなるや否やを探究すること。
（二）個人を利するとともに国家社会をも利する事業なるや否やを知ること。
（三）その企業が時機に適合するや否やを判断すること。

（四）事業成立の暁において、その経営者に適当なる人物ありや否やを考うること。

第一や第三は当然のチェックポイントだが、出資者の利害を超えた利益の実現をフィージビリティの次に掲げているのは注目される。さらに経営に長けた適材の発掘、登用を重視している。

こうした考えの一端は明治政府に勤めていた一八七一（明治四）年に出版した「官版立会略則」に早くも顔を出している。同書は福地源一郎が海外の会社法を訳して出版した「会社弁」の理解を助けるために、渋沢自らが欧州で見聞した会社制度を紹介したものだ。

そこでは「商業をなすには切に会同一和を貴ぶ」として、幅広く資本を募ったうえで、実際の経営をあずかる差配人、取扱人らの選挙は「相当の身元ありて多数の金を出し多く株数を所持するものに限る」としている。外部からプロの経営者を呼ぼうにも肝心の人材は育っていない。まずは株主やその周辺から能力のある経営者を選ぶという現実策が示されている。

「官業」や「独占」への反骨心が、幅広く多くの資本を集めて運営する合本組織の背景にある。ただ、その実現には多くの困難も伴う。華族資本や地主、資産家から資金を集めれば、ともすれば短期の利潤追求を求められる。「個人を利するとともに国家社会をも利する事業」を実現するには、株主から信頼され、短期志向を戒めることのできる経営者が欠かせない。

明治維新の激動を乗り越えた両替商などはいた。しかし、家の存続が最大の目標であった時代とは経営の理念そのものが異なっている。渋沢は自ら経営に携わる一方で、合本法を理解する人材を育て上げることに腐心した。渋沢が編み出した日本型経済システムには江戸時代の商業倫理を基礎に、多種多様な人的ネットワークと資金調達手段が組み合わされている。さきにも紹介したとおり、江戸時代の商家にも事業の永続性を保つ工夫はあった。ただ、巨大な資本を集めて殖産興業策を進めるには、こうした旧来の仕組みではあまりにも脆弱であった。

道徳経済合一説

社会全体が大きく変革される時代に渋沢が存在したのは、明治政府にとっても、日本の資本主義にとっても僥倖だった。維新直前、十五代将軍徳川慶喜の実弟、昭武に従って訪れたフランスで会社制度や市場制度を体得してきただけでない。「殖利ということには、常に利益が余計にあればよいとの観念が先に立つものであるから、自然、道徳に反しやすい」（青淵百話「二六、日本の商業道徳」）と経営の暴走を自ら戒め、歩みだして間もない会社制度の悪用を封じる役割も果たした。世上に言う「論語と算盤」である。

渋沢自身は江戸時代に育った教養人として論語に親しんだ。そして、自らの思想的支柱として、道徳経済合一説を掲げた。すなわち「仁義道徳と生産殖利とは、元来ともに進む」として、義にかなった利は決して恥ずるものでなく、逆に社会にも貢献するとの信念である。

自書『論語と算盤』では、武士道と商人道を取り上げた章がある。「武士道は、儒者とか武士とかいう側の人々においてのみ行なわるるものではなく、文明国における商工業者の拠りてもって立つべき道も、ここに存在する」と梅岩や尊徳に通じる主張を展開する。みずからが訪れた欧州の商工業者が、個人間の約束を互いに尊重し、その間に損益はあるとしても一度約束した以上は，必ずこれを履行する姿勢に衝撃を受けたことを明らかにしたうえで、当時の国内の商工業者の間に、いまだに旧来の悪弊を引きずり、目先の利益に走る傾向があることを批判した。このままでは、商取引で日本人が信用されず、ひいては日本全体の損失となるとの危機感があった。

渋沢の及ぼした影響は多方面に及ぶ。

まず、封建社会に根付いた商業蔑視観を取り払い、優秀な人材が産業界に集まる道を開いた。それまでの商人に限らず、武士階級などからも幅広く実業界を目指す人材が生まれることになる。第二に身分が不安定な江戸時代に商人の間に培われた目先の利益志向を改め、国際的な競争力の礎を築いた。欧米諸国との取引の中で英国などからは日本の商業ルールの不備が厳しく批判されていた。渋沢自身も、契約を守らなかったり、脱税を目的に送り状の改竄をしたり、という苦情を度々耳にしており、その改善は急務だった。第三に、生まれたばかりの資本主義、市場主義がルールのない弱肉強食の世界になることを防ぎ、正当な競争が重視される環境を整えた。

その当時、福沢諭吉や岩崎弥太郎など、儒教的な道徳論は近代資本主義には有益でないと考える識者、経営者も多数存在したとされる。個の自立や競争を通じた社会の発展を阻む側面があるとの批判であった。これには江戸時代の賤商思想の支柱として朱子学が機能していたことへの反撥も加わる。これに対して、渋沢は次のような説明をしている。

欧米のプロテスタンティズムのような商業活動を支える倫理的支柱を考えたとき、当時の日本人に最もなじみがあったのが論語であり、「最も欠点の少ない教訓である」から、その教えにしたがって商売し、利殖を図ることができると考えた。江戸時代の身分制度を理論的に支えてきた朱子学とは無縁の、あくまでも渋沢流の解釈を加えた論語を指針にしたというのだ。

越境の哲学

江戸時代に強まった賤商批判は、社会が商人を見る目を厳しくするとともに、当事者である商人を卑屈にして目先の利に走る風潮を強めた側面もある。そうしたなかで、商取引の社会的な機能を理解したうえで、商人の存在意義や行動のあり方を示した先人も少なからずいた。

階級制度をものともせず、社会が必要とする財やサービスを提供するビジネスの重要さを理解し、その蓄積を生かして維新後に一気に会社制度など商業の環境を整えたことが、アジアでは例外ともいえる飛躍的な経済発展につながったといえよう。

参考文献

石川謙『石田梅岩と「都鄙問答」』(岩波書店、一九六八年)
上村雅洋『近江商人の経営史』(清文堂出版、二〇〇〇年)
小倉栄一郎『近江商人の経営』(サンブライト出版、一九八八年)
橘川武郎・パトリック・フリデンソン編著『グローバル資本主義の中の渋沢栄一　合本キャピタリズムとモラル』

（東洋経済新報社、二〇一四年）
経済同友会『第15回企業白書「市場の進化」と社会的責任経営』二〇〇三年
見城悌治『近代報徳思想と日本社会』（ぺりかん社、二〇〇九年）
佐々井典比古『二宮尊徳「語録」「夜話」抄』（三樹書房、一九八五年）
柴田実『人物叢書　石田梅岩』（吉川弘文館、一九六二年）
渋沢栄一『論語と算盤』（角川学芸出版、二〇〇八年）
渋沢栄一記念財団編『渋沢栄一を知る事典』（東京堂出版、二〇一二年）
渋沢青淵記念財団竜門社編『渋沢栄一伝記資料　別巻第六、講話（二）』一九六八年＝青淵百話を収載。
末永國紀『近江商人　近代を生き抜くビジネスの指針』（中公新書、二〇〇〇年）
田中宏司・水尾順一編著『三方よしに学ぶ　人に好かれる会社』（サンライズ出版、二〇一五年）
田中宏司・水尾順一ら編著『渋沢栄一に学ぶ「論語と算盤」の経営』（同友館、二〇一六年）
田中宏司・水尾順一ら編著『二宮尊徳に学ぶ「報徳」の経営』（同友館、二〇一七年）
福住正兄『二宮翁夜話』（岩波文庫、一九三三年）

「中国化」するオーストリア、オーストリア化する日本
——越境する近世と近代

阿南《あなみ》　大《だい》

本学講師。専門はオーストリア近代史、史学史。作家「浅生楽」名義では、専門外の時代地域に関連した歴史ファンタジー小説を執筆。歴史的想像力と越境的な公共性のあり方に関心を抱く。

はじめに

昨年十月、衆院選を前にした混迷の政局の中から現れた立憲民主党代表の枝野幸男は、有楽町駅前の群衆を前に行った歴史的演説の中で、「私はリベラルであり保守である」と声を張り上げた。以後、ネット上では「リベラル保守」という耳慣れない言葉に困惑の声が広がっていった。結果として立憲民主党は衆院選で野党第一党へと躍り出ることにはなったが、枝野の言う「リベラル保守」という言葉の本義は、未だに人口に膾炙するには至っていない。

しかし近年の歴史学、政治思想史などを専攻する研究者にとっては、「リベラル保守」という認識の枠組みは今や共通常識の一つである。その背景には、マルクス主義史学の規定力が低下してきた結果、

市民革命から社会主義革命へと単線的に続く「近代」を描く進歩史観が説得力を失い、より多角的に「近代」を検討する研究が陸続と現れていることが大きい。その結果、「近代」に対してより親和的な響きを持つ「リベラル」と、それに対してより敵対的な響きを持つ「保守」が、実は共振しながら「近代」を形作っていった過程が明らかにされつつある。

本稿は、オーストリア君主国の近代史を専攻する筆者が、西洋ひいてはオーストリアの「近世」および「近代」が、東洋ひいては日本の「近世」および「近代」と、どのような形で相互に越境し、影響を及ぼしあってきたかを概観するものである。よって、ここで論じる過程は時代的にも地域的にも複層的な形をとるが、その煩雑さこそが、「リベラル保守」という言葉に多くの日本人が違和感を覚えることと大きく関係してくる。

そこで、まずは一つの導きの糸として、「リベラル」という言葉により歴史的な汎用性を持たせるために、「多元主義」という言葉に換言してみたい。続いて「保守」という言葉を、「伝統的な文化や共同体の正統性護持」と定義してみよう。その場合、「多元主義」の対義語は「一元主義」となり、前者を成立させるための与件が「議会制」や「再分配」であるのに対し、後者を成立させるための与件は「専制」や「自然淘汰」になるだろう。また、「保守」の対義語は「革新」となり、その内実は「伝統的な文化や共同体の正統性を無効化し、新しい文化や共同体を再構築する」ということになる。

さて、その場合には「多元主義」と「保守」は対義語ではなく、互いに接続可能な言葉となる。たとえば、複数の伝統的な共同体が一定の自治権を保持し、互いに共存する「保守多元主義」的な時代状況は、日本史上でも枚挙にいとまがない。古くはヤマト王権が律令制を確立する以前の豪族割拠の時代であり、新しくは江戸時代の幕藩体制が挙げられよう。

日本史研究者の與那覇潤は、こうした保守多元主義的な状況を「江戸的」な時代と名付け、さらに保守多元主義的な時代の勤続疲労を克服するために日本史上において繰り返されてきた「革新一元主義」的な試みを、「中国化」と名付けている。この「江戸的」、「中国化」の厳密な概念定義は改めて次節で行うが、本稿は與那覇が日本および東洋に限定して行っている分析を、オーストリアおよび西洋に敷衍していくことを企図しているため、まず定義しておかなければならない二つの言葉がある。それが、先程から何度も言及している「近世」と「近代」だ。

まず「近世」とは、十五～十六世紀の商業資本主義に駆動された「第一次グローバル化」の結果、十七世紀頃から世界各地で進行する過程であると定義したい。その場合、東洋の「近世」においては江戸幕府と清朝が、その名の通り「江戸的」、「中国的」体制として安定した秩序を築くことになる。一方、欧州では三十年戦争後のウェストファリア主権国家体制という形で、国際的には比較的安定した勢力均衡がもたらされるものの、社会総体としては「江戸的」原理と「中国的」原理の鋭い緊張関係を孕んでいたことは、いずれ後述するつもりである。

次に「近代」とは、十八世紀末以降、産業資本主義に駆動された「第二次グローバル化」によって世界が再編されていく過程として定義したい。ただし「近世」と「近代」はデジタルに移り変わるのではなく、十八世紀末から二十世紀初頭の「長い十九世紀」を、「近世後期」であると同時に「近代前期」

であるような「糊代《のりしろ》」の時代としてイメージした方がよいと筆者は考えている。この「糊代」の時代にあっては、「近世前期』において鋭く対立してきた「江戸的」原理と「中国的」原理が、二つの異なったありようで混淆し、やがて第一次世界大戦の終結から冷戦構造の崩壊までの「短い二十世紀＝近代後期」を準備することも、後で詳述する。

なお、こうした「近世」化、「近代」化のプロセスの背景にある「グローバル化」は、必ずしも西洋中心主義的なものではなく、「西洋」と「東洋」の相互作用によってもたらされたものであることは予め強調しておきたい。「近世」から「近代」に至るグローバルヒストリーを単線的な進歩史観ではなく、「中国」と「江戸」という秩序原理の絶え間ない相互作用として捉えるならば、西洋中心主義という視座は、それを推奨するにせよ批判するにせよ、妥当性を失うからだ。本稿が「リベラル」と「保守」を接続するのみならず、「西洋」と「東洋」を越境する上で何らかの形で資するものになれば幸いである。

「江戸的」と「中国化」

さて本節では、前節で触れた保守多元主義的社会としての「江戸的」な秩序、革新一元主義的社会としての「中国的」な秩序について、より詳細な定義を行っていきたいと思う。

まず「江戸的」な秩序については、実際に江戸時代の社会を想起してみれば話が早い。江戸時代といえば士農工商の身分社会、将軍を擁する幕藩体制である。京都には天皇を擁する朝廷もあって、古からの権威者としての地位のみが与えられ、実権は徳川将軍に奪われている。ただし将軍といえども必ずしも権力を独占しているわけではなく、大老や老中によって実権を奪われた権威に過ぎない将軍も多かったし、そもそも幕藩体制そのものが幕府と諸藩の権力の分有の上に成り立っていた。

すなわち「江戸的」な秩序とは、身分制によって規定される社会的な流動性の低さ、権力者と権威者の並立、複数プレイヤーによる権力の分有によって特徴づけられることになる。換言すれば身分制由来の「機会の不平等」と引き換えに、特定プレイヤーが権力と権威、ないし全ての権力を掌握しないようなシステムによって、住民間における一定の「結果の平等」を保障するような社会である。政治権力は特定の身分（江戸時代であれば武士）によって独占される寡頭制ではあるが、政治に携わる幕閣の経済力がそれほど高いわけではなく、むしろ政治の実権とは縁がない豪農や豪商の方が「いい暮らし」を享受することで、身分制由来の「機会の不平等」に対する不満がガス抜きされていた。また政治と道徳が明確に弁別され、政治的な実権者はその都度の政治状況に応じて選びなおされていくので、一人のプレイヤーが何らかのイデオロギーに基づいた長期独裁を行うようなこともなかった。

こうした「江戸的」な秩序は、変化が少ない時代においては社会に安寧をもたらすための様々なヘッジの効いたシステムではある。しかし、日本史上たびたび訪れる危機の時代にあっては、隣国である中国をモデルとした「革新」が繰り返されることになる。

中国社会では、日本と異なり中華皇帝が権威と権力を独占してきた。また、広大な王土に皇帝の権力を行き届かせる手足として、科挙制度によって選抜された優秀な官僚たちが王城に集結して絶大な権力を振るう。科挙とは道徳論である儒学の試験であるから、換言すれば「最も道徳的な者たち」に権力が集中する、政治と道徳が一致した社会が中国である。また、科挙制度が導入された宋代以降には、中国では正式に身分制が撤廃され、能力のある者は誰でも自由競争で富貴を望むことが可能になった。さらに元々中国には天帝に「天命」を与えられた草莽の者が、「天命」尽きた旧朝の皇帝を排し、「天命を革」め新朝を開闢するという「易姓革命」の伝統もある。すなわち中国とは、日本とは逆に強烈な「結果の不平等」を「機会の平等」によって補塡するシステムをその伝統に持つ社会なのである。

「江戸的」な社会にあっては、身分制に適合した静的な農業経済が発展しやすく、住民のソーシャルキャピタルも属地的なコミュニティの形を取りやすいのに対し、身分制が撤廃された「中国的」な社会では、華僑などに見られるような宗族のネットワークが発達し、商業経済が発達しやすい。「江戸的」な社会と異なり「お上」によるガス抜き的な再分配が期待できないために、宗族のネットワークがハイリスクハイリターンな商業経済に安んじてコミットする上でのセーフティネットとしても機能するのである。

さて、日本の「江戸的」な社会においては、国際情勢の変化により対外交易の活性化とスピーディな意思決定、優秀な人材の効率的な登用が重視される時、ないしは秩序の勤続疲労により「結果の平等」の恩恵に預かれない不満層が「機会の平等」を渇望し始める時に、「中国的」な秩序が模索され始める。具体的には平安末期、鎌倉末期、江戸末期であり、鎌倉末期と江戸末期には長らく実権なき権威者であった天皇を権力者として擁立する動きが、平安末期においては院庁と平氏が権威と権力を己に集中させる動きが生じた。こうした時代には身分制は流動化し、平安末期には平清盛、鎌倉末期には後醍醐天皇が非農耕民のネットワークを掌握、江戸末期には私塾や超藩閥の浪士ネットワークが「尊王攘夷」の旗のもとに集い、静的な農業社会を動的な商業社会へと変貌させる原動力となっていったのである。

しかし日本における「中国化」は本家中国とは異なり、科挙制という永続的な基盤を持たず、流動的な社会秩序をセーフティネットとして支えるはずのネットワークも中国の宗族に比べて揮発性の高いものであることから、「回天」の成就と同時に再び「江戸化」が始まる傾向が強い。そのことを指して「江戸的」なムラに溜まったケガレを浄化するマツリが「中国化」なのだと表現することもできるが、そこまで単純に民俗学的サイクルが回らないのも日本社会の特徴である。その辺りについてはまた後述するが、與那覇の「江戸的—中国化」という枠組みの射程は、たとえば今日の社会にまで及んでいて、戦後日本の終身雇用社会や旧自民党による派閥政治や利権誘導は極めて「江戸的」であり、その弊害を打破しようとした小泉純一郎の構造改革は、二十一世紀の「中国化」だと言える。また、一九八九年以降の中国共産党政府の開発独裁ぶりは、まさに現代の「中華皇帝」たる総書記を頂いた大中華帝国と表現するに相応しい。

ことほど左様に、「江戸的」、「中国化」という枠組みは、人が社会を安定的に営もうと思えば必ずどちらかに傾斜するのではないかと思えるほど時間的、空間的な汎用性が高い。この汎用性を一つの賭金としながら、次節では「江戸的」、「中国化」という枠組みを、近世の西洋およびオーストリアを説明する枠組みとして用いてみたいと思う。

近世オーストリアの「中国化」：宋学の西遷とヨーゼフ改革

「聖界」の長としてローマ教皇、「俗界」の長として神聖ローマ皇帝を戴いた中世の欧州社会は、「江戸的」、「中国的」のどちらなのかといえば圧倒的に「江戸的」な社会であると言える。教皇と皇帝の間には権威と権力の分有関係が成立し（ただし、教皇と教権勢力は日本における天皇に比べれば俗界において強大な権力を有していたことが、西洋近世・近代史を貫く「文化闘争」の一端となるのだが）、神聖ローマ皇帝は帝国諸侯と権力を分有する関係にあった。そして諸侯もまた、それぞれの王国、公国において、貴族や都市民といった身分社団の掣肘を受ける存在であった。

一方、日本の「江戸的」社会と欧州が異なる点は、こうした秩序が「法の支配」によって裏付けられていたことである。教権は欧州大陸で普遍的な効力を持つ教会法に支えられていたし、諸侯や身分社団の権利はローマ公法起源の実定法によって規定され、都市参事会—王国議会—帝国議会が織りなす身分制議会のピラミッドが立法府として王権や帝権を掣肘していた。また私法上の社団として様々な職能身分が規定され、たとえば同時代の東洋と比べても、欧州は身分間の流動性が低く、静的な農業社会であった。

かくて「世界の辺境」にひっそりと位置していた欧州の位相が激変するのは十五世紀の末、南米のスペイン植民地で発掘された銀が流入してからのことである。大量の資本を得た欧州諸国に蔓延する奢侈は教権の腐敗を招き、十六世紀の初めには宗教改革の情熱に火をつける形で、その後一世紀半に渡る宗教戦争の時代が幕を開ける。

こうした時代状況の中で、スペイン、ポルトガルといった旧教諸国は、二つの目的を持って東洋に食指を伸ばし始めた。一つは欧州において新教に奪われた旧教徒の人口を東洋での布教によって回復すること、もう一つは有り余る銀を持って東洋との交易ルートを旧教徒の手によって独占することであった。その過程で日本に伝来した鉄砲は、室町初期の「中国化」の破綻以来、内乱状態にあった日本に統一をもたらす。そして内乱の最終勝者たる徳川家康は旧教勢力と手を切り、英蘭の新教勢力と手を結んだため、旧教の宣教師たちは中国へと向かわざるを得なかった。そこで彼らが目にしたものは、中国古来の「天帝」をいと高きに戴く朱子学（宋学）の世界観であった。彼らは瞠目し、その世界観を、中国人は既にキリスト教の神を信じていたのだという形で解釈したのである。

さて、その頃欧州本土では二つの変化が生じつつあった。一つは、宗教戦争の過程で領国を経済的、軍事的に効率的な領域国家となすべく、トップダウンの強権を掌中に収めつつあった諸侯の動きであり、諸侯を掣肘すべき存在であった領内の身分社団も戦時の非常事態にあっては諸侯に従わざるを得なかった。また、教権勢力の弱体化に伴い、新旧両教の諸国において領内の教会を国家の管理下に置く「国家教会化」の動きも進行した。こうして長らく「江戸的」であった欧州諸国の「中国化」プロセスが始まったところに、宣教師たちが持ち帰った中国の朱子学思想は、このプロセスに思いもよらぬ形で拍車をかけることになる。

ドイツ諸侯たちのイデオローグであったドイツ啓蒙思想の泰斗クリスティアン・ヴォルフは、中国の朱子学思想の熱心な紹介者となった。彼がそこに見出した可能性は、より効率的な「一君万民」の社会、すなわち強権を持つ王が「国家第一の僕」として、特権身分社団の実定法上の権利に煩わされることなく、自然法に基づいて行政権を振るう啓蒙専制君主の理想であった。そして、やがて自らを中華皇帝になぞらえ始めたのが、ヴォルフの弟子を家庭教師としていたハプスブルク家の若き皇太子、ヨーゼフだったのである。

ヨーゼフ二世が神聖ローマ帝国の皇帝の地位に就いた十八世紀半ば、ヨーゼフの母親であり共同統治者でもあったマリア・テレジアは、ハプスブルク家長としてオーストリアの世襲諸邦のみならずボヘミア王、ハンガリー王、ブラーバント公（ベルギー）などの諸侯の位を兼ねる存在であった。彼女は革新一元主義的改革を慎重な姿勢で遂行しながら、領内の王国、公国の身分制議会に妥協的な保守多元主義をもって接する現実主義者であった。若き日のヨーゼフがボヘミア王冠領のスラヴィコヴィッツで戯れに畑を耕してみせたことは、彼がいずれこの地を母親から継承した時、古代の神農皇帝のごとき帝王として君臨してみせるという決意の現れだったのかもしれない。

一七八〇年代に入りマリア・テレジアが世を去り、満を辞して単独統治を始めたヨーゼフは、いよいよ家領内の全ての諸邦に対して「中華皇帝」として振る舞い始める。皇帝への権限集中と強力な官僚機構の整備といった改革は、諸邦に盤踞する特権身分社団に不満を持つ地場の知識人によっても支持される。たとえばブラーバント公国の若き弁護士ドゥートゥルポンは、ブラーバントの特権身分社団を意味する語であった「ナシオン」を、住民すべてを意味する「国民」という意味に再解釈することで、ヨーゼフの改革を妨げる特権身分社団を相対化する言説を編み出した。これに勇気づけられたヨーゼフは一七八〇年代の後半に入り、ブラーバントの公国議会を停止する勅令を発布する。しかし、これに対しては、ドゥートゥルポンらヨーゼフ派の知識人をも含む形で、峻烈な抵抗運動が巻き起こることになった。

ヨーゼフが見落としていたのは、「近世前期」の西洋において進行していたもう一つの潮流、すなわち「中国化」する諸侯権力に対抗する新しい「江戸化」の動きであった。それはたとえばイングランド王国議会の歴史的権利に準拠した名誉革命や、アメリカ植民地の歴史的権利に準拠した独立革命といった形で歴史の画期をなす流れである。十九世紀以降の単線的な進歩史観においては革新的なものとして位置づけられがちであったこれらの革命を擁護したのは、保守思想の父と呼ばれたバークであった。ブラーバントの抵抗運動も、こうした運動の系列に数えることができるのである。

また厄介なことには、こうした保守多元主義の文脈と、本来はヨーゼフのような革新一元主義者が棹差す自然法思想の文脈を共役するような思想家の著作が当時の欧州に流布していた。ルソーの「一般意思」説に基づく「僭主」の打倒は、いわば東洋易姓革命思想を西洋自然法風に解釈し直したようなものである。ブラーバントの貴族ファンデルノートはこれを都合よく援用し、自分たち特権身分社団を自然法上の「プープル（人民）」に位置づけ、僭主ヨーゼフの打倒をルソーの「一般意思」説を用いて正当化したのである。

ブラーバントに加えハンガリー王国でも巻き起こった改革に対する抵抗運動に悩まされたヨーゼフは

全ての改革を白紙に戻し、一七八〇年代の終わりとともに失意のままにこの世を去った。その後に残された彼の改革の「作用」は、実定法上の「ナシオン」という「江戸的」な概念を「中国化」し、一方改革への「反作用」は、自然法上の「プープル」という「中国的」な概念を「江戸化」した。その両者が混交して生まれたものこそ、近代的な立憲主義に基づく「国民」の概念ではなかったか。そしてその頃ブラーバントの隣国フランス王国では、まさにその「国民」が「近代」の幕を開けようとしていたのである。

近代日本の「オーストリア化」：アウスグライヒ体制と明治憲法

こうして一七八〇年代の終わりに生まれた近代的国民概念は、近世前期の欧州で対立軸を成していた「江戸的」な保守多元主義と「中国的」な革新一元主義の両者に立脚するものであった。それゆえに、広大な諸邦をまとめ上げるために両原理をやり繰りしていたハプスブルク宮廷は、諸邦の国民主義とせわしない対立と協働を繰り返す羽目になった。たとえば十九世紀前半のウィーン体制期に保守多元主義寄りの姿勢をとり続けた宰相メッテルニヒは、身分制格差の解消を目指す自由主義者からは敵視されたが、ハンガリー王国内に現れた新しい国民集団であるスロヴァキア人勢力からは王国内の多元性の守護者として支持された。また一八四八年の三月革命の最中に即位した若き皇帝フランツ・ヨーゼフは、革命鎮圧後にヨーゼフの革新一元主義の焼き直しである「新絶対主義」体制を構築するが、これは身分制の旧弊を嫌う革新官僚から支持される一方、諸邦の国法に拠った抵抗を続ける国民主義者たちとは激しく対立することになったのである。

一八六六年にプロイセンに敗北し、神聖ローマ皇帝の後継者としての権威づけを失ったフランツ・ヨーゼフは、革新一元主義者としての夢を断念せざるを得なくなった。翌年一八六七年に成立した体制は、ハプスブルク家領の西半分の「オーストリア」、東半分の「ハンガリー王国」が各々の立法府と行政府を持ちながら、外交・軍事・経済の三領域を「共通業務」として皇帝が直轄するという「アウスグライヒ（和協）」体制であった。オーストリア側には「十二月憲法」、ハンガリー側には「四月法」が施行され、前者は皇帝の緊急大権を含む行政府の立法府に対する優位と比較的平準化された選挙制度、後者は立法府の行政府に対する優位と身分制の残滓を色濃く残した制限選挙制によって特徴づけられるものとなった。すなわちアウスグライヒ体制とは、オーストリア側では「中国的」な革新一元主義、ハンガリー側では「江戸的」な保守多元主義の優位を意味するものだったのである。

同じように両原理に依って立つ複合国家としては、たとえばグレートブリテン連合王国が挙げられる。この国家では諸邦の議会が「合同議会」に統一された点において「中国的」であり、立法府の優位と身分制の残滓が国制に色濃く刻印されている点において「江戸的」であった。そのことは、若き日に英国に渡った伊藤博文にとっては魅力的に映ったのかもしれない。藩閥を超克する議会の創設を望みながら、旧士族以外の国民が長らく国政から遠ざけられてきた日本という国の民度を危ぶむ者は、明治の元勲の間でも少なくはなかった。そして、より「中国的」なドイツ帝国の国制を模倣したがる同胞たちが多かったことは、英国流の議会主義者である伊藤にとっては頭痛の種となっていた。

己の理想と同胞たちの理想の落とし所を探るべく欧州を彷徨っていた伊藤は、一八八二年に大いなる師と出会うことになる。ウィーン大学で教鞭を振るっていたローレンツ・フォン・シュタインは、立法府に対する行政府の優位を特徴とするオーストリア型立憲主義に棹差す法学者であった。シュタインのもとで大いに学び、喜び勇んで帰国した伊藤は早速明治憲法の起草に入る。しかし、元田永孚、井上毅といった天皇親政論者たちは、伊藤の持ち帰った土産に早速注文をつけ始めた。元田の言を借りるならば「首相は徳川将軍のごとき者ではない」以上、行政府の長たる首相の権限はシュタインの案よりも空洞化される必要があった。江戸後期の儒学的尊皇思想にどっぷり浸かっていた元田は、伊藤以上に「中国的」な思想の持ち主であったと言えるが、日本の「中国的」思想家たちが「本家」と異なるのは、本家の易姓革命思想を欠いている点にある。中国では皇帝の親政が拙政に繋がれば「天命」を失ったと見なされ、放逐される可能性が生じてくるが、「万世一系」の日本においては、間違ってもそんなことは許されない。日本の「中国的」思想家たちはしたがって、天皇に行政府を上回るような権力を集中させるのではなく、行政府の権限が天皇を下回るように設定することで天皇の相対的な優位を実現させようとした。そしてまた、複数のプレイヤーが権力を分有することで、天皇一人が責任を問われないようにするリスクヘッジが成立するように腐心した。元田の「中国的」思想には、「江戸的」な刻印がありありと刻まれていたのである。

こうして成立した明治憲法がもたらしたのは、世にも珍しい「議院内閣制が規定されていない」憲法に基づく、議院内閣と超然内閣を往復する体制であった。首相のリーダーシップは空洞化され、「リスクヘッジ」のために中途半端な権限を与えられた議会は万年野党的な議会運営に終始することになった。

「西遷」した近世の「中国的」原理が欧州近世の「江戸」的原理と混交した末に成立したオーストリア近代国制思想は、再び「東遷」して近世日本の「江戸」的尊皇思想と混交し、なんとも奇妙なキマイラとして日本の近代を規定することになったのである。

おわりに：ポスト一九八九年の「ブロン」と「メドウ」

與那覇潤は、「メロンのような大きな実がブドウのように沢山成る果物を作ろうとして両者を掛け合わせたら、ブドウのように小さな実がメロンのように少ししか成らなかった」というイソップ童話の「ブロン」の逸話を引きながら、日本史上では「中国的」原理と「江戸的」原理の「ブロン」が多発することを論じている。與那覇の議論の中では、明治憲法以降の戦前日本もまた「ブロン」の最たるものとして位置づけられるのだが、ここまで本稿では、その「ブロン」もまた、オーストリア産の「ブロン」と日本産の「ブロン」の掛け合わせであるということを論じてきた。

終章で筆者がさらに付け加えるとすれば、まず「メロンのような大きな実がブドウのように沢山成る果物」――これを仮に「メドウ」と名付けたい――は本当にありえないのかと言うことである。たとえば啓蒙専制改革の作用と反作用の結果生まれた近代的国民主権の概念は、「中国的」原理と「江戸的」原理の立派な「メドウ」なのではないか。そしてもう一つが、一見機能不全なキマイラに見える「ブロン」体制が、大衆の支持を得る局面もある、と言うことだ。

「近世後期」にして「近代前期」である「長い十九世紀」においては、オーストリアでも日本でも、「メドウ」たる近代的な国民主権は、国民主義との緊張関係の中で「ブロン」化した王朝勢力と時に協働、時に対峙しながら、徐々にその影響力を伸長させていく。しかし、前者が後者に勝利を収めることで幕を開けたはずの「近代後期＝短い二十世紀」においては、むしろ国民が自らの主権をもって新たな「ブロン」体制を渇望し始める。近代的な国民主権という「メドウ」は実のところあまり甘い果実ではない。その「中国的」要素が内包する「結果の不平等」に耐えられず、かといって「江戸的」要素が内包する手続きの煩雑さ、不透明さにも耐えられない人々が、「強力な指導者による安定した再分配がなされる社会」をより良き「メドウ」として望むのは、やむを得ない帰結なのかもしれない。しかし、それは「易姓革命なき中華皇帝＝独裁者」を戴き、「科挙制度なき官憲」の支配を受けることによる、社会公正の破壊に他ならない。左右の全体主義が危険な「ブロン」に過ぎないことに気づいた人々は、再び国民主権という「メドウ」に立ち返り、「ブロン」との闘争を開始した。そして一九四五年はその闘争の第一の頂点、一九八九年はその到達点として、歴史に刻まれることになったのだ。

しかしながら近代的な国民主権という「メドウ」は相変わらず甘いものではない。ゆえに、これを侵食する二つの動きが、一九八九年以後の世界では早くも生じつつある。一つは、今日の「第三次グローバル化」に適合的な「中国的」な開発独裁の流れだ。これは一九八九年に天安門で学生たちの民主化運動を斥けたのが「ブロン」的な毛沢東の共産党ではなく、中華帝国の伝統に棹差す経済的自由主義を掲げる鄧小平の共産党であったことに、既に象徴されている。一方、近代的な国民主権が勝利を収めたかに見えた欧州では、「第三次グローバル化」への抵抗感から、古き「ブロン」的全体主義を連想させるような権威主義的、排外主義的な政権や政党が陸続と現れてきている。そんな中、日本においては「中国化」と「ブロン」的全体主義がこれまた混交した新たな「ブロン」が牙をむきつつあるようにも見受けられる。

なお筆者は、「中国化」と「ブロン」であるなら、グローバル化に適合的な「中国化」の流れの中にあえて飛び込むことが、一九八九年の成果を「保守」するための選択として長い目で見れば最善なのではないかと考える。純粋な「江戸」への回帰が不可能である以上、「中国化」と「ブロン」であれば、まだ前者の方が公正性において優っているという理由と同時に、そもそも国民主権の原理が出てきた時も、ヨーゼフのような啓蒙的専制君主の「中国化」政策によって流動化した社会に、地域や身分を超えたネットワークが生まれたことを重視したいからだ。多元性を包含した（＝リベラルな）ネットワークに「国民」という新しい公共性を付与するために、伝統的な（＝保守的な）法権利によって国制上の正当性を確保したものが「近代」であるとすれば、「近代」とは最初から「リベラル保守」なのである。だとすれば、グローバルな混淆の中でさらに新しい多元性を帯びつつある公共空間を、歴史的な伝統によって改めて正当化することが、「近代」の更新に繋がるだろうと筆者は考えるのである。

そうした営為の中では、準拠枠たる公共空間として近代的な「国民」は有効性を失う可能性もあるかもしれない。しかしその時に、文化的エスニシティとしての日本人が何を「保守」すべきかについて考えるのが、日本の「リベラル保守」の務めである。さもなければ「中国化」の潮流は世界を画一化、標準化し、多様な文化の痕跡を消していく危険性をも持ちあわせているからだ。その際注意を払うべきは、悪しき「ブロン」を生み出すような「伝統」を「保守」の対象にしないことである。その意味では、日本社会が「中国的」だった中世に醸成された「わび」「さび」「いき」といった都市民のコミュニケーション倫理や、奥州や西海における非農耕民の越境的な文化、幕末期から明治初期の「私塾」ネットワークの中で培われた汎東アジア的価値観などは、「中国化」との相性は決して悪くないはずである。こうした伝統が単に「保守」すべき対象となるだけではなく、現代世界の「リベラル」な多元性をエンパワーするものとなれば、我々は東洋の「リベラル保守」によって西洋の「リベラル保守」を補強し、「近代」という「メドウ」を護持することに貢献しうるのではないだろうか。

石田三成の旗印「大一大万大吉」に見る《「愛」の政治思想》と老子の政治思想

――「公」と「私」の政治思想との関連で

前原《まえはら》　正美《まさみ》

本学教授。経済学博士。専門は政治学・経済学。石田三成研究会会長。

主著『J・S・ミルの政治経済学』、『悲劇の知将　石田三成』、『愛のカサブランカ』（CD）

はじめに

石田三成は、自らの旗印に示される《「大《だい》一《いち》大《だい》万《まん》大《だい》吉《きち》」の政治思想[1]》を「天・地・人」という三つの視点で捉え直し、豊臣「政権」下で、豊臣秀吉を天下人としてふさわしい人物として育て上げ、①天皇と天下人との協力の下に、「公」としての政治思想が社会に貫徹するように導いてゆくこと（《「大一」の政治思想》）、②「万機」＝豊臣「政権」としての政治体制としては、公武合体思想のもとに中央集権国家＝官僚主義国家を早急に構築し、《「武」力社会》から《「知」力社会》への構造転換を図り、同時にまた天皇（朝廷）＝公家と天下のすべての諸大名＝武家との調和を図ること（《「大万」の政治思想》）、③天下万民のための天下泰平の世を構築するため、天下のすべての諸大名＝武家を通じて公民＝領民の生命と安定した生活の保障を実現すること（《「大吉」の政治思想》）を目指したのである。

本論では、石田三成の旗印に示される《「大一大万大吉」の政治思想》について具体的に考察してゆく。「大一大万大吉」は、「天・地・人」の視点に立脚し理解・把握されているのであり、それに対応した「大一」「大万」「大吉」の順序で三つの政治思想のそれぞれの具体的内容を考察することによって、三成の旗印には、《「愛」の政治思想》に基づいた《「愛」の理念》が示されていること、そして《「大一大万大吉」の政治思想》は老子の政治思想に大きな影響を受けていることを述べてゆきたい。

石田三成の旗印「大一大万大吉」についての筆者独自の意味解釈と自己表現

石田三成（図1）は、天下人豊臣秀吉の豊臣「政権」最大の実力者で、近江佐和山二十万石の城主であり、天下万民の天下泰平の世の構築のために生命を注いだ偉大なる政治家である。三成の旗印「大一大万大吉」（図2）について、筆者はこれまで独創的な意味解釈によって、次のように独自の表現を提示した。

「大」とは天を意味する。「天のもと、一人が万民のために万民が一人のために生命《いのち》を注げば、すべての人間の人生は吉となり、泰平の世が訪れる。その天下を支えるのは人間自身であり、人間の心が変われば世もまた変わる。ゆえにこそ人間は、愛の心を培わねばならぬ(2)」

石田三成の旗印「大一大万大吉」は政治思想であり、その理念は「愛」である。

本論では、石田三成の旗印「大一大万大吉」に込められた政治思想を、老子の《「大」＝「天」の政治思想》と《「陰陽」の政治思想》との関連で明らかにする。以下、「大一大万大吉」の意味内容を、「老子」の政治思想に依拠して論じてゆく。

老子の《「大」＝「天」の政治思想》と三成の《「大一」「大万」「大吉」の政治思想》

（1） 老子の《「大」＝「天」の政治思想》と三成の《「大」＝「天」の政治思想》

まず第一に、老子の《「大」＝「天」の政治思想》に基づいて、石田三成の旗印「大一大万大吉」の「大」の意味内容について考察する。

筆者はすでに「大」の意味内容を「天」である、と解釈してきたが[3]、老子の『老子道徳経』第二十五

図1　石田三成像（長浜城歴史博物館蔵）

図2　関ヶ原合戦屏風に描かれた石田三成の旗印「大一大万大吉」（岐阜市歴史博物館蔵）

章によれば、「大」は次のように説明される。

「何ものか一つにまとまったものがあって、天と地よりも以前に生まれている。静まりかえって音もなく、おぼろげでいて形もなく、何ものにも頼らずに独立して不変であり、どこまでもひろくへめぐって止まることがない。それは、この世界のすべてを生み出す母だといえよう。わたしはそのほんとうの名を知らないから、仮《か》りの字《よびな》をつけて「道」とよぶ。そして、むりにその字から考えた名まえをつけて「大《だい》」とよぶ。大であればどこまでもひろがり進んでゆく。どこまでも進んでゆけば果てしなく遠《はるか》になり、遠になればまたもとに反《かえ》ってくることになる。そこで、「道」が大であるように、天も大、王もまた大である。つまりこの宇宙のなかには四つの大なるもの〔道、天、地、人——以下、〔 〕は引用者注〕があって、王はその一つを占めているのだ。人は大地のあり方を模範とし、大地は天のあり方を模範とし、天は「道」のあり方を模範とし、「道」はそれ自身のおのずからなあり方を模範としている。(4)」

「道」とは、「全宇宙の創造主」＝「全宇宙の偉大なる意思」が、天・地・人に対し、自らの意思に則して導き、そのすすむべき方向を示す、という意味での「道」である。

「道」＝「全宇宙の偉大なる意思」は、「天」をつくり、「地」上をつくり、そして「人」間をつくった。「道」＝「全宇宙の偉大なる意思」は「大」であり、「天」も「大」であるから、「道」と「天」とは一心同体であり、一つである。

「大」＝「天」は、「道」＝「全宇宙の偉大なる意思」に従って地上を治め、人間一人ひとりをその使命に則して導いてゆく。「大」＝「天」は地上と人間の支配を、「道」＝「全宇宙の偉大なる意思」にゆだねられているのである。「地」は、地上であり全世界であるが、全体とのかねあいで、地上を、したがってまた日本を「大」＝「天」の意思に従って導いてゆく。地は、大地や海や川、草木、動物、植物、そして人間などの万物を支配し、また歴史を支配する。

「人」は、天に与えられた使命に従って生きてゆかないかぎり、その生命を大きく生かされることはない。天に与えられた人間の使命は、一人ひとり異なっているが、地上を支配し万民を導く「一」＝「王」――日本でいえば天皇および天皇の代理人としての天下人――は、「公」の思想に従って生きることが要請されている。したがって天皇や天下人は、「公」民＝天下「万」民のために貢献する生き方をしなければならない。

以上が老子の《「大」＝「天」の政治思想》である。

石田三成の政治思想は、老子の政治思想を「天・地・人」の三つの視点で整理し直したうえで、「大一」「大万」「大吉」の政治思想として結実し、また「道」と完全に一体化している「大」＝「天」は、「一」を生みだし、そして「一」は「万」物「万」人の繁栄と幸福とを生みだしてゆく力を有しているのである。

三成の考えでは、「大」＝「天」の意思によって秀吉が天下人に選ばれた最大の理由は、秀吉が最も「公」の心で天下万民の幸福のために政治を司る可能性が大きかったからである。

天下人が「私」心が強くて私的利益の増大のみを追求すると、天下「万」民の反感を買い、天下の平和は実現しない。「大」＝「天」の心は「公」の心であり、つまりは「愛」の心である。「大」＝「天」は自らの代理人として天下人秀吉に天下「万」民を慈しみ、愛を施すことをその使命として要請しているのである。

『老子道徳経』には、政治を司る者の「私心私欲」を超える無私の心、「公」＝「愛」の心の重要性が述べられている。

「天地の道理をわきまえた聖人は、わが身を人の後におきながら、それでいておのずから人に推されて先だち、わが身を人の外側におきながら、それでいておのずから人に招かれている。それは、私心私欲をもたないからではなかろうか。だからこそ、かえって自分を貫いてゆけるのだ」（『老子道徳経』第七章）

「諸侯や王たちが、その統治のうえで、もしこうした「道」の素朴な立場を守りつづける事（「公」の心で政治を司ること）ができるなら、あらゆる者はおのずから服従してくるであろう。天と地とは和合して豊かな恵みの雨露をふらせ、人民はことさら命令をしなくとも、おのずからに統一されるる」（同前第三十二章）

老子は、「大」＝「天」が「一」＝「王」に無私の心、すなわち「愛」の心で政治を司ることの重要性を説いた。老子は、「一」＝「王」としての天下人が「私心私欲をもたない」心、つまり「公」の心をもって天下の政治を司るならば、天下「万」民も天下人に積極的に協力を行うようになる、と主張した。三成は、こうした老子の《「大」＝「天」の政治思想》を発展させて、「公」の心を「愛」の心と理解し、《「愛」の政治思想》を身に着けたのである。

（2）老子の《「大」＝「天」の政治思想》と三成の《「大一」の政治思想》

『老子道徳経』によれば、「一」は次のように説明される。

「そのむかしから「一」すなわち唯一の根源である「道」を獲得したものをあげてみると、天（大空）は「一」を得て清澄であり、地（大地）は「一」を得て安泰であり、神々は「一」を得て霊妙であり、谷川は「一」を得て水で満たされ、万物は「一」を得てそれで生まれており、諸侯や王たちは「一」を得てそれで統治の資格を得た。全てこの様に「一」を得てその本質を得ているのだ。天（大空）が清澄でなければ、おそらく引き裂かれてしまうだろう。地（大地）が安泰でなければ、おそらく崩れ落ちてしまうであろう。神々が霊妙でなければ、おそらく絶えてなくなってしまうだろう」[5]（第三十九章）

前述の如く「道」とは「全宇宙の創造主」であり、「全宇宙の偉大なる意思」である。「道」＝「全宇宙の創造主」＝「全宇宙の偉大なる意思」は、「天」、「地」＝万物、「人」＝万人を生み出し、生かし、使命を与えている。

「大」は「天」を意味するが、「道」は常に「大」＝「天」と一心同体である。「道」＝「大」＝「天」の意思は、地上におけるすべての存在、つまり万物、万人がお互いの存在価値を認めあい、受け入れあうこと、言いかえればお互いに「公」の心＝「愛」の心をもって調和し、繁栄と幸福とを実現することにある。「愛」の心とは、自分が他者を認めて「受け入れる」という意味である。

しかるに「道」は、「大」＝「天」に《「地」と「人」との調和の実現》という使命を与えて、「大」＝「天」がその使命を果たしてゆくように導いてゆくのである。

したがって「道」＝「全宇宙の偉大なる意思」に使命を与えられた「大」＝「天」の意思のもとに、「地」と「人」とは調和し幸福になるように導かれてゆく。「地」と「人」とは、「大」＝「天」の意思を自らの意思で受けとり、「大」＝「天」の意思に従って生かされてゆかないと、滅亡することになる。

「地」は万物と万民との調和を図り、「人」は自己と他者との調和を図り、それぞれの一個の幸福と全体の幸福とが合致し和合するように「公」の心＝「愛」の心に従って生きてゆかなければならない。

とりわけ重要なのは、「人」である。「人」は自分の思ったとおりに生きてはならない。「人」は「大」＝「天」の意思に従い、自分のために生きるという「私心」を超えて、他者や社会のために生きるという「公」の心をもってすべての存在に接し、《良心＝愛の心》に従って、生きてゆかなければならないのである。

かくて筆者が表現したように「ゆえにこそ人間は、愛の心を培わねばならぬ」（注2参照）のである。「道」＝「全宇宙の偉大なる意思」は、常に「天」＝「大」の心と「一《ひと》」つであり、同時に「地」＝万物の「一《ひと》」つ「一《ひと》」つの心に宿っており、万人の「一《ひと》」人「一《ひと》」人の心（良心）に宿っている。それゆえすべての存在は、生来、愛そのものに成長する可能性を有しているのである。

「地」においては、「一」とは、人間「一《ひと》」人「一《ひと》」人である、と考えるならば、自分自身の良心の中には、「道」＝「全宇宙の偉大なる意思」の愛の心が宿っている。また「人《ひと》」とは「人《じん》」＝「仁《じん》」であり、「仁《じん》」とは「神《じん》」であり、つまり「神《じん》」＝「神《かみ》」の心としての「愛」である。それゆえ「人《ひと》」は、本来、人間「一《ひと》」人「一《ひと》」人が《良心＝愛の心》を宿す存在である。

「一《いち》」＝「王」は「天」＝「大」の意思を受けて「地」と「人」のすべてを支配し治める使命を担って生きてゆくことになる。

「一《ひと》」人は万人のために存在し、万民もまた「一人」のために存在する。すなわち「一《いち》」＝「王」は、「万」人が存在してこその「一《いち》」＝「王」であり、「万《ばん》」人もまた「一《いち》」＝「王」のために存在する。人間「一《ひと》」人「一《ひと》」人は、自分「一《ひと》」人だけでは生きてゆけず、「他者」があってこそ生きてゆける存在である。「一人が万民のために、万民が一人のために存在する」のである。

三成は、何よりもまず、「一」＝「王」としての天下人豊臣秀吉こそが天下「万」民に「公」の心＝「愛」の心を注いで、「大」＝「天」の意思に従って政治を司れば、豊臣「家」と「万」機としての豊臣「政権」

図3　老子の「大一大万大吉」
（作図、前原）

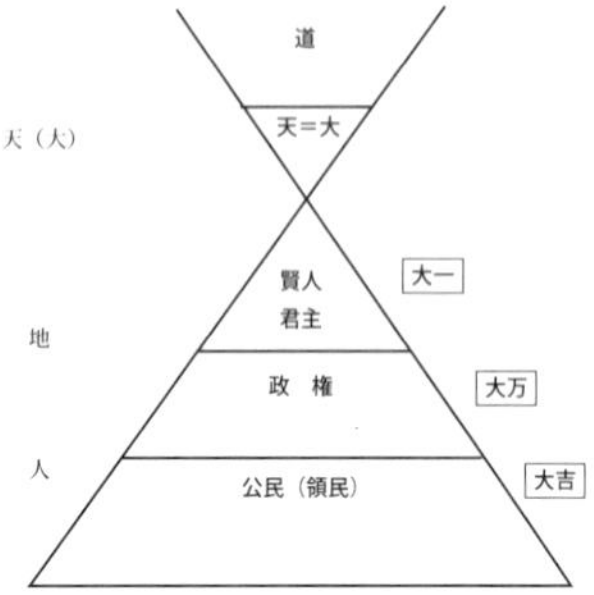

図4　石田三成の「大一大万大吉」
（作図、前原）

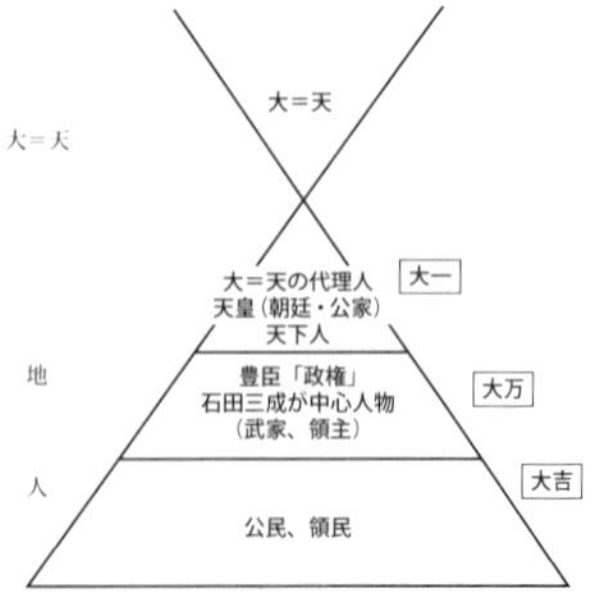

は安定し、天下「万民」の幸福を実現できるだろう、と考えたのである（図3、図4）。

（3）老子の《「陰陽」の政治思想》と三成の《「大万」の政治思想》

『老子道徳経』によれば、「地」上におけるすべての存在、「万」物、「万」人には、「陰」と「陽」という正反対の作用が繰り返して生じる。

「「道」が一を生み出し、一が二を生み出し、二が三を生み出し、三が万物を生み出す。万物は陰の気を背負って陽の気を胸に抱き、この二つのものを媒介する沖気《ちゅうき》によって調和が成し遂げられる。(6)」

(第四十二章)

「大」＝「天」は、「地」上＝それぞれの地域を支配する「一」＝「王」がその地域の万民を強権によって治めるのではなく、平和裏に治めなければならない、という使命を与えている。

それゆえ「一」＝「王」としての天下人豊臣秀吉は、「大」＝「天」の意思を受け入れて、万民の《幸福と調和の実現》という使命を果たせば、その地位と立場を保証され「陽」の人生が与えられるが、反対に、「大」＝「天」に与えられた使命を果たしてゆかないと、別の王にとって代わられる「陰」の人生を与えられることになる。

老子の政治思想は、まず第一に、《「大」＝「天」の政治思想》と規定することができるが、第二に、それは《「陰陽」の政治思想》と規定することができる。

老子によれば、人生には、「陰」の結果と「陽」の結果とが繰り返し生じる。悪い種を蒔けば悪い結果が生じ、良い種を蒔けば良い結果が生じる。

それゆえ老子の政治思想の極意は、人は「私」心を抑制し、善行を施し、他者を愛して、「大」＝「天」の意思に従って生きよ、ということになる。『老子道徳経』では、他者に対する慈愛の心、善行の重要性が指摘される。

「大きな苦しみをもつ理由はただ自己を有する〔「私」の心が強い〕ためである。自己〔一人〕を有しなければ〔「私」の心を乗り越えて「公」の心に従って生きれば〕、どこに苦しみがあろうか。自己〔一人〕と世界〔天下「万」民〕とを同一にすれば、そのとき、自己のなかに世界はある。自己〔一人〕を愛するように世界〔天下「万」民〕を愛するならば、そのとき、自己のなかに世界はある。」（第十三章）

「戦争にあっても、慈しみによって勝利を得る。防衛にあっても、うまく防ぐことができる。この種の〔慈しみの心をもって生きる〕人は天によって救われ、天の慈しみによって護られる。」（第六十七章）

老子の説く「愛」の心は「慈しみ」の心＝「愛」の心であった。老子によれば、他者や社会に「愛」の心＝「慈しみ」の心を施す人間は、「天」の「愛」＝「慈しみ」によって幸福な人生を辿る。

「自然の道にえこひいきはない。それはつねに善人の側につく。」（第七十九章）

この老子の《「陰陽」の政治思想》は、人は自分が蒔いた種を受け取るという原因・結果の法則を主張する考え方である。

三成は、この老子の政治思想の影響を受けて、人は自分（一人）が他者や社会（万民）に与えたことを受け取る、と理解した。この考え方によると、自分（一人）が他者や社会（万民）に対し、悪行を行えば、自分は不幸な人生を辿ることとなり、自分（一人）が他者や社会（万民）に対し、善行を行えば幸福な人生を辿ることとなる。

この考え方は、藤原鎌足・不比等の説いた《「積善」の政治思想》に見られるが、藤原氏の血をひく三成は、この《「積善」の政治思想》に加えて、老子の《「陰陽」の政治思想》を発展させて、《「愛」の政治思想》に結実させたのである。三成の考え方では、人間一人ひとりが他者や社会に自らの愛を施せば、すべての人間は他者や社会からの「愛」を受け取って幸福になることができるのである。

また「陰」と「陽」とは、「敵」と「味方」として理解できる。政治において、「陰」＝「敵」と「陽」＝「味方」とが対立した時、その最大の解決の方法は、まず自分が「愛」の心をもって他者を許し、他者を受け入れることである。

三成は、老子の説く「陰」と「陽」との対立を緩和し、またそれを解決する「沖気」とは「和気」を超えた「愛の心」であると理解した。三成の旗印「大一大万大吉」には、「一」人が「万」民に「愛」を施して生きることの大切さ、そして「万」民「一」人ひとりのために存在して生きることの大切さが主張されているのである。

したがって三成は、「一」＝「王」としての秀吉は万民＝公民の《幸福と調和の実現》という使命を果たさなければならず、つまりは「公」の心＝「愛」の心を身につけて万民のために貢献しなければならない、と考えた。

三成は、秀吉の天下統一後、豊臣「政権」の最大の実力者となるや（秀次事件以後）、「万」機＝「公」儀＝豊臣「政権」を合議制＝連帯制として運営することによって、平和国家を構築することを目指した。

（4）老子の《「陰陽」の政治思想》と三成の《「大吉」の政治思想》

『老子道徳経』によれば、「吉」は次のように説明される。

「小さいものを大きいとして大切にし、少ないものを多いとして（「一《ひ》」人《とり》は「万」人につながるゆえ）慎重に扱い、恨みごとに対して恩恵でむくいる。難《むつか》しいことは、それがまだ易《やさ》しいうちによく考え、大きなことは、それがまだ小さいうちにうまく処理する。世界の難問題も、必ず易しいなんでもないことから起こり、世界の大事件も、必ず小さなちょっとしたことから起こるものだ。それゆえ、聖人は決して大きなことをしたりはしない。だからこそ、その大きなことを成しとげられるのだ。

そもそも、安うけあいでは必ず信義にとぼしくなり、いいかげんな安易なことばかりしていると、必ず難儀なことが多くなる。」（第六十三章）

三成は、天下人秀吉に対し、「一」人は「万」人につながると考えて、人間一人ひとりを大事にしなければならない、と常に進言した。

「地」上に生命を与えられたかぎり、人間は皆、幸福になりたいと願うであろう。しかし人間は、自分の不幸の原因を外側に求め、他者の責任にしてしまうことが多々ある。人間一人ひとりが真に幸福を願うのであれば、自らの心の内を見つめ続けなければならないのである。はたして自分は、自分一個の私心に従ってのみ生きてはいないか、自分の私的利益のために他人を追い落としたり、蹴飛ばしたり、排除したりしてはいないか、自分と他者とを比べて、他人を憎んだり、恨んだり、妬んだりしてはいないか、あるいはまた自分は他者の幸福のために貢献しているか、他者と「和合」し調和して生きているのか、社会に貢献するために尽力しているのか、といったことを常に考え、自らの心の内を見つめ、「私」の心を超えて「公」の心で生きているのかを常に自らの良心に問い続けて、対話してゆくことが極めて重要な行為なのである。

天下万民の幸福は、ひとえに天下人の高い人格によって創りだされる。

三成は、「大」＝「天」の意思、つまり「公」の心＝「愛」の心を施す政治からはずれないように秀吉に進言することこそ、自らの最大の使命であると考えていた。

秀吉は、天下統一後、「天長地久、万民快楽」と語るようになったが、それは当然、三成の進言によるものであったろう。

石田三成の《「大一大万大吉」の政治思想》

「天」の視点＝絶対的視点に立脚した三成の政治思想

石田三成は、老子の思想の強い影響を受けて、「道」＝「全宇宙の創造主」＝「全宇宙の偉大なる意思」

に使命を与えられた「大」＝「天」の存在を明確に認識・自覚しており、いわゆる天命思想に熟知していた。そのゆえに石田三成は、若くして秀吉の側近中の側近として引き立てられ、秀吉の参謀役として登用されたのである。

織田信長は「天下布武」を唱え、「天下一統」＝「天下統一」を自らの使命であると心得て「天正」に元号を改元したが、「天正」という元号は『老子道徳経』を典拠としていた(8)。

信長においても、老子の天の政治思想に大きな影響を受けて「天に正しく従って生きるべし」という意味の「天正」に改元し、「道」＝「天」という絶対的視点に立脚した政治理念＝「天下布武」を大義名分として「天下一統」＝「天下統一」を目指したのであった。

このことは、信長の側にあった秀吉、そして石田三成もまた「老子」を読んでいたことの証左ともなろう。老子の書物は三成の重要な愛読書のひとつであった。三成にかぎらず、この時代において「老子」「孔子」「孫子」などの書物は多くの戦国武将が手にして読んでいたのである。また、たとえば黒田官兵衛孝高が出家して、「如水軒」と号し黒田如水を名乗ったが、この名前も「老子」から取ったことは明らかである。

「三成」の名前についても筆者は、「水成」（みつなり）に依拠する説を提唱している。「水」は「みづ」と読み、筆では「みつ」と書くことから、「みつなり」の名前は老子の「上善水の如く」に依拠する、と考えることができる。つまり「三成」＝「水成」には「水の如く生きることが最善の方法である」という意味が示されている。

秀吉は、「天」とは伊勢神宮に宿る、と考えたが、石田三成は「天」とは「道」＝「全宇宙の創造主」＝「全宇宙の偉大なる意思」と一心同体である「大」の意思と理解して、その意味での「天」の考え方＝「天」の思想を「公」の政治思想＝「愛」の政治思想と置きかえて理解し、「天」の視点＝絶対的視点に立脚した政治の施行を天下人豊臣秀吉に進言したのであった。

『フロイス日本史』によれば、信長は、「私は天であり、神である」と語っていたというが、本能寺の変の直前の信長は、三成からすれば、明らかに傲慢になっており、謙虚さに欠けていた。すなわち信長は、「大」＝「天」との結び付きを見失っていた。その意味では、本能寺の変は、信長自身の強い「私」の心が招いた結果であった、と筆者は考えている。

《「大一」の政治思想》に従えば、「大」＝「天」と結びついて生きてこそ、人間各人は「公」の心で隣人や他者を愛し、「愛」の心で結ばれた人間関係を構築して幸福になれるのである。

それゆえ石田三成は、天下人となった豊臣秀吉の側にあって、秀吉が天に与えられた使命に則して政治を司ること、したがってまた秀吉が天に与えられた使命から逸脱しないように留意することこそ、自らの大きな使命である、と心得ていたのである。

三成は、天下人秀吉が《「公」の政治》をはずれた時でも、「組織」の力によって《「公」の政治》に軌道修正できる「政権」の構築を目指した。

「大万」の「万」とは、ひとつには「万」人を意味するが、いまひとつには「万」機＝「公」儀＝豊臣「政権」を意味する。

三成は豊臣「政権」を平和「政権」と成すために、《「愛」の理念》を広く社会に普及させる必要がある、と考えた。そのために、三成が成した偉業は、第一に、天正十四（一五八六）年、秀吉の豊臣姓への改姓の実現に貢献したことである。

三成は聖徳太子（厩戸皇子《うまやとのおうじ》）を篤く信仰していたが、豊臣秀吉の「トヨトミ」は、太子の別名から採ったものである。『日本書紀』には聖徳太子の別名を「トヨトミミノミコ（豊聡耳皇子）」と記してある。

三成の考えでは、秀吉の豊臣「政権」は、「トヨトミ」を名のることによって、聖徳太子の《「和」の政治思想》を受け継ぐ「政権」であり、豊臣「政権」が平和「政権」であることを天下に流布できた。

第二に、三成が成した偉業は、「トヨトミ」姓を天下に知らしめると同時に、「大一大万大吉」の旗印を高々と揚げて、天下における諸大名の領地を移動することにより、《「愛」の理念》を天下に知らしめたことである。

天正十五（一五八七）年、秀吉は、三成とともに、大坂城から九州征伐に出陣した。その途上、秀吉は、毛利氏などの領地を通過した。諸大名は領地の境界線をめぐって武力衝突するのが常であったが、秀吉は諸大名の間の対立の原因ともなっていた境界線を定め、諸大名と和議を結んだ。

島津氏に対しても、秀吉軍は大勝利したが、秀吉の意を受けた三成は島津氏の領地を縮小した上で、和議を結び、島津氏を許した。「愛」とは、「受け入れる」という意味であるが、同時に「許す」「与える」という意味でもある。三成は、島津氏を許し、島津氏に領地を保証した。

また三成は、「大一大万大吉」の《「愛」の旗》を立てて、小田原城攻め、忍城攻めに参加し、さらには奥州征伐へと大軍を率いて向かい、自ら陣頭指揮をとって天下泰平の世の実現にむけて《「愛」の理念》を流布した。

津軽為信は、南部直正と領地の境界線をめぐって対立していたが、三成はこれを見事に裁いて、両者の和議を実現した。このことで為信は、三成に終生、感謝したという。

石田三成の政治思想と関ヶ原の合戦

（1）三成は、「私」の心を超えて「公」の心、すなわち「愛」の心で生きることの重要性を説いた。人の人生には自分（一人）が他者や社会（万民）に与えたことがはね返って与えられるからである。たれしも人は、幸福になるために、この世に誕生してきている。幸福になるためには、人間一人ひとりが「私」の心をできるだけ捨て去り、「公」の心＝「愛」の心を施して生きること、「私」の心を超えて、「公」の心＝「愛」の心をもって生きる自分自身を創造することが重要となるのである。石田三成は、人間一人ひとりが「愛」の絆で結ばれた国家構築の実現のために生命を注いだが、その実現のためには、何よりもまず天下人豊臣秀吉が「私」の心から「公」の心＝「愛」の心へと自らの心の境界線を超えてゆくこと、つまり秀吉が「大」＝「天」の意志に従って「公」の心＝「愛」の心を天下万民に施して生きることが重要である、と考えたのであった。

「吉」とは、「大」＝「天」の下での人間一人ひとり、つまり天下万民の「幸福」のことを意味する。天下万民とは、第一に、「大一」の「一」、つまり天皇、そして天皇の代理人としての豊臣秀吉である。

第二に、天下万民とは「公」家であり、「武」家である。そして第三には、諸大名＝武「家」の下にあるそれぞれの武士や領民（農民・商人など）を意味する。

したがって、天下万民一人ひとりの「吉」＝幸福を実現するためには、第一に、天皇の代理人としての天下国家の政治を直接に司る天下人秀吉の高い人格が要請される。秀吉自身は、「私」人ではあるが、にもかかわらず「公」儀＝豊臣「政権」を司ることを天に許されているのは、「万」機＝「公」儀を司る自らの使命の大きさを認識していたからであろう。それゆえ秀吉は、三成の進言を得ながらも、秀頼誕生までは、正親町天皇との関係を良好とし、なかなか見事にその使命を果たしていた。

しかし、文禄四（一五九五）年、秀頼が誕生した後、秀吉は関白職に就いていた秀次を死に追いやった。秀吉のこの不徳、悪行や朝鮮出兵の失敗が重なって、豊臣「家」と豊臣「政権」は崩壊の道筋を辿っていった。人間には皆、「私」の心と「公」の心とが同居している。そのかぎり人間が「私」の心を発揮し、目先の利益増大を目指すのは当然である。しかし「私」の心に従って生きているかぎり、人はどこかで失敗し自滅するという落とし穴に落ちる可能性が高くなる。その結果、人は不幸になるのである。

（2）三成は、《知力「政権」》の構築によって領民の生命と生活の保障を実現できる、と考えた。三成の考えでは、「政権」主流派が知力の高い大名（武家）であれば、話しあいによる政権運営や諸大名間における人やモノや情報の交換による社会的分業の促進、また海外との貿易を通じて、社会的生産力を高め、国内の経済力、そして領民の生活水準を高めることができる。しかし現実には、《「知」力社会》を構築したい三成の眼前に逆境が立ちはだかった。

慶長三（一五九八）年八月、秀吉が死去すると、武力派の加藤清正、福島正則ら七将は、三成を殺そうと企てた。世にこれを七将事件という。

三成は、清正らは有能な領主となりうる、と考えていたが、結局、三成らの知力派と清正らの武力派は対立した。おそらくこの時こそ、三成の人生における最大の逆境の時であったであろう。

人生には逆境がある。逆境とは、自分のイメージした成功の境界線を超えられない時に生じる現実である。人が自分の目標に向かって努力するプロセスの中で、困難や試練という逆境に直面するのは、その目標達成に必要な他者や社会に対する自らの愛が足りないからである。「越境」とは、現状の「私」の心の壁を自ら乗りこえてゆくことであるが、たれしも人は、自らの「私」心をできるかぎり捨て、「公」の心としての「愛」の心を深く広く耕し、自らの使命を果たすにふさわしい人間としての心の成長を果たしてゆくならば、如何なる逆境をも乗りこえることができるのである。このことに気づけば、たれしも人は、いかなる困難や試練をも乗り越えられるであろう。

逆境は奇跡を生みだす。三成は屋敷を七将の兵三万に取り囲まれたが、この情報を聞いた盟友の佐竹義宣らの盟友が兵を率いて駆け付け、三成を救いだした。三成は、その逆境を超えて、大坂城に入り、さらに関ケ原の合戦の大舞台を創りだしていった。

逆境の境界線を超えて、三成が関ケ原の合戦という大舞台を創りだせたのは、三成の旗印「大一大万大吉」に示される《「愛」の理念》に多くの諸大名が共感したからである。

（3）領民の生命と安定した生活を保障するためには、それぞれの領地を治める諸大名が「私」の心から「公」＝「愛」の心を培って、領民のために自らの生命を使用し、その使命を果たしてゆかなければならない。

「旗」とは、ハタ（＝他者、隣人、人間）のことであり、「働く」とは「旗楽」、つまりハタを楽にすることである、と三成は心得ていた。

おわりに

豊臣秀吉の死後、石田三成は、朝鮮出兵など秀吉の「負の遺産」を甘んじてひき受けた。三成は現実から逃げなかった。秀吉が死ぬと、豊臣「家」と豊臣「政権」を見捨てた武将たちとも三成は正面から対話した。それは三成が「愛」の人だったからである。

三成は、「大」＝「天」の意思に従って生きた。関ケ原では負けたが、三成の挙兵による関ヶ原合戦もひとつの大きな要因となって、後《のち》の徳川幕府の時代は平和の世となった。

三成は、天下泰平の世の実現のために、そして後世の人びとのために、自らの生命を投げ出したのである。それゆえ三成の「愛」は永遠のものとなった。三成の「愛」は、今も三成を慕う人びとの心の中で生き続けている。

注

（1）本稿において《　》で表現されている概念は、私が独自に規定したものである。また本稿は、東洋学園大学グローバル・コミュニケーション学部帝国研究会（会長・前原正美）において二〇一四年六月十日に「石田三成の旗印「大一大万大吉」に見る国家論と経済政策」と題して報告した内容、東洋学園大学人間科学部ビジネスコーチング研究会（会長・前原正美）において二〇一四年八月十日に研究発表した「石田三成の旗印「大一大万大吉」に見る《愛の思想》と《生命の体系》」の内容を整理して、新たな論点を加えて執筆したものである。石田三成と老子の政治思想との関連でいえば、日本経済思想史学会（二〇一六年、愛媛大学）において「石田三成の旗印「大一大万大吉」に見る《「公」と「私」の政治思想》という題目で発表した内容に加筆・修正したものである。

（2）『愛・時を超えて—私説・石田三成—』初出、リーベル出版、のち前原出版に収録、一九九八年。また「「大一大万大吉」に見る石田三成の《愛の思想」——一人が万民のために万民が一人のために——」『悲劇の智将　石田三成』宝島社、二〇一二年を参照のこと。

（3）注（2）に同じ。

（4）金谷治『老子』講談社、一九九七年、八九〜九〇ページ。この点については、金子拓『織田信長〈天下人〉の実像』講談社、二〇一四年、四〇ページ。邦訳は必要に応じて改訳した。また、老子については張鐘元『老子の思想』（上野浩道訳）講談社も参照。

（5）注（4）金谷、一三〇ページ。

（6）注（4）金谷、一四〇ページ。

（7）注（4）金谷、一一〇ページ。

（8）注（4）金子拓、四〇ページ参照。

第五部　物語に遊ぶ

小石川植物園の生と死
——「外科室」「団栗」「植物園の鰐」

神田《かんだ》　由美子《ゆみこ》
元本学教授。日本近現代文学専攻。著書に『芥川龍之介と江戸・東京』、『スタイルの文学史』、『ロンドン幻視行』『渡航する作家たち』等。近年は、東京と文学との関係を中心に論文を発表している。

私たちは日々「死」に向かって生きていく。「生」と「死」を往還することはできない。生者にとって「死」は決して越えられない境界である。でも、だからこそ「生」から「死」へ越境する最期の瞬間に、個々の「生」は、その全体像を鮮やかに浮上させる。死にゆく者は自らの「生」の深遠に一瞬触れ、遺された者も、その「死」から自身と死者との「生」を顕在化させる。

そのような「生」から「死」への越境を美しく対象化した三つの短編がある。愛の秘密を貫く「生」のために「死」に赴くヒロインを描いた泉鏡花の「外科室」（一八九五〈明治二十八〉年）、若妻の「死」を幼い遺児の「生」に重ねた寺田寅彦の「団栗」（一九〇五〈明治三十八〉年）、妻や恋人の「死」を巡る男女の「生」を写した中島京子の「植物園の鰐」（二〇一一〈平成二十三〉年）である。三篇はみな、小石川植物園を舞台として、それぞれの作品世界が意図的に、あるいは潜在的に呼応しあっている。

小石川植物園は、一六八四（貞享元）年、五代将軍徳川綱吉の館林時代の別邸だった白山御殿の一角に、幕府の御薬園が移されたものである。小石川薬園、あるいは白山官園と呼ばれた。この薬園では、薬草の栽培・研究が行われた。八代将軍吉宗が断行した享保の改革では、青木昆陽が御薬園で甘藷の栽培を試し、人々の飢えを救う上に役立った。さらに一七二二（享保七）年には、薬園内に、町医者小川笙船の意見で貧しい人々を施療する養生所がつくられ、明治維新まで続いた。現在も残る養生所の井戸は、水質・水量とも良好で、関東大震災の時には、飲料水として多くの避難者を助けたといわれる。その後一八七七（明治十）年に、東京大学理学部付属小石川植物園となり、植物研究の場として世界的にも伝統ある植物園となっている。園内には観賞用の樹木も多く、四季折々の草花を愛でる憩いの場である。つまり、この日本最古の植物園には、人々を「死」の危機から救い、「生」を癒す歴史が刻まれているのである。

＊

泉鏡花の「外科室」は、このような植物と人間の、命と愛を育む場であった小石川植物園の特質を、巧みに象徴化した小説である。

〈上〉〈下〉二章からなる物語の〈上〉は、七、八歳の娘を持つ貴船伯爵夫人が、親族に囲まれ「純潔なる白衣」をまとい手術台に横たわっている場面から始まる。彼女は難病の為、高峰外科科長に執刀されようとしているのである。だが、夫人は麻酔剤を断固拒否する。麻酔剤を飲むと秘密を譫言《うわごと》で言ってしまうからという理由である。覚悟を決めた高峰医学士は、麻酔無しで伯爵夫人の胸に執刀するが、メスがまさに骨に達しようとする時、夫人が手術台から半身を起こす。そして外科室において、医学士と伯爵夫人との間に次のような異次元の愛の世界が築かれる。

「痛《いた》みますか。」

「否《いゝえ》、貴下《あなた》だから、貴下《あなた》だから。」

恁言懸《かくいひか》けて伯爵夫人は、がつくりと仰向《あおむ》きつゝ、凄冷極《せいれいきはま》りなき最後の眼《まなこ》に、国手《こくしゅ》をぢつと瞻《みまもつ》て、

「でも、貴下《あなた》は、貴下《あなた》は、私《わたくし》を知りますまい！」

謂《い》ふ時晩《おそ》し、高峰《たかみね》が手にせる刃《メス》に片手を添へて、乳《ち》の下《した》深く掻切《かきき》りぬ。医学士《いがくし》は真蒼《まつさお》になりて戦《おのゝ》きつゝ、

「忘れません。」

其《その》声、其呼吸《そのいき》、其《その》姿、其《その》声、其呼吸《そのいき》、其《その》姿。伯爵夫人《はくしやくふじん》は嬉《うれ》しげに、いとあどけなき微笑《えみ》を含《ふく》みて高峰《たかみね》の手より手をはなし、ばつたり、枕《まくら》に伏《ふ》すとぞ見えし、唇《くちびる》の色変《かは》りたり。

其《その》時の二人《ふたり》が状、恰《あたか》も二人《ふたり》の身辺《しんぺん》には、天なく、地なく、社会なく、全《まつた》く人なきが如《ごと》くなりし。

そして外科室で亡くなった伯爵夫人の後を追い、高峰医学士もその日のうちに自決する。

天も地も社会も超越するこのような医学士と伯爵夫人の〈愛〉の発端は、〈下〉において明らかにされる。〈外科室〉の場面から九年前、小石川植物園の躑躅《つつじ》が満開の五月五日、その躑躅園ですれ違った

貴族令嬢と医学生が、お互いに一目で恋に落ちたのである。

この話について鏡花は「小石川植物園に、うつくしく気高き人を見たるは事実なり。やがて夜の十二時頃より、明け方までにこれを稿す。早きが手ぎはにはあらず、その事の思出のみ[1]」と記している。

泉鏡花は五つぐらいの時一目見た若く美しい女の記憶を「私は、その女と切るに切り難い何等かの因縁の下に生まれてきたやうな気がする。（略）十年後か、二十年後か、それは分からないけれども、兎に角その女に最う一度、何所かで会ふやうな気がして居る。確かに会へると信じて居る。」（「幼いころの記憶」明治四十五年）とも述べている。鏡花はよく宿命論的な恋を描き、その初期には結婚否定論者と思われる作品を残している。そのような鏡花にとって、生涯でただ一度すれ違っただけの男女の恋は、その宿命的で超俗的な意味において、理想だったともいえよう。

さらに、医学生と令嬢が出会ったのは、満開の躑躅園である。鏡花は「龍潭譚」（明治二十九年）でも、少年が山道に咲き乱れる躑躅に誘われて異界に向かう様子を描くが、深紅の躑躅は鏡花にとって「火」や「血」に通う「昂揚する生命の証しであり、横暴と禁忌と安らぎ」であり、人を「見慣れたものの彼岸」に誘うものだった。さらに躑躅の赤い蕾は「母の乳首に譬えられる[2]」という。医学生と貴族令嬢は、生命を高揚させ横暴と禁忌を喚起しながら、母のような安らぎに満ちた彼岸に誘う躑躅に囲まれて、人間社会の規範を超越した恋に捕らえられるのである。

「外科室」は、「ひと目逢っただけの男女がその後九年のあいだ〈ありえない時間〉をひたすら待ちつづけ、互いの死を代償に、生きられることのなかった欠落の時間を回復しようとする物語[3]」と評されるが、生きられることのなかった欠落の時間は、高峰が貴船伯爵夫人の胸に麻酔なしでメスを入れた瞬間に埋められる。「外科室」を映画化した坂東玉三郎は、苦痛を伴う手術を麻酔なしで行うのは「男と女の関係を表すセクシュアルな行為」[4]と語り、四方田犬彦はこの物語に、鏡花の「グロテスクにして壮絶なエロティシズム観」[5]を見ている。確かに、女体に入刀するのは男女交合の暗喩[6]であり、令嬢と医学生の九年前の恋は、この執刀の瞬間に成就したといってよいだろう。「心に一つ秘密」を持って妻、母として暮らした貴船伯爵夫人、品行謹厳にして独身を通した高峰医学士、この二人の九年間の見せかけの「生」は、「死」への越境の刹那に、その本来の「生」の輪郭を鮮やかに提示する。

また、「外科室」の作品世界には、「生」から「死」への越境と同時に、人間から植物への越境、近代から前近代への越境も隠されている。前述したように、この小説の「上」は、紳士、軍人、医師、看護婦の集う近代的な〈外科室〉が、「下」は藤と躑躅が咲き乱れる〈植物園〉が舞台となる。〈植物園〉で邂逅した令嬢と医学生は、満開の躑躅が醸し出す植物の生命力によって、人間社会の束縛を越えた原初的な生物としての恋に落ちていく。その刹那の恋は、植物の受粉の瞬間にも類似している。藤色の衣装を纏った令嬢は、植物園の藤の精と見做すことができる。そしてこの恋は、近代的空間の〈外科室〉においても、医学士のメスが刻む伯爵夫人の血汐に重なる真紅の躑躅の散華のように、人間社会の秩序と無縁に完結する。「化鳥」（明治三十年）に登場する母親は男児に「人間も、鳥獣も草木も、昆虫類も、皆形こそ変つていてもおんなじほどのものだ」と言い聞かせるが、鏡花には元来、動植物と人間を同次元に描く前近代的視点がある。

「外科室」は、恋愛の推移や結婚生活を省く「はじめと終わりだけの恋」[7]を、植物と人間の生命と愛を育む「小石川植物園」を背景として描いた小説である。ここには、「生」から「死」へ、「人間」から「植物」へ、「近代」から「前近代」という、江戸の御薬園以来の植物園にふさわしい三つの越境が存在する。「外科室」は、これらの越境によって、近代の人間中心主義に基づく婚姻制度や恋愛観を、密かに、だが鋭く糾弾した作品ともいえよう。

＊

結婚生活の些末な日常を省いた「外科室」に対して、寺田寅彦の「団栗」は、同じ小石川植物園を舞台として、近代の新婚夫婦の「生」を細やかに綴った随筆風短編である。一九〇一（明治三十四）年二月三日付の寅彦の日記に「昼より於夏を連れて植物園へ行く。（略）温室には見なれぬ花卉咲きみだれて麗はし。池の水氷りたるに石投ぐる者案外に大人なるも可笑し。団栗数多拾ふて帰る」と記されており、妻夏子との植物園散策を題材としている。

寺田寅彦は明治三十年、熊本の第五高等学校在学中の二十歳の時、十五歳の阪井夏子と結婚し、この美しい幼な妻を大変愛した。だが夏子は病弱で、明治三十二年の寅彦の俳句には既に、「妻の病に侍して一句」と前書きした「取りかゆる氷枕や明け易き」が残されている。そして明治三十三年の年末、下谷摩利支天の縁日から帰宅後、夏子は遂に血を吐き、保養の為実家の高知へ帰ることになる。その帰郷直前の二月三日、寅彦は夏子を小石川植物園に連れ出した。帰郷した夏子は、浦戸湾に臨む種崎で五月二十六日に長女貞子を生むが、貞子はすぐに寅彦の両親に引き取られる。そして夏子は、翌明治三十五年十一月十五日に死去する。

このような若夫婦の悲劇に基づく「団栗」は、「もう何年前になるか思い出せぬが日は覚えている。」という一文から始まる。その「日」が自身の記憶に刻印された特別の日であることを印象付ける冒頭である。明暗の違いはあれ、「外科室」の男女が、躑躅園での出逢いの日を九年間覚えていたと同様の心理であろう。その「日」とは、十二月二十六日で、妻が「下女」を連れ摩利支天の縁日に行った日である。妻は十時過ぎに帰ってきて、おみやげの菓子を「余のノートを読んでいる机の隅へのせて便所へ」行き、また机のそばへ座ると同時に突然血を吐く。その時「余の顔に全く血の気のなくなったのを見て」妻は一層気をおとす。「金鍔と焼栗をお土産に買い、夫の勉強の邪魔をしないようにそっと机の上にのせる」という可憐な行為直後の若妻の喀血は、衝撃的である。また、妻の喀血で蒼くなった夫に妻がさらに落ち込むという一節には、この夫婦の日頃の睦まじさが読み取れる。

喀血後、縁日に同行した下女は病気の伝染を怖がり暇をとるが、その後に来た美代は気立てがよく、献身的に妻の看病に努め、若夫婦の慣れない正月準備も手伝う。年が明け十九の大厄となり初産もひかえている妻は、時々愚痴を言って「余」と美代を困らせながらも、次第に元気になる。縁側の日向で折鶴を折ったり、人形の着物を縫ったり、三味線で「黒髪」を弾いたり、枯木に梅の作り花をくるいたずらもする。そして二月の十何日、風のない暖かい日に、「余」は妻を小石川植物園に誘う。久しぶりの夫との外出に驚喜した妻は、丁寧に髪を結い直す。待ちくたびれた「余」は先に家を出てしまうが、引き返すと、「あんまりだ、一人でどこへでもいらっしゃい」と妻が泣き伏している光景を目撃する。

このように、作中には、病んだ若妻のいじらしさと幼さを印象付ける描写が散見される。

夫婦は植物園の門に入ると「真直《まっす》ぐに広いたらたら坂を上って」左に折れ、温室に向かう。温室の「廻廊《かいろう》にはところどころ赤い花が咲いて、その中からのんきそうな人の顔もあちこちに見える」。少し気分が悪くなった妻は先に温室から出て、遥か向こうの東屋のベンチに凭れ、笑いながら「余」を待っている。

池の方に行ってみると、小島の東屋で三十くらいの品のいい細君が、海軍服の男の児と小さい女の児を遊ばせている。男児は、小石を凍った池の上にすべらせて快い音を立てている。身重の妻は「あんな女の児が欲しいわねえ」と「いつにない事をいう」。

その後出口へ向かい崖下を歩いている時、妻が「おや、団栗が、」と不意に大きな声を出し、道脇の落葉の中へ入って行く。そしてそこへしゃがんで熱心に団栗を拾い始める。「妻は帯の間からハンケチを取り出して膝の上へ拡げ」団栗を集め、なかなか止めそうもない。「余」が「そんなに拾って、どうしようと云うのだ」と聞くと、ただ笑いながら「だって拾うのが面白いじゃありませんか」と答える。

ハンケチに一杯拾って包んで大事そうに縛っているから、もうよすかと思うと、今度は「あなたのハンケチも貸して頂戴」という。とうとう余のハンケチにも何合《ごう》かの団栗を充たして「もうよしてよ、帰りましょう」とどこまでもいい気な事をいう。

繰り返し描かれてきた若妻の初々しさが、最も鮮やかに活写された場面である。胎内に新しい命を育みながら幼子のように嬉々として団栗拾いに熱中する病妻の無邪気な明るさは、彼女の命の儚さと相俟って、哀切な「生」の美を醸しだす。

そして、この印象的な場面は一気に、「団栗を拾って喜んだ妻も今はない」という、妻の死から五年後の時間に繋げられる。妻を同行したと同じ二月、「余」は、あけて六つになる忘れ形見の「みつ坊」を連れ「植物園へ遊びに来て、彼女に団栗を拾わせる。「みつ坊」は非常に面白がり、拾った団栗を「余の帽子の中へひろげたハンケチへ投げ込む」。団栗が増えるにつれ「みつ坊」の頬は赤くなり、嬉しそうな、溶けそうな表情になる。その顔には母の面影がチラリとのぞいて、「余」のうすれかかった昔の記憶を呼び返す。

寺田寅彦は、妻夏子が闘病中の明治三十四年の秋に自身も喀血し、大学を一年間休学して高知の洲崎で療養した。その時に書いたと思われる「断片十二」（明治三十五年）には、「若き妻肺を病みて衰え行く中に春を迎えて余寒冷めやらぬ植物園に遊べり。妻はしばし病を忘れて常磐の木立に団栗を拾いぬ。年経て後この可憐の妻が忘れ形見なるちごの手を引きて再びここに遊びつつ無心の小児と昔ながらの木の実拾いぬ」と記されている。短編「団栗」の原型をなす文章だが、「みつ坊」のモデルである寅彦の長女貞子は、植物園で父と団栗を拾った体験はないと語っている。

寅彦は、病妻が無心に団栗を拾う忘れがたい姿をより鮮明に印象付けるため、妻の忘れ形見に再び団栗を拾わせる「繰り返しの場面」(8)を幻視した。この幻の「ちご」の団栗拾いによって、若夫婦とその遺児の薄幸の「生」には、命の循環を繰り返す植物の「生」に類似した救いが齎される。このような小説「団栗」もまた、植物と人間の命と愛を育む小石川植物園という空間にこそ相応しい物語といえるだろう。「死」に囚われた若妻が、団栗拾いという行為によって「生」の歓びを取り戻し、さらに彼女の「死」が、亡母と同様夢中で団栗拾いに興ずる「みつ坊」の「生」を輝かせる。この作品構造には、「生」から「死」へ、また「死」から「生」への越境によって、夫婦と遺児の「生」の本質を見つめようとする寅彦の、人間と植物の命を総合的に考察する科学者としての鋭い視点が窺われる。

＊

「死」への越境によってありえない九年越しの恋という「生」を完成させた「外科室」と、妻の「死」によって自らと遺児との「生」を凝視した「団栗」は、ともに、明治の婚姻制度下の、恋人と夫婦を描いていた。それに対し、中島京子の「植物園の鰐」は、平成時代を生きる恋人と夫婦の、複雑な愛憎を描いた作品である。

「植物園の鰐」は、主人公のタミコが、「鰐に逢える」という噂を聞きつけ植物園に行くところから始まる。タミコは「追い詰められ」「切羽詰って」植物園をめざすのだが、何故それほど急いているかの理由は、冒頭では明かされない。「ただ、最寄の地下鉄駅まで夢中で出かけて行き、行き当たりばったり人に道案内を頼んで、闇雲にたどり着こうと」している。

作中には、タミコと関わる三人の男が登場する。まず、タミコに植物園の場所を教える背の低い老人が現れる。彼は、「駅前から続く大通りを左に折れて桜並木をまっすぐ下がる」という言葉を聞くとすぐに駆け出そうとするタミコのコートの裾を引っ張り、切符の買い方から植物園の由来まで説明し、タミコを度々引き止める。そして植物園に入った後の道順や、入り口に誇らしげに聳える「精子発見の銀杏」が、実は「精霊発見の銀杏」で、「訪れる人はその銀杏の精と対話できる」という不可解な言葉を告げる。

この奇妙な案内人によって、異次元の〈植物園〉に紛れ込んだタミコは、風の音だけがする師走の植物園で、銀杏の精に扮した若い大道芸人と対話する。その大道芸人は、タミコに「最初に植物園に来た日、足元に帽子を置いて銀杏の木になっていると、弟を亡くしたばかりの八歳位の女の子が話しかけてきた。その子は、死んだ弟が木や花や動物と話せたこと、自分は話せなかったこと、でも今日ここで木の精に会えたから弟のことを信じてやっていてよかったことを告げ、〈ウサギのしっぽみたいなもんがくっついたキーホルダー〉を弟に渡してほしいと言って去っていった」と語る。タミコはそんな不思議な大道芸人に、「私は鰐に会うために植物園に来た。鰐がどこにいるか教えてくれ」と尋ねると、彼は、「温室にいると聞いたことがある。薬草園の白衣の男の人に尋ねるといい」と伝える。

タミコは坂道を上り、芥川と名乗る白衣の男に会い鰐の居場所を聞くが、男は「命を創るとは、不老長寿のことです。年をとらず、長生きをする。できるだけ長く、健康体で生きる。」という話をして唐突にタミコの脈を取り、「あなたは心身が弱っているので漢方薬を飲みなさい」と忠告する。

白衣の男からも熱帯植物園の在り処を聞き出せなかったタミコは、案内図をにらみながらひと気のない園内を歩き廻り、最後に車椅子に女性を乗せた中年男に出会う。

タミコの案内図を手に取った中年男は、「いまは咲いていませんけれどもツツジの低い灌木の間を行けば、温室がありますよかったらごいっしょしましょうか」と答える。男は車椅子を押しているにも拘らず、急坂を乱暴に下るので、とうとう車椅子の上の女性の頭が取れて、池の傍まで落ちていく。中年男が車椅子に乗せていたのは、女の人形だったのである。男は「帽子が脱げて髪が乱れ、ぱっちりした大きな目が開いたままになっている人形の頭を見つめ「いつだってこうだ。だいじなときになるとね。私を裏切るんですよ。意表をつく裏切り方をする。尋常ではない復讐をする。なんだって首が抜けますかね。それもあなたみたいな人が見ているときに。そこが嫌なんだ。そこが困るんだ。いつだってひどい目に遭わされるのはこっちなんだ。いいかげんにしてもらいたいですよ」という謎の言葉をまくしたてる。男の代わりに首を拾いに行ったタミコは、「人形特有の薄ら笑いを浮かべているのがひどく痛々しく見えて」、思わず涙を流す。だが、この涙は、タミコが中年男の言葉に「いつだって君は僕を裏切るんだ。だいじなときになるとね。どうして君はそんなふうに僕をひどい目に遭わせて平気なんだろう」という、五年間同棲した「鰐」の言葉を重ね合わせて、流したものでもあったのである。

「妻」に見立てた人形を車椅子に乗せていた中年男は、さらに、「妻が死んだのは医療過誤ですよ。執刀医は高峰という男です。私は後から知ったんだ。その男と妻が通じていたのをね。こうなるとほんとうに医療過誤なのかどうかさえ、疑わしいじゃないですか。あの男が妻を殺したんじゃないのかと、疑いたくなるじゃないですか」と語る。それを聞いたタミコは「鰐との五年があまりに長かったから、何度か他の男と関係を持ち、その度に鰐は荒れて涙を流したので、鰐のもとへ戻った」自身の過去を振り返る。中年男はさらに、次のように話し続ける。

「妻が高峰に出会ったのは、この植物園だったそうです。だからねえ、お嬢さん、私はあの日以来ここに妻を連れて来るんです。だいいち、高峰に会った日だって私らはいっしょに来たんです。そこをね。妻はね。どうやると浮気なんてものができるかね。（略）だけど裁判やらなにやらやったって、長くかかるし辛いだけでしょう。だから訴えたりしませんでした。（略）けれど、私の気持ちはどこへも、行き場がありません。だからついこうして来てしまうのに、いつだって意表をつく裏切り方をする。今日だってそうじゃありませんか。首がもげたりして。なんのためですか。私は悲しい。そして悔しいです」

こういう男の話を聞きながらもタミコは「裏切っていたのはタミコだったのか、鰐だったのか、訊いてみようにも、もう鰐がいない」と、自分が他の男と会ったのを知った後で事故で死んでしまった鰐のことを考えている。

中年男は最後に「でももう小石川植物園に来るのはよそうと思う。首がとれたんじゃ、しょうがない」と言って、熱帯植物園に鰐が来ていることを教えて去っていく。

温室に入ったタミコは、大理石で造られた丸い池に、悠然と白い鰐が横たわっているのを見出す。そして作品の最後で、タミコが探していた「鰐」の正体が明らかにされる。

それはたしかに一匹の鰐だった。すなわちタミコの探していた鰐ではなかったのである。けれどもタミコは鰐の傍に寄らずにはいられなかった。近づいてよく見ると、白い鰐はつぶらな瞳に涙を浮かべていた。タミコはそこから動かなかった。「鰐の涙」は見せかけだけで、ほんとは悲しくなんかない、ただの嘘っぱちなんだと教えてくれたのは、仲間うちで鰐と呼ばれた男だった。

文脈の中で、すでに〈鰐〉がタミコの恋人の渾名であることは匂わされているが、結末に「鰐と呼ばれた男」と明言されることで、読者は、この小説の「異種交流譚風の幻想から現実へと」一気に引き戻される。「植物園の白い鰐は、かくして関係の断絶のメタファーとなる。(9)」とも評されている。

車椅子を押す中年男とタミコが出会う作品の後半部は、明らかに鏡花の「外科室」のパロディとなっている。中年男が温室の在り処をツツジ園のそばと指摘したこと、彼の妻が医療過誤で死んだこと、その執刀医は高峰という男で妻と密通していたこと、だから妻が死んだのも本当は高峰に殺されたのではないかと疑われること、妻が高峰に出会ったのは植物園だったこと、これらの設定は、植物園での一瞬の出会いを異次元のプラトニックラブにまで高めた「外科室」の高峰医学士と伯爵夫人の純愛を、一挙に俗悪な日常的不倫に失墜させる。またタミコの「鰐との五年があまりに長かったから、何度か他の男と関係を持った」という述懐も、高峰と伯爵夫人の「九年間をひたすら待ち続ける」「外科室」の観念的時間を諷するものといえよう。

さらに、中年男の妻が最初に植物園に来た時、夫の中年男と一緒だったという記述には、寺田寺彦の

「団栗」の影響も垣間見られる。だが、夫婦でやってきた小石川植物園で、「団栗」に描かれた明治の若夫婦が束の間の至福の時を過ごしたのに対して、「植物園の鰐」に記された平成の中年夫婦は、妻の不倫の発端に出会ってしまうのである。また、恋人〈鰐〉へのタミコの度重なる裏切りと〈鰐〉の死後のタミコの想いにも、「団栗」の若夫婦の悲劇と別次元の、現代の恋人たちの愛の悲劇が語られている。

温室の池で見世物にされている白い鰐は、白衣で親族の目にさらされ〈外科室〉に横たわっていた貴船伯爵夫人を髣髴させる。最期の瞬間に、一人娘や夫も顧みず、自らの「死」によって高峰医学士の「生」まで飲み込んでしまう伯爵夫人は、人間を丸ごと飲み込むドストエフスキーの「鰐」[10]にも通う、美しい妖怪でもあった。さらにその白い鰐の目に浮かんでいた涙は、「純潔な白衣」に包まれ「生」を越境して「死」を選んだ伯爵夫人の純愛の美が消滅し、鰐のような奇怪な姿でしか愛を体現できない現代社会の悲しみもシンボライズしている。

亡妻を擬した人形を車椅子に乗せ、妻の不倫のきっかけとなった小石川植物園を度々訪れて亡妻を偲ぶ中年男は、「外科室」で夫人の身勝手な「死」に取り残された貴船伯爵と、夭折した愛妻の面影に縛られた「団栗」の「余」を融合する人物といってよいだろう。また、銀杏の精に扮した大道芸人に、死んだ弟の形見を託した八歳の少女にも、貴船伯爵夫人の一人娘と、母と同じ笑顔で団栗を拾った幼な妻の遺児を重ね合わすことが出来る。「外科室」の貴船伯爵は、夫人の死後の言葉を封じられているが、その心中には、まさに「気持ちの行き場のないおもい」があり、「意表をつく」夫人の裏切りは、その後の彼に、夫人の形代としての人形をつくらせ小石川植物園を徘徊させるほど強烈なものだったろう。

一方、「団栗」の「余」も、まさしく愛妻の面影を継ぐ〈生き人形〉である「みつ坊」を、小石川植物園に同伴している。そして八歳の貴船伯爵夫人の遺児は、躑躅園で藤の精のような恋に落ちた亡母を「植物と話せる人」と見ていたかもしれない。さらに、「団栗」に描かれた愛妻の忘れ形見の「みつ坊」は、植物の循環の「生」を体現する存在である。

「植物園の鰐」は、植物と人間の命を育む小石川植物園を舞台として「生」と「死」の越境を描き、恋人と夫婦の純愛を美しく形象化した「外科室」と「団栗」の世界を踏まえながら、その純愛が既に失われたものであることを、巧みに寓話化した短編である。

鰐の涙は見せかけだけでほんとは悲しくなんかない、ほんとは嘘っぱちなんだ。

こう語って死んでしまった恋人〈鰐〉の本当の涙を追い求めるあまり、風の音だけのする師走の小石川植物園に夢中で出かけ、園内を必死で走り回るタミコは、実は恋人〈鰐〉を、何度も裏切りつつ深く愛していたことが想像できる。そして、首がもげた妻の人形を抱え、「小石川植物園にはもう来ません」と去っていった中年男も、やはり不貞な妻を憎みつつ、彼女に強く傾倒していたと考えられよう。現代の愛の悲劇は、愛を希求しつつ自らの愛を信じられない恐怖から生じるのである。「植物園の鰐」は、そんな現代の愛の二律背反を、明治の純愛小説「外科室」と「団栗」を下敷きとして著した作品である。

タミコが〈植物園〉で二番目に出会った芥川という薬草園の職員[11]は、タミコの心身の衰弱を指摘し、薬草の効用を不老長寿だと説いている。三十五歳で自裁した作家と同じ名を持つ職員が告げる〈不老長寿〉は、「外科室」と「団栗」が、「死」への越境によって愛を獲得する「生」を描いたことへの逆説ともいえる。この逆説こそ、命と愛を育む小石川植物園を背景に、中島京子が創りたかった現代の愛の姿なのである。

注

(1)『明治大正文学全集　第十二巻　泉鏡花篇』小解、春陽堂、昭和三年九月。
(2) 菅原孝雄『泉鏡花と花―かくされた花の秘密』沖積舎、平成十九年一月。
(3) 松村友視「時間の物語」『国文学　解釈と教材の研究』平成三年八月号、學燈社。
(4)「郡司正勝との対談」(『国文学　解釈と教材の研究』平成三年八月号、學燈社。
(5)『明治の文学　第八巻　泉鏡花』解説、筑摩書房、二〇〇一年六月。
(6) 泉鏡花が影響を受けたといわれる幕末の浮世絵師月岡芳年は「英名二十八衆句」の〈古手屋八郎兵衛〉で、墓石の上で男が女の首に刀を突き刺す姿を描き、男女交合を暗示している。
(7) 蜂飼耳『別冊　太陽』二〇一一年三月二十二日。
(8) 千葉俊二「方法としてのアナロジー」『寺田寅彦セレクションⅠ』解説、講談社文芸文庫、二〇一六年二月。
(9) 榎本正樹『東京観光』解説、集英社文庫、二〇一四年八月。
(10) ドストエフスキー著「鰐」(一八六五年)は、鰐に飲み込まれた紳士が、鰐の腹の中から人々に説教し続ける寓話小説。この小説では、見世物の鰐に飲み込まれた主人公を「死」から救うため、「友人」がペテルブルクを走り回る。タミコが小説の冒頭で、植物園めがけてひたすら急ぐ姿は、ドストエフスキーの「鰐」の「友人」の姿と重ねられる。つまり〈鰐〉と綽名された恋人が、完全に「死」に取り込まれない前に、一刻も早く、〈鰐〉の体内に隠されていた元恋人の本当の「生」を一目見たいという心理である。

(11) 江戸時代、御薬園の西北側は、芥川小野寺元風という人物が管理していた。

カズオ・イシグロの越境
『忘れられた巨人』
——よみがえる記憶

北田《きただ》 敬子《けいこ》
元本学教授。英文学。
著作「小説に現れる心」(『ことばのスペクトル こころ』東洋学園大学、二〇〇八年)、「ケイの Enlish Show-room」(『英語世界の現場から』メルマガ 2007〜2018連載)

はじめに

二〇一七年にノーベル文学賞を受賞したカズオ・イシグロは、寡作なことで知られている。僅か七作の長編小説のうち第三作目の『日の名残り』(一九八九年)と、『私を離さないで』(二〇〇五年)はとりわけ人気が高い。五十ヶ国語にも翻訳され多くの国々に読者を持つイシグロは、常に新作の発表を待たれている。しかしながら、いわば満を持して放たれたはずの長編小説『忘れられた巨人』(二〇一五年)の評価は未だに定まらない。それは何故なのだろうか。

カズオ・イシグロはしばしば「記憶」を主題にする。『忘れられた巨人』で物語られるのは、記憶を奪われた人間たちと奇怪な生き物たちのうごめく世界である。舞台は五世紀頃のブリテン島。個人にとって、集団にとって記憶とはどのようなものか、失われた記憶が蘇ったら何が起こるのか、読者は霧深い荒れ地に引きずり込まれて登場人物の行方を追うことになる。本稿ではカズオ・イシグロが時空を超えて描く、特異な舞台設定の中に現れる記憶の正体を探ってみたいと思う。

ジャンルを超えて

『忘れられた巨人』で読者が辿るのは、竜の吐く息に人々の意識が攪乱され、忘却をもって戦の記憶が眠らされている風土である。竜を退治して記憶を取り戻すことが正義なのか、それともできる限り竜の命を長らえさせて束の間訪れた平和を維持すべきなのか――サクソン人の戦士ウィスタンとブリトン人の騎士にしてアーサー王の甥ガウェインが一騎打ちする岩山での「頂上決戦」に人々の運命が委ねられるという、気宇壮大ながらその一方いささか荒唐無稽な物語がここにある。

『忘れられた巨人』（原題は *The Buried Giant* すなわち「埋められた巨人」）は当惑と混乱をもって読者に迎えられてきた。そもそも現代作家が妖精や悪鬼、そして竜などという「想像上の生き物」を前面に出す小説を書くとしたら、それにはファンタジーというレッテルが貼られる。もちろん現代人はファンタジーが嫌いではない。例えばトールキンの『指輪物語』が愛読され、ピーター・ジャクソン監督によるその映画版に熱狂する人々が多いのは言うまでもない。読者・観客が「ありえない事柄」を好むことは大いにあり得る。だが、カズオ・イシグロが「『忘れられた巨人』を読者は単なるファンタジーと見做すのだろうか」と発言したことで、「ファンタジーへの冒瀆だ」と（ファンタジー）作家ル・グウィンの反感を買うこととなり、この作品発表直後にジャンル論争が巻き起こった。

空想科学小説（ＳＦ）的設定の方がまだ受け入れやすいかもしれない。カズオ・イシグロの『私を離さないで』は、臓器提供を前提として産み出されたクローンたちの青春譚であることが、哀切な感情を読者の胸に引き起こし、戦慄すべき状況の切実さを孕む故に、長く広く読まれ続けている。映画化され、舞台で上演され、日本ではＴＶドラマにもなった。若者たちのみずみずしい感性が作中に充溢し、限られた時間の命を生きるという痛ましさのなかにも、使命を全うする人々の凛とした気概が漲る。フレッシュな果実のようなこの作品を味わった後で登場したアクセルとベアトリスという老夫婦の物語に、読者がある種の不満や幻滅を抱かなかったとは言えまい。

一作毎に舞台もスタイルも時代背景も変えていくカズオ・イシグロが『忘れられた巨人』で表現するのは、見かけのジャンルに読者が拘泥する限り感得し得ないものであろう。確かにこれはリアリティー（本当らしさ）を大原則とするような小説（ノベル）には見えない。だが、超常現象も排除しないロマンスと呼ばれる作品は、イギリスに小説が生まれて以来綿々と書き継がれてきた。例えば、メアリー・シェリーによる『フランケン・シュタイン』（一八一八年）はどうだろう。これは孤独な怪物の物語という側面だけではなく、人造人間を創り出してしまった博士の苦悩の物語としても普遍性を持つ。十九世紀初頭に書かれたゴシックロマンスと現代小説を対比させるのは無謀に見えるだろうか。しかし『私を離さないで』にはこれとよく似た要素がある。造り出された命は誰のものか、造られた命に備わる「心」をどう捉えたらよいのか。生命と心を描く状況を創り出すことにおいて、既にイシグロには通常のリアリティーだけに固執する小説と距離を置く姿勢があった。

さらに重要なことは、「アーサー王伝説」という、いわばイギリスに留まらないヨーロッパにおける物語の聖域（誰もが知っていて、繰り返し創作の源泉とされてきた説話）を素材にするとなると、一筋縄ではいかない。いわば伝統の本陣に分け入って、新たな物語を紡ぎ出そうというのであるから、大胆不敵と言うべきか怖いもの知らずというべきか。竜ばかりでなくガウェイン登場とあっては、読み手の側も身構えるし眉に唾を付けざるを得ない。

雌竜クエリグの秘密

いかにも、カズオ・イシグロは竜征伐の物語を書いた。先ずはその竜の尻尾を摑んでおくことにしよう。

物語の第一のクライマックスは雌竜退治の場面に極まる。もっと正確に言うと、竜は誰の手に落ちるべきかを決する人間同士――民族同士の対決が先行する。それまで苦難を乗り越え、手を差し延べ合いながら旅路を超えてきた主要な登場人物たち、アクセルとベアトリス夫妻、戦士ウィスタンとエドウィン少年、そして騎士ガウェインがうち揃っていよいよ竜を目の当たりにすることとなる。竜を前にした「旅の仲間」が究極の選択を迫られ、それまで曖昧だった立場を鮮明にする場面でもある。

その竜はクエリグと呼ばれている。アーサー王の治世以前からこの地に住んでおり、往時は凶暴で強大だった。魔術師マーリンが大魔法をその息に乗せることで竜の吐く息は霧となって国土を覆い、人間たちの記憶を眠らせることとなった。竜と対決したアーサー王の四人の騎士たちのうち二人が殺害されたものの、かろうじて生き延びたブリトン人の騎士ガウェインは王の死後も竜退治の命令を胸に、今はクエリグの守護者を自認し、また自称唯一の友として、老いさらばえた竜を見守り続けている。クエリグは険しい山中の穴の中に身を横たえ、近くの僧院の修道士たちが運ぶ生餌を食べて露命をつないでいる。

「竜」と聞けば、ファンタジーの読者は天駆ける火を噴く恐竜のような勇壮な姿を想像するだろう。あるいは全身を鱗に覆われた眼光鋭い大蛇のイメージを思い描くかもしれない。しかし『忘れられた巨人』の背景で忘却の霧を発し続けるクエリグは誠に哀れな老体を晒している。ガウェインに導かれ、巣穴の中をのぞいた戦士ウェスタンとアクセル、ベアトリス夫妻が目にするのは次のような有様の怪獣である。

痩せ衰えているせいか、まるで蚯蚓によく似た水生爬虫類だ。それが何かの拍子に誤って陸上に這い上がり、そのまま脱水症状を起こしつつあるところに見えた。本来、脂ぎった青銅色に近いはずの皮膚が、今はある種の魚の腹を思わせる黄ばんだ白色になっている。翼の名残は垂れ下がる皮膚の襞と化し、不注意な観察者には左右両側に堆積した枯葉と見えたかもしれない。頭が灰色の砂利の上に投げ出されていて、アクセルの位置からは片目だけが見えた。亀のそれによく似た瞼が、何かの体内リズムに合わせて気怠そうに開いたり閉じたりしていた。クエリグがまだ生きていること

を示す証拠は、この瞼の開閉と、背骨沿いに見られるかすかな上下運動しかなかった。（『忘れられた巨人』四二八頁）

これは竜と言うより、まるで竜のパロディーではなかろうか。正直なベアトリスはあっけにとられて「これがあの雌竜なの？」と思わず漏らす。しかし老いたるとはいえ、息をしている限りマーリンの魔法は消えないとアクセルは妻に諭す。正義のための竜退治はファンタジーの定石である。しかしクエリグにかけられた魔術で人の記憶を奪って当面の平和を維持することが正しいのか、それとも魔術の根底を断ち切って人間を迷妄から目覚めさせるのが正義か。アーサー王の名代で忘却による和平戦略を維持しようとするブリトン人の騎士ガウェインと、サクソン人の王ブレヌスの命令によってかりそめの平和を打破し、民族の覇権を目指す戦士ウェスタンの対決は避けられない。

すなわち竜の運命を決するためには先ず、老騎士ガウェイン（ブリトン人）と練達の戦士ウィスタン（サクソン人）の一騎打ちが果たされなくてはならない。かくて、敗れた方の遺体の始末、残される軍馬の世話に至るまで取り決めた上で両者剣を交える。この決戦は妥協無く騒々しさもなく、武者同士による緊迫の瞬間として表現される。既に老体のガウェインと息子ほどに若いウェスタンでは、技量に優劣がないとしても体力の差は歴然としている。おまけに竜の最期を見届けたいアクセルとベアトリスは、民族の違いを超えてウェスタンの側につく。

アーサー王物語に登場する騎士ガウェインは（多くの場合）高潔で武勇に優れた若武者である。その伝説の人物を登場させ、サクソン人に倒される物語を書くのは、イギリス文学の伝統に対する挑戦と言えないだろうか。カズオ・イシグロがファンタジーの装いをまとってブリテン島における対立の根源に迫ることをどう捉えたらよいであろう。ある意味で老いた騎士ガウェインは、アーサー王物語のパロディーであり小説全体に対するパロディーでもある。騎士ガウェインはブリテン島のドン・キホーテ、軍馬ホレスはイングランドのロシナンテ、「雌竜」という宿敵は探求（クウェスト）ものの捻じれた象徴のように見える。

老騎士ガウェインを倒した戦士ウィスタンが瀕死のクエリグを成敗するのは剣の一振りで足りる。竜亡き後、忘却の霧が晴れたら「来るべき征服」への道が開かれ、サクソン人の容赦ない復讐劇がブリテン島全土に繰り広げられることが予測される。先住民族であったブリトン人（ケルト系民族）が辺境へ追いやられる戦の始まりである。その実際は歴史書に譲るとして、カズオ・イシグロの小説が描くのは、記憶の奪還による人間の心の変化である。本当のクライマックスは、竜退治の後にくる。我々が見届けなくてはならないのは、剣に依る血飛沫よりも人の心に刻まれる傷の方ではなかろうか。

更に明記すべきは、かつてアクセルが老騎士ガウェインと並ぶアーサー王配下の有能な武将であったこと、さらに戦ののちにブリトン人とサクソン人の混じる村で、戦士ウィスタンが少年の頃憧れた有徳の武人として記憶する人物でもあったらしいことである。狭い世界なのではあろう。だが、人と人との邂逅をミステリーの軸にして『忘れられた巨人』は展開する。竜をめぐるファンタジーと人をめぐるミステリーがこの作品に奥行きを与えている。

消えた息子を探して

この物語全編に漂う曖昧模糊とした、霧の中を手探りで彷徨っているような雰囲気は登場人物のぼんやりした意識の状態と重なり、明快な筋を追うことにはしばしば困難が生じる。アクセルとベアトリスは生き別れた息子に会うためにブリトン人集落を旅立ったにもかかわらず、その決して長からぬ道行はジグザグの行程を辿る。川を下れと忠告されて渡し守に籠舟を提供されても、途中で怪しげな小舟に老婆がうずくまっているのに遭遇したアクセルはつい義侠心を起こして救いの手を差し延べようとする。ところがそれは邪悪な妖精ピクシーたちの罠であり、危うくベアトリスを奪われかける。真っ直ぐに進めないこと自体が体力も判断力も鈍った老人の宿命であろうか。そもそもこの旅路に何の「地図」らしき指標もないことが不穏な雲行きの根源をなしている。

アクセルとベアトリス夫婦に本当に息子はいるのか。これは最初から最後まで謎のままである。ある時は夫婦の諍いの場から憤然と「もう戻らない」と宣言して立ち去ったことになっており、別の場面では両親の訪れを待ち望んでいるようにも見える。しかし、終盤に差し掛かると老夫婦が目指しているのは息子が行ったらしい小島ということになってくる。雌竜クエリグの吐息のせいで立ち込める霧に記憶を奪われたからなのか、実際のところは不明瞭である。しかし、幾度か彼ら夫婦は別の親子の探求談に出会う。失われた父、奪われた母、行方不明の両親など、断ち切られた肉親の絆の断片がそこここにある。それらは全て戦のもたらした災禍のようである。

アクセルとベアトリス夫婦が旅の途上最初に立ち寄ったサクソン人の村で、夜半に鬼の襲撃騒動が持ち上がり、たまたま村に滞在していた戦士ウィスタンが拉致された少年の奪還に成功したのがウィスタンとエドウィン少年の出会いとなった。エドウィンが怪獣に体側を噛まれた痕を残して連れ戻されると、村人たちはその傷がやがて村に災厄をもたらすに違いないと妄信し、エドウィンを殺す算段を始める。エドウィンはこの村で叔母に養われていた。実の母がブリトン人の兵士と思しき男たちに連れ去られてしまったからである。当時エドウィンは余りに幼く母を救う術を持たなかった。だが彼は意識の奥底で助けを乞う母の声に耳をひそめ、時に魂を奪われたように母に問いかけては進むべき道を探っている。

エドウィンを住民の迷妄から救い出そうというウィスタンの策略は、当初アクセルとベアトリス夫婦に彼を託すことだった。後に明らかになる通り、ウィスタン自身もかつて母を戦の混乱の中に奪われ、身寄り無くブリトン人集団の中に組み入れられて育った。旅の途上次第にウィスタンはエドウィンに戦士の素質を認め、少年から青年へと脱皮しかけている彼を戦士として鍛え始める。礼節を保ちながらも、非情の世界に憎しみと復讐のみを行動原理とする戦の作法の伝授が行われる。道中はエドウィンがウィスタンに完全に傾倒するまでの行程でもある。

ウィスタンには追手が迫っている。サクソン人戦士が竜を求めて旅しているらしいとの情報がブリトン人領主の耳に届き、竜を戦に取り込もうとたくらんでいる側にとってこの戦士は厄介な存在である。四人がとある橋に差し掛かった時ブリトン人の兵士が検閲のために立ちはだかる。一行はアクセルとベアトリスを先に立て、ウィスタンは口の利けない白痴、エドウィンは無骨なその弟という役割を演じる。

結果的にここで出会ったブリトン人兵士は決闘の末、ウィスタンに殺される。だが、一旦検閲を通過する際この兵士はベアトリクスたちに、自分にもどこかに別れた親がいる。もしかすると二人は自分を探しているかもしれない。旅の途中でそんな老人に出会うことがあったら息子が待っていると伝えてほしいと彼は言い、ベアトリスの共感を得る。情にほだされる妻の様子を見てアクセルは好ましくもあり危うさも感じ、己の複雑な心境を自覚し始める。生き別れること、再会を願う心、蹴散らされた肉親の情愛は戦場には無用の感情と切り捨てられる。しかし、人がそのような柔らかな気持ちを忘れかねていることをこの物語は随所にちりばめている。

竜の吐く息が人の記憶を消す霧となって蔓延するこの地に、あえかな瞬間の思い出の断片を頼りにして、いるともいないとも知れない息子を探す旅に出た老夫婦。だが息子の思い出は余りにも頼りない。アクセルはぼんやりと幼い息子と並んで歩いたことを思い出す。それ以上の具体的な会話もエピソードもない。ベアトリスの心の中では息子はすでに成人し丈高く、頼りになる青年である。そんな不確かな記憶しかない親たちには息子に出会ったとしてもそれが本当に自分たちの息子であると確かめることが可能なのかどうか。また、息子の住む村で一緒に暮らしたいと何度か口にする夫婦であるが、息子がそれを望むのかどうかも分からない。親の側の思い込みと根拠のない願望、その拠って立つ基盤の危うさが二人の旅をますます不可解なものにする。だが、「生き別れた親子」の話は終わらない。

騎士ガウェインが、若い頃心を奪われた女性の一人は、敵に母親と姉妹を凌辱され、復讐の念に燃えていた。彼は自分の軍馬にこの娘を乗せ、戦場に赴いて娘の肉親を略奪した男を探し出して殺し、彼女が思うさまその男の遺体に刃を立てるのを痛ましく傍観する。余りにも残忍な復讐の場面である。復讐の根底には親子の絆を断つ戦の暴力性が横たわる。これはブリトン人とサクソン人に限ったことではなかろう。あらゆる戦に共通の不条理を突き詰めると行き着く憎しみの情――怨念と怨嗟。このような激情を表出させる舞台としてカズオ・イシグロの選んだ舞台が霧に煙るブリテン島だったとしたら。それは戦争の実相をぼやかすための装置なのか、それとも戦争をより普遍的な見地から観察する仕掛けなのか。少なくとも意図的に選ばれた「戦場」を読者が目の当たりにしていることだけは確実だ。

さらに、子どもらが放置されている場面も重要な役割を果たす。城塞であった僧院や、膨大な遺骨の撒かれた地下通路、獰猛な獣の襲撃を騎士ガウェインの助けで逃れ、川から湧き出たピクシーたちの魔の手をほうほうの体で振り払い、びしょ濡れになった夫婦が辿り着く山辺の一軒家。そこでは年端も行かぬ少女が幼い弟妹の面倒を見ながら、悪鬼や竜と戦おうとしている。

全体、この物語に登場するオーグルと呼ばれる「悪鬼」は日本語のそれとは明らかに異なる架空の生命体と考えざるを得ない。角がある大男ではなく、むしろ狼と牛馬を掛け合わせたようで爬虫類の属性も持つ、ぬめぬめした陰湿な生き物と言えばよいだろうか。大きさも家畜程度。この一軒家では雌竜に打撃を与えることを目的に、毒性のある草を食べさせた山羊が飼育されている。子どもらだけの知恵であろうはずもなく、土地の怪しげな知者が山羊を毒物に仕立てるよう告げたことになっている。両親は忘却の霧の犠牲となって彼らを放置したまま消えた。親を取り戻すには霧を晴らすしかない。そこで子どもらは教えられた通り、二頭の山羊に毒草を与え機会をうかがっていた。ところが竜に与える前に毒を食んだ山羊の一頭は悪鬼に食われた。悪鬼が溝の中で緩やかな死を迎えようとしているところにアクセルとベアトリスが通りかかったという次第である。少女の願いは夫婦に残ったもう一頭の山羊を竜の穴まで連れて行って餌として置いて来て欲しいというものである。

ところでアクセルとベアトリスの息子には最初から最後まで名前がない。ただ「息子」と呼ばれるだけである。そういう意味では『忘れられた巨人』は雲をつかむような寄る辺の無い、実に不可思議な物語である。戦士とその弟子、騎士、軍馬、兵士、僧院、無知蒙昧な村人たち、荒れ地に出没する黒衣の未亡人たち、兎を殺す老婆、孤児たち、水辺の渡し守など、寓意性を推し量ればくっきりと色分けできる登場人物たちには事欠かない。だが、それほど平板な物語でないことは明白である。問題はファンタジーの魔法ではなかろう。魔法がとけた後に到来の予告されている、恐るべき戦の時代こそが霧の彼方に掘り返される「巨人」のもたらすものではないだろうか。それに蓋をしていた「記憶喪失」は一ジャンルに閉じ込めておくには手に余る難題である。

ブリトン人とサクソン人

『忘れられた巨人』はブリテン島におけるブリトン人とサクソン人の対立抗争を基本的な枠組みにしている。ブリテン島の先住民族を、侵入してきた後続民族が蹴散らす図と言えよう。伝説のアーサー王は、凄惨な民族間の戦乱状態を平定した名君とされている。しかしこの物語ではアーサー王の統治がごく一時的なものであったこと、民族間に締結された和平条約が破られて戦闘の再開が今にも起こりそうな情勢が迫っていることを随所で示唆する。そのような状況の中で、記憶の喪失を好ましからざる事態と感じ始め、覚醒を求めるアクセルの正体がミステリーの一つの焦点として描かれる。

最初に登場した段階では、アクセルは意識の朦朧としたブリトン人の老人に過ぎない。「何かおかしい」と問うアクセルにまともに取り合う者はおらず、妻のベアトリスも記憶障害において他の村人たちと大差ない。しかし、二人が姿を消した息子を探す旅に出ることは、隠されていたアクセルの本来の姿を蘇らせる契機にもなる。アクセルたちが旅の途上立ち寄るサクソン人の村で戦士ウィスタンに出会った時から、ウィスタンの探るようなまなざしがアクセルに向けられる。その後ウィスタンは何度か、アクセルに対する懐かしさを口にし、「どこかでお会いしたことはないでしょうか?」と問い続ける。アクセルは彼の問いをいなし続けるが、ウィスタンが騎士ガウェインとの決闘に勝った後でその謎は極めて穏やかで慎ましやかな表現の回答を得る時を迎える。ウィスタンとアクセルの会話は次のようなものだ。

「アクセル殿」と戦士が言った「もうお会いすることは無いかもしれません。ですから、最後にもう一度だけお聞きします。わたしが少年のころ、村を賢い王子様のように闊歩し、罪のない人が戦の悲惨さから守られているという夢を見させてくれたやさしいブリトン人がいました。もし少しでも記憶があれば、お別れする前に、わたしに打ち明けてくれませんか。」

「仮にその男であっても、わたしはいまこの竜の吐きだす霧を通してしかその男を見ることができません。夢を追う愚か者でしたが、根は善良な男です。ですが、固い誓いが残酷な戦いの中で反故にされたことに苦しみました。サクソンの村々に協定を広めた人は他にもいましたが、もし私の顔を見て、あなたの胸の中で何かが騒ぐのなら、別人だと思うことも無いのではありませんか。」（四四〇頁）

ウィスタンがブリトン人の中で戦士になる訓練を受けていた少年時代に、颯爽と姿を現し高徳の人と崇められていた憧れの対象は、やはりアクセルその人であったと認められる――この度の彼らの出会いは「再会」であったという結末。さらにウィスタンの記憶の中のアクセルは憎しみの対象ではなかったという確認。サクソン人戦士としては敵を憎しみ抜くことが絶対必要条件であるのに、ブリトン人アクセルを好ましく思う感情が消え残っていることこそ、瑕疵であり弱みであるというウィスタンの自覚も語られる。ことが明らかにされるまでのサスペンスが、この小説で読者を惹きつける要素として重要な働きをすることは言うまでもない。アクセルは闘うウィスタンを観察しながら、ゆっくりと己の戦士としての境涯を思い出していく。アクセルの記憶回復の過程が物語に地下水脈のように流れていることは重要である。

それはブリトン人の騎士ガウェインの側からも明かされていく。繰り返し物語られてきたアーサー王伝説を現代の小説の中に蘇らせ、しかもそこに王の甥であり円卓の騎士たちの中でも武勇の誉れ高いガウェインを駆り出すとは、カズオ・イシグロも大胆な設定を行ったものである。『日の名残り』において、イギリスの伝統的職業人「執事」を主人公に据え、第二次世界大戦の最中に貴族の大邸宅で行われた「私的（アマチュア的）な外交取引」の場を設定したことといずれ劣らぬ挑戦と言えよう。

そうしたいわば伝統へ切り込む果敢さが、一所に留まらないカズオ・イシグロの越境者ならではの武器にもなる。しかし英雄の誉れ高い騎士ガウェインに錆びた甲冑をまとわせ、老軍馬ホレスを連れてたった一人で荒野を彷徨わせる様子はかなり戯画に近い。彼も実はアクセルの「同志」であったというプロット――ここにはどのような秘密が隠れているのだろうか。

アクセルとベアトリス夫婦がサクソン人の戦士ウィスタンと村を逃れ出た少年エドウィンと共に旅路について間もなく、大木の下に骨休めをする老騎士と出会う。古式ゆかしく名乗りを上げるガウェインはしかし、アクセルを見て顔を背ける。ガウェインとアクセルの浅からぬ縁が明かされるには小説全編を辿らなくてはならない。しかもわれわれ読者は語り手がガウェインの内的モノローグを繰り広げるのを丹念にたどる中で、アクセルに関する断片的記憶を拾い集めるしかない。ここで気付くことは、幾層にも重なるナレーションのまだら模様についてである。確かに、アクセルについて語る声がある。分量は格段に少ないが、ベアトリスについても同様である。但し、両者とも竜の吐く息の魔法に意識を朦朧とされている部分が多いために、きわめて部分的な述懐しか期待できない。それに比べると、ガウェインのモノローグは訥弁ながら一人称で語られ、竜の守護者をもって任じる自負と高齢による頑なさを前面に出しながらも読者が状況を把握するために重要な役割を果たす。

『忘れられた巨人』の中で、騎士ガウェインが担うことの一つは、（ファンタジーの領域に依拠しつつ）アーサー王が一時的に成し遂げたブリトン人とサクソン人の間の「和平協定」を広め維持する、いわば平和維持軍の執務官として活躍したアクセルの姿を証言する人物の役割である。前記ウィスタンの曖昧な記憶を補完し、朦朧としたアクセルに昔日の任務を思い出させ、さらに平和協定の維持が崩れ行く最中、アーサー王が下したサクソン人の村に対する殲滅令への批判者としてのアクセル——戦争の冷徹なルール、殺すか殺されるかの選択の前で躊躇なく攻撃を選んだ「名君」への異議申し立てをしたアクセル——の記憶保持者騎士ガウィンである。

騎士ガウェインは叔父王の決断を拒める立場ではなかった。アクセルに心の底では共鳴しつつも、積極的支持を表明することは考えられなかった当時のことをガウェインはアクセルに思い出せと迫る。アクセルは武勇に優れるのみならずむしろ有能な執政官であったことが明かされる。と同時に、このアーサー王との対立の後、アクセルは戦の最前線を離れてベアトリスを娶り、一農民として村に身を沈めたと思しい。そういった経緯の詳細は一切語られないが、ガウェインの述懐の中に、彼が選ばなかった人生の選択に幾度も触れる個所がある。老いて互いをかばい合いながら覚束ない足取りで旅をする老夫婦を見て、ガウェインの心には自分にもあったかもしれない結婚の絆への憧憬と諦念とが交叉する。

ウィスタンとの縁のみならず、騎士ガウェインとも同志の間柄であったという結末には、ある意味で大変都合の良い決着が仕掛けられている。ただ、戦士としては「ゆらぎ」のある自分に戦場で生きるものの適性を見出さなかったアクセルが放棄したものの代償は少なくなかったようだ。旅する現在でこそアクセルとベアトリスは他人もうらやむ仲睦まじい老夫婦であるものの、それは霧に記憶を奪われているからではないのかという懸念が常に纏わりついている。ブリトン人とサクソン人の戦いは熾烈である。だが、個人レベルでの人間たちの葛藤も生易しいものでないことは、この老夫婦にあっても例外ではない。

戦の果て

民族間の記憶喪失が憎悪を曖昧にし、戦を鎮める役を担っていたとしたら、それは平和維持に資するのではないかという考え方が提示される。しかしその一方、戦の遺した傷跡に痛む側にとって忘却は許しがたい罪となる。「忘れられた（埋められた）巨人」とは、いつ噴出するかしれない活火山のマグマのようなな激情でもあろう。記憶の奪還は「寝た子を起こす」引き金としてこの作品の根底に横たわるリスクである。ただ憎悪の連鎖を断ち切るために、記憶を取り戻すことが不可避であることも示唆されている。埋めおくだけでは憎悪は死なない。平和維持のために竜を生かしておこうと進言をする騎士ガウェインの側は分が悪い。かりそめの平和維持は妄想としてうち破られる。結果としてブリトン人がサクソン人に敗れ、国土の辺境へ追いやられる歴史に突入することを読者は知っているのであるけれども。

個人の記憶の回復と、集団の記憶の回復は同じものであろうか。個人のレベルで言えば、アクセル・ベアトリス夫婦が息子に会うことはないだろうし、共に孤島に住むこともないだろう。夫は妻を「お姫様」と呼び、妻は「アクセル、そこにいるの」と確かめ続け、渡し守に互いへの愛情の信憑性が認められたところで甲斐は無い。だとすると、彼らの旅は何だったのか。ガウェインを見捨ててウィスタンに共鳴する二人は自ら巨人を掘り出して、忘却の安寧から目覚めると互いへの不実の記憶さえ蘇る。むしろ過酷な事態である。だが、自分を取り戻して死地に赴くことをよしとするなら、この物語は全くファンタジーの範疇を超えていよう。むしろ人生のリアリズムを徹底することの実態を読者に突き付けているのではないだろうか。三途の川のようでもある海峡を島まで船で、夫婦別々に漕ぎ出さなくてはならないという終結部分は、死別の宿命へ向かう夫婦それぞれの、あるいは人間本来の姿と言ってもよい。甘い話ではない。「さようなら」というベアトリスの言葉は、アクセルに向けられた最後の愛の言葉である。別れを告げ合えることは実は稀有な幸いであるのだから。

『忘れられた巨人』は今後毀誉褒貶に晒され続けることが予想される。ノーベル文学賞の受賞を持ってしてもいずれかに傾くものではなかろう。作品は一定のジャンルに固定されることを拒んでいる。長崎に生まれ、イギリスで育ち、ロンドンに住むイギリス人作家となった現在、招かれて世界をめぐるカズオ・イシグロは境界を越えていくことを宿命と捉えているようだ。かくて集団的記憶回復の困難さを抱えたまま今も埋められて眠る巨人の存在に読者は覚醒する。霧深いブリテン島は地球上のいたるところに現存する事にも。

使用テキスト

Kazuo Ishiguro, The Buried Giant. Faber & Faber 2015 カズオ・イシグロ『忘れられた巨人』土屋政雄訳、ハヤカワ epi 文庫、二〇一七年。

虚構の越境
――『ディア・エヴァン・ハンセン』における浮遊する現実感覚と孤独

松本《まつもと》　美千代《みちよ》

本学教授。専門はアメリカ演劇・文学、文化、翻訳。主な著作『ドラマで観るアメリカ社会』（新水社、二〇一四年）、訳書にスーザン＝ロリ・パークス『アメリカ・プレイ』（二〇一一年）

はじめに

近年、ブロードウェイの舞台では、精神的な不安を題材にしたミュージカルが増えている。（1）ブロードウェイで上演されるためには、オフ・ブロードウェイにおける観客動員数、上演チケットセールスの成功や、技術や芸術性を評価する批評などを勝ち得る必要がある。精神疾患を抱える登場人物と、その家族との葛藤や共生を描いた作品が、ブロードウェイの舞台で上演を持続し、好評を博しているという現状は、観光客をはじめ劇場を訪れる多くのアメリカ人観客が、こうした物語を身近に感じ、関心を持ち、共感している証ではないだろうか。演劇やミュージカルは、登場人物の心理や内面的世界を、セリフや歌と踊りに変えて表現する媒体である。時代の産物であり、時代の精神を映す鏡であると言われるミュージカルには、現代の人々が日々心の奥に抱えている不安や、ひいてはアメリカ社会の有り様が映し出されている。

ソーシャルメディア（SNS）の普及によって気軽に人とつながることができ、瞬時に無数の他者とのコミュニケーションを可能にする環境が整った現代において、皮肉にも誰ともつながることができずに孤独感を強める人々がいる。対人恐怖症の高校生がSNSの仮想空間において現実世界では得られない予期せぬ人間関係の広がりを得た結果、最も身近な現実世界でのコミュニケーションの大切さに気づくという、ネット世代の浮遊する現実感覚と孤独を描いた作品が『ディア・エヴァン・ハンセン』(*Dear Evan Hansen*, 2015) である。先進国全般の社会問題ではあるが、アメリカにおける自殺者数は、一九九九年から二〇一四年にかけて三万人から四万人を超え、増加傾向にあると言われている (Braden)。本作品においても、同級生の自殺をきっかけに、若者の薬物依存、社交不安障害の原因、シングルマザーの窮状、希薄化する人間関係、思春期の子育てする親の苦悩、そしてSNS上で小さな作り話が真実として拡散し、現実を越境していく恐怖など、現代の日常における個人を取り巻く不安と孤独が明らかになる。現代の多様なテーマを満載した本作品は、二〇一六年にドラマ・デスク賞、オービー賞、二〇一七年にトニー賞ベスト・ミュージカル賞をはじめ、六部門で受賞するなど数多くの賞に輝いた。本稿では、『ディア・エヴァン・ハンセン』がアメリカ演劇におけるミュージカルという娯楽性の高い媒体において、ネット世代の社会不安という問題にどのように取り組み、どのような文化的メッセージを提示しているのかについて考察する。

普通でないことが普通である世界についての演出

『ディア・エヴァン・ハンセン』は二〇一五年七月三〇日にワシントン・D・Cのアリーナ・ステージにて初演を迎えた後、二〇一六年五月にニューヨークのセカンド・ステージ・シアターでの上演を経て、同年一二月にブロードウェイのミュージック・ボックス・シアターでの開幕に成功した。演出を手掛けたのは、アメリカの社会問題専門家とも言えるような演出歴をもつマイケル・グライフ（Michael Greif, 1959-）である。グライフの演出作品には、心の病、薬物依存、孤独などの精神的不安を抱える登場人物が数多く登場する。出世作、ジェイ・マキナニー原作の『ブライト・ライツ、ビッグ・シティ』（*Bright Lights, Big City*, 1988-9）は、仕事に幻滅して毎夜パーティーに明け暮れ、コカインに溺れた末、妻や弟などの家族と仕事を失う主人公を通して、一九八〇年代のニューヨークの精神的混沌を表現したミュージカルである。ピューリッツァー作品賞をはじめ、四部門でトニー賞の栄冠に輝いた一九九四年演出の『レント』（*Rent*）は、ハリウッドでも映画化され、世界中で再演される大成功を収めたが、題材としては、人種のマイノリティ、経済格差、性的マイノリティ、麻薬中毒、エイズなど、それまで主流のミュージカルにおいて扱われることのなかった社会問題や心の問題を中心としている。さらに、二〇〇六年演出のドキュメンタリー・ミュージカル『グレイ・ガーデンズ』(2)（*Grey Gardens*, 2006）では、高貴な家柄に生まれながら没落し、二十八部屋のゴミ屋敷と化した屋敷に居住する、ＪＦＫの義理の叔母とその娘の奇矯な生活を追った。そして、ピューリッツァー作品賞を受賞した『ネックスト・トゥ・ノーマル』（*Next* to Normal, 2008）においては、長男の死による家族の悲嘆、母親の双極性障害、効果の上がらない医者の薬物治療、電気けいれん療法による治療と記憶の喪失など、やはりミュージカルでは扱われてこなかった精神疾患を直接的なテーマとして展開している。

一般的に、ミュージカルでは、音楽によって物語の筋の進行が中断されることなどから、複雑な心理描写や物語形成は困難であり、単純な物語やステレオタイプ的な人物造形とならざるをえないと言われている。紋切り型を受け入れる観客がミュージカルを支えている側面もあるが、ミュージカルにおいては「『ハッピーエンド』が常道とされ、現実世界の葛藤や差別は排除される傾向にあることは、ミュージカルのひとつの特徴として否定できない」（本橋、二〇）。こうした伝統からみると、グライフの演出の最大の功績は、多くの観客が娯楽として鑑賞するミュージカルにおいて、まさに現代社会の抱える心の問題を特別なことではなく、身の回りにある日常として提示し続けてきていることにある。

『ディア・エヴァン・ハンセン』は、劇作家のスティーヴン・レヴェンソン（Steven Levenson, 1983-）と、大ヒット映画『ラ・ラ・ランド』（*La La Land*, 2016）の作詞家として名を馳せたジャスティン・ポール（Justin Paul, 1985-）とベンジ・パセック（Benji Pasek, 1985-）の作詞作曲により共同制作された。ポールとパセックは『ラ・ラ・ランド』の「シティ・オブ・スターズ」（"City of Stars"）で、二〇一七年にゴールデン・グローブ賞、アカデミー賞を受賞し、二〇一八年には米の興行師P・T・バーナムを描いた『グレイテスト・ショーマン』にて、ゴールデン・グローブ賞の栄誉に輝いた現在最も注目される作詞作曲家である。ちなみにラ・ラ・ランド（la-la land）とはロサンゼルスの略称であるL・Aと「現実離れした幻想的夢の世界」という意味を含むが、『ディア・エヴァン・ハンセン』においてもSNS上の作り話が現実世界を越境して展開するという物語構成において共通している。

レヴェンソンによれば、作品は三つの要素から構成されているという。一つは「つながらない」という概念である。「人とのつながりを望み、渇望し、求める気持ち」がありながら、「互いに関係することができる世界において関わることのできない人についての物語を作ろうと直感的に思った。誰かとなぜかつながることができない主人公とは、どのようなものだろうか」(Weinstein) という発想が作品の原点となっている。二つ目は、ソーシャルメディアの日常性が、我々の現実の根幹を成している事象についてである。ソーシャルメディアは単なる物語の展開におけるテーマや概念ではなく、ソーシャルメディアが現実世界を超越して、人々の現実感を形成し、むしろ直接的な人間同士の接触は恐怖の対象として避けられる傾向にあることを作品は指摘している。三つめは機能不全を起こした二つの異なる家族についての描写である。裕福な企業弁護士の父親と専業主婦の母親に、一男一女の理想的な四人家族であるはずのコナー家の長男が、生きづらさから命を断つ。一方、主人公のエヴァンの父親は、彼が七歳のときに再婚相手と出ていき、母親はシングルマザーとして准看護師をしながら家計を支える傍ら、息子の大学進学の資金を貯めるためにも法律学校へ通っており、エヴァンは長年一人で過ごす時間が多かった高校生である。いずれの家庭の親たちも、息子たちに必要なもの――その多くは物質的支援――を与えようと努力しているが、まさにその努力こそが、息子たちとの距離を遠ざける原因となっていく。対人関係から逃避するエヴァンの社会不安症が、幼い頃に見捨てられるかもしれないと不安を感じた父親と母親の離婚に起因するという結末も、離婚率が五割とも言われるアメリカの家庭環境の現状を反映していると言えよう（Miller）。

『ディア・エヴァン・ハンセン』は劇評においても高い評価を受け、とくに内容面では、抒情性と社会問題の融合を見事に成し遂げた点が評価され、作品がいかに人々の共感を得たものであったかをうかがわせる。ニューヨーク・タイムズ紙は「すすり泣きや忍び泣きをこれほど劇場で聞いたことがないほど」「胸が張り裂けるような素晴らしいミュージカルであり」「今シーズンのブロードウェイにおいてしのぐものなし」（Isherwood）と絶賛した。ウォールストリート・ジャーナル紙は「新世紀世代の若者に受容されてきたが、普遍的な魅力を持っている。どんな年齢の人でも、『ディア・エヴァン・ハンセン』を見れば心当たりがある。思春期に周りと上手く適応できず、自己満足の勝者たちの冷淡な世界の中で、不器用な者が押しつぶされていく感覚を誠実に描いた姿勢に感動する」（Teachout）と共感し、称賛を送った。タイム誌は「カタルシスを起こすにもかかわらず、現実的で、しばしば笑いもある作品」で、「胸が熱くなるミュージカルである。不安と孤独にさいなまれる十代の少年が、修復できない過ちを犯し、ソーシャルメディアの流砂に飲みこまれるが、自己嫌悪から立ちあがる道を見つける。ケータイやPCの世界の中に消えてしまう子どもたちと、つながりを求める親たちの話でもある。ネット上でも現実世界でも、感情的な表現の渦に巻き込まれるこの時代に、誰かとつながろうとすることについての物語である」（Schrobsdorff）と高く評価している。舞台装置の工夫として舞台背景には世界とつながる多種多様なネット環境が次々に映写された。登場人物八名という、ブロードウェイミュージカルとしては異例の少人数で構成される『ディア・エヴァン・ハンセン』は、最新技術を駆使しても人とはつながらないことが普通であるというメッセージ性が多くの人々の共感を得た要因の一つであろう。

現実世界における不協和と仮想空間における調和

友達作りが苦手というよりは、対人恐怖症、社会不安症、極度のあがり症のため、人と接することが苦手な十七歳の高校生エヴァン・ハンセン（Evan Hansen）を中心に物語は展開する。エヴァンは自分を励ます筆記療法として、「エヴァン様」（〝Dear Evan Hansen〟）という自分宛ての手紙を書き、カウンセラーに提出している。

ある日、エヴァンは木から転落して腕を骨折し、ギプスをはめることになる。ギプスには友人や仲間が回復を祈願してサインをする慣習があるが、エヴァンにはサインを書いてくれる友人が見つからない。そんな折、エヴァンが好意を寄せる年下の女子高生ゾーイへの想いなどを綴った「手紙」をＰＣ教室で印刷していると、白いままであるギプスに気づいた同級生のコナー・マーフィーが、突然、巨大な文字でギプスにサインをする。そして、印刷された手紙にコナーの妹ゾーイについての記述を見つけると、エヴァンの行為を邪推して、手紙を奪って行ってしまう。

三日後、エヴァンは校長室に呼び出され、面談に来たコナーの両親とゾーイから、コナーが自殺し、その時に彼のポケットに「エヴァン様」という手紙が入っていたと告げられる。エヴァンのギプスにもコナーの名前を見つける両親は、エヴァンが友達のいなかった息子の「友達」だと思い込む。一方、他者との関係を適切に築くことが苦手なエヴァンは、悲嘆にくれる家族を前に、真実を伝えられない。しばらくして、エヴァンはコナー家にコナーの友人として招待され、歓待される。コナーの両親を慰めるつもりで回想話に話を合わせているエヴァンが、テーブル上のリンゴを見ていることに気づいたコナーの母親は、昔コナーと家族でピクニックに出かけた果樹園に、エヴァンが一緒に行ったのではないかと深読みする。真実を話して傷つけてはいけないと逡巡し、否定できないエヴァンは、コナーと果樹園に行った時に腕の骨折し、二人だけの秘密のメールがあると話を作り上げてしまう。

この話を聞いた同級生のジャレッドは、偽メールでコナー家を励まそうと、二人が「親友」であったという「リアルに見える」メールを捏造する。しばらくして、ジャレッドが偽メールをネット上で拡散し、学校中にエヴァンとコナーが「友達」だったという情報が広まる。

一方、エヴァンの母親は、昼は看護助士、夜は法律学校に通い、息子のことを案じながら、ともに過ごす時間がないシングルマザーである。エヴァンの父親は彼が七歳のときに別れたきりである。出前のピザで育ったエヴァンにとって、グルテン・フリーのラザニア料理を振る舞うコナーの母親シンシアは、理想の母親像である。コナー家にとっても、息子が死んだ悲しみを埋めるために、また息子と生前深い絆を築くことができなかった罪悪感を贖うようにエヴァンに愛情を注ぐ。エヴァンも誘われるがままコナー家に出入りするようになる。また、手紙の内容を疑うコナーの妹ゾーイの悲しげな顔を見るにつけ、エヴァンは、兄のコナーがエヴァンに対してゾーイのことをよく話していたと嘘を重ね、さらにはキスもしてしまう。

一週間後、コナーの顔写真付きボタンや腕輪、Tシャツも販売されるが、コナーのことが忘れられ始める。同級生のジャレッド、アリーナ、そして死んだコナーとの対話に促され、エヴァンはネット上で「コナー・プロジェクト」を設立する。コナーの記憶を留めるため、寄付金を集めて「二人で行った」と思われている果樹園を購入する計画である。この企画はすぐに校内で話題となり、エヴァンは集会で、「友達」のコナーと果樹園で骨折したことについて演説し、一躍ヒーローとなる。画像が配信され、衆目を集めると、ゾーイにも感謝され、二人は結ばれる。

第二幕では、「コナー・プロジェクト」に五万ドルの寄付金が集まり、コナー・マーフィー記念果樹園の購入が現実味を帯びてくる。エヴァンとコナーの父親は一層関係性を深め、疑似家族として互いに信頼し、コナーへのギフトであった野球のグローブをエヴァンに渡す。ゾーイとの関係も親密さを増す。さらに物事が展開し、コナーの父親は、弁護士補助資格の取得のために通学中のエヴァンの母親に仕事をオファーし、その上、エヴァンの大学進学のための奨学金をも提供するという。現実ではない虚構に基づく関係性が、エヴァンをはじめコナー家全員を幸せに導いていく。

コナー・プロジェクトへの寄付金拡大の打開策として、ついに「エヴァン宛ての手紙」がコナーの遺書としてネット上で公開され、大反響を呼ぶ。ところが、企業弁護士で資産家のコナーの父親の息子への無関心や、ゾーイへの中傷、子どもを自殺に追いやったコナー家の冷淡さなどの誹謗の投稿が相次ぎ、自宅やゾーイの携帯電話がネット上に流出する。コナー家では口論が始まり、ついにエヴァンは、今までの全てが偽りであったことをコナー家に打ち明け、母親にも寂しさから嘘をついたことを告白する。

すべてが水泡に帰すことになったエヴァンに母親は声をかける。エヴァンの父親が出て行った夜、七歳のエヴァンから、「またトラックが来て、次はママを連れてっちゃうの？」と問われた。母親は、「もうトラックは来ない。ママはどこにも行かないよ。ここにいる。何が起きてもここにいる」（一五八〜九）と約束したと言い、これからもエヴァンを守っていくと伝える。一年後、コナー夫妻は娘のゾーイとともに、寄付金で購入された果樹園を繁く訪れている。勇気を出してゾーイに連絡したエヴァンは、面会場所を果樹園に指定される。理由はエヴァンが実際に「果樹園を見たこと」を確かめるためだったという。

こうして社会不安症のエヴァンの「関わらないこと」に端を発した作り話が、周囲の人のみならず、ネット上に拡散し、現実世界を変えていく非現実性に終止符が打たれる。家族や同級生との関係性を断ち、薬物に逃避して自殺したコナーも「関わらない」ことを選択した一人である。コナーのように経済的に恵まれていても、エヴァンのように普通の高校生であっても、目の前にいる親子、毎日顔を合わせる兄妹、学校のクラスメイトとつながることができない現実世界がある。ゾーイの、今ここにいる感覚を確認する、という問いかけは、インターネットをはじめとしたテクノロジーが普及する現実世界において、現実世界での人間同士の、フェイス・トゥ・フェイスの人間同士の交流による現実感を把握する重要性を伝えている。「ヴァーチャル世界と現実世界は双方とも想像力の産物であるため、結局は互いに強く依存しあっている」（Trend）とトレンドは述べている。『ディア・エヴァン・ハンセン』は、現実世界の社会的疎外、他者との不協和を、ソーシャルメディア上の虚構によってヴァーチャルな世界での人間関係の調和に変化させることにより、人々が現実世界で欠けているものに気づかせる試みを行った。エヴァンの母親がエヴァンに対して最後に気づくように、人間的関わりの薄い現代においてこそ、直接話し合うようなコミュニケーションによる「関わり」、実体験の確認が必要であることを『ディア・エヴァン・ハンセン』は提示している。

人間関係の希薄さと孤独

作品の中では「友達」という言葉が慎重に使われている。友達が作れないことを心配した母親の勧めで、カウンセリングに通うエヴァンは、「自分への手紙」を書く振りをしているわけだが、手紙の結びは「心から、あなたの最高で最愛の友達の、自分より」と書かれており、真に心を打ち明けられる相手がいない閉塞的な環境に生きている。友達がいないのはエヴァンだけではない。「夏休みはどうだった?」という夏休み明け初日に学校で交わすたわいない会話において、同級生のアリーナは「インターンシップに行って良い友達ができた」（一四）と述べた後、「いや、と言っても知り合いって感じだけど」（一四）と訂正するが、まるで「友達」という言葉を発するには人間関係の度合いを厳密に測定する必要があるかのようである。エヴァンの母親は、気軽な気持ちで、友達作りのきっかけとして、友達にギプスに名前を書いてもらうようにと提案するが、エヴァンにとっては、これは簡単なことではない。ギプスへのサインという儀式は、友達であることを証明する行為の象徴であるからだ。学校のカフェテリアでは昼食を一人で食べ、デリバリーの注文時に配達員と玄関口での応対をするぐらいなら夕食を食べないことを選択し、人と接する際に「汗を心配すればするほど汗をかき、ハンドドライヤーで乾かしているときも汗をかく」（九）多汗症のエヴァンにとって、キプスにサインを依頼することは大変な試練である。

一人目の女子生徒アリーナには話を逸らされ、次に二人目の男子生徒ジャレッドに聞いてみる。「ぼくのギプスにサインしない？」（一六）という質問への回答は、「なんで僕に頼むの？」というものであった。「あ、えー、んー、友達だから？……」と理由を述べるものの、「友達って家族関係の友達でしょ。全然意味が違うからね」（一六）と一蹴されてしまう。そんな折、ひそかに片思い中の年下女子生徒ゾーイから、運よく声をかけられるも、緊張のあまり謝罪したり支離滅裂な応対をした挙句、「ぼくのギプスにサインしない……？」と口ごもり、聞き返されると前言撤回してしまう。自殺するコナーがエヴァンのギプスに、巨大な文字で名前をサインするのも、「これでお互い友達がいる振りができるだろ」（二五）という理由からだ。

人と簡単につながることができない悩みを抱えるエヴァンが、広い舞台上でひとりで歌う楽曲「窓越しに手を振る自分」（"Waving Through a Window"）には、作品に通底する孤独感が象徴されている。ウィンドウは「窓」でありながら、社会と自己を隔てる「見えない障壁」であり、「コンピュータースクリーン」や「スマートフォンスクリーン」をタップしてネット上の世界への扉を開ける窓、そして「心の扉」の象徴でもある。「コツコツコツとガラスをたたく。ガラス越しに手を振る。ぼくは今まで以上の自分になれるだろうか。話そうとしても誰にも聞こえない。だから答えが出るのを待っている。人々が通り過ぎるのを見ている。窓越しに手を振りながら。誰か見てくれるかな？誰か手を振り返してくれるかな？」（一八）。この楽曲ともう一つの楽曲「消えていく」（"Disappear"）には「森で木が倒れたら音がするのか」

という哲学的な問いが含まれており、知覚されなければ森の中の木の存在が気づかれないように、「森で倒れていることを気づいてほしい」というネット世代の自己承認、存在の希薄さに対する不安が見事に表現されている。

他方、ネットの世界や空想の世界では自由に友達になることができる。コナーの死後、ネット上では生徒たちが悲しみのツイートをやり取りしている。アリーナが「こんな時にはみんな友達って使ってもいいよね？」(三六)とシニカルにつぶやくように、あるいは泣きすぎて顔面の肉離れを起こした女子生徒が話題になるなど、同級生の死に直面しても、死者への悲しみが心に深く響くわけではなく、「死んだ」という言葉を表層的に体験しているに過ぎない。コナーの家族はエヴァンとコナーの「友達関係」のためにエヴァンを家に招待する。息子を失った家族を慰めるため、心情を汲んで掛ける言葉が見つからず、空想に逃避するエヴァンの楽曲「永遠に」("For Forever")では、悲しみなどの感情に立ち入らないようにするエヴァンの気持ちが描かれている。「ぼくたちに見えるのは永遠に広がる空。世界はぼくらを永遠に通り過ぎる。このままずっとこの感じで行ける気がする。こんな感じの天気の良い日の二人の友達のように」(四二)。現実世界で互いを「友達」と呼ぶことは困難だが、コナーとエヴァンの友情を証明する「本当らしくみえる」偽メールや、二人の偽の友達関係が、ネットコミュニティーに「真実」としてシェアされるには時間はかからない。エヴァンがコナーを「友達」、「親友」と呼ぶのは、死んだコナーとの会話においてであり、それは現実世界にコナーが生きていないからである。劇のクライマックスは、エヴァンがコナー家に対し「ぼくたちは友達じゃなかったんです」(一五二)と打ち明けるシーンであるが、この台詞こそがエヴァンの口から発せられる最も真実なる言葉なのである。

高校生のコナーとエヴァンは対照的な人物造形となっているが、双方とも適切な人間関係を築くことができない点では共通している。他人と積極的に関わることで自分が傷ついてしまうことを避けるエヴァンに対して、コナーはエヴァンに突然ぶつかってみたり、怒りを抑えられずに教師にプリンターを投げつける行為に象徴されるように、傷つけることでしか他者と関わる方法を知らない。家族のなかでも問題を起こし、学校でもロングヘアーに黒服でクールを装い、人と交わると言いがかりをつけて困らせ、他の学生から距離を置く友達のいない一匹狼で、エヴァンより孤独感を強めている。

コナーの父親は野球のグローブをエヴァンに渡す。どの誕生日に買ったのか父親も覚えていない品である。キャッチボールをしようと購入したと父親は言うが、まだタグが付いたままのグローブから、二人が心のキャッチボールをする機会がなかったことが窺える。エヴァンもまた父親とキャッチボールをしたことがない。エヴァンにとって、彼が七歳のときに別れた父親は、父親が新しく作った家庭で生まれた息子に所属するものと理解している。人は日常において、なかなか互いに気持ちを交わし合うことができないことが双方の家庭の様子から窺える。始業式から学校へ行こうとしない息子について苦悩するコナーの母親の心配をよそに、父親は出勤前の渋滞状況のチェックに忙しい。エヴァンの母親は、夕食を作る暇がなく、エヴァンの夕食代に20ドル札を渡す日々が続く。母親は、学校帰りに迎えに行く約束をしていながら、職場の諸事情でシフト交代しなければならない事態にしばしば直面する。母親は冷蔵庫内の食材を想像して子どもの食事の世話を焼くが、子どもは母親の忙しさを思い量り、「バスで帰る」と答える。母親から子どもにかける言葉も「カウンセラーに言われたことをやってるの？」「薬は足りてるの？」といった表層的な言葉に留まり、親子のコミュニケーションは日々深められているとは言えない。子育ての「地図を持っている人はいませんか？」（"Anybody Have a Map?"）と二人の母親が歌う楽曲には、「目が見えないまま空を飛んでいるような気持ち」（一四）で、子どもとのつながりを模索する母親たちの痛切な心情が描かれている。『ディア・エヴァン・ハンセン』には大きなドラマティック・モーメントはないが、このような日常の些細な情景を丁寧に積み重ねて描写することにより、徐々にコミュニケーションが希薄化していく様子を見事に再現している。

おわりに

アメリカ独立宣言に描かれた「幸福の追求」については、様々な解釈がなされてきた。コナーの父親のようにアメリカンドリームの体現者となり、良妻賢母の妻と、長男、長女をもうけ、仕事も安定し、立派な住まいと何不自由のない裕福な生活を手に入れた家庭においても、子どもの自殺という最悪の事態に直面する。他方、夫と離婚したあと、息子を育てるために、一心不乱に働いてきたシングルマザーは、息子の社会不安障害に当惑する。何をすれば、子どもは幸せに育つのか。「誰か地図を持っている人はいませんか？」という楽曲にあるように、人生という長い時間と労力を子どものために尽くしてきた親にとっては、子どもの不幸は親への通知表のように、子育てに対する限界と途方もない絶望に変わる。一方で子どもの側からすれば自殺や精神的障害は、親たちに対する、子どもたちの社会における既存価値観への抵抗のサインでもあろう。「幸福の追求」の過程で、見落としているものは何か。その意味で、『ディア・エヴァン・ハンセン』は家族劇の中に社会の縮図を描こうとするアメリカ演劇の伝統的系譜に属している。

アメリカ演劇は、ピューリツァー賞、トニー賞受賞作品に限定しても、無数の家庭劇を産出してきた。家庭は社会の一単位であるから、家庭内で起きる問題は、その時代毎の問題が反映されている。なかでも、二十世紀アメリカ演劇最高傑作と言われるユージン・オニールの『長い夜への旅路』(一九五六)は、アイルランドの貧困移民から身を起こし経済的成功を摑んだ父親が、妻と息子たちの精神の崩壊に直面する物語であり、同じくアメリカ演劇の名作アーサー・ミラーの『セールスマンの死』(一九四九)は物質主義的アメリカンドリームを追及する過程で、消費社会の歯車として消耗品のように精神をすり減らす一介のサラリーマンと家族を描いている。テネシー・ウィリアムズの『ガラスの動物園』(一九四五)では母子家庭における貧困と障害、引きこもりがちの娘と家族の苦悩が描出された。オニールの時代からアメリカ演劇は家族の崩壊と不調和が個人に及ぼす影響について描き、劇空間はいわば作品世界の価値観を共有しながら人間の幸福について考える場であり続けてきた。

ヒーローでもなく、特別な人物でもない、どこにでもいるクラスの脇役の高校生の主人公エヴァンについての、悲劇とも喜劇とも言えない物語の何に多くの観客は共感したのか。インターネットの普及と発展とともに、世界の人々と瞬時につながる現代の環境においては、会話をするために人間同士で一つの場所に集まる必要はない。しかし、ネット上でのコミュニケーションにおいては、深くつながりたいが、つながらず、仮想空間の言葉によって孤独を紛らわし、自己肯定を支えているというところが実情ではないか。それは、現実世界においても大きく変わるものではなく、同じ家庭にいる親子、同じ学校にいる同級生同士の関係においても、物理的に近くにいるというだけで、互いの存在に対して明確な信頼関係があるわけではない。たとえ誰かの命が失われても、しばらくすれば、何事もなかったかのように普段の日常がはじまるように、他者の存在の希薄さは、そのまま自分自身の自己肯定感の希薄さに直結する。人に親切にしようとすることが、嘘を重ねることになり、真実を伝えることは人を傷つける。嘘が現実よりも現実味を帯び、現実に対しては直面できずに現実逃避をしてしまう。これを可能にしたSNS上の言葉によって、エヴァンは友人、家族、恋人を手に入れるが、そのすべてを捨てて、母親と向き合い、コナー家の人々と直面するという一歩を踏み出す。こうした虚実の反転、虚構の現実への越境、捉えどころのない現代の現実感の欠落と浮遊感の体験を通して、エヴァンは目の前にある一つ一つの関係において信頼関係を築く大切さを知る。そのシンプルな幸福観に『ディア・エヴァン・ハンセン』の魅力がある。

注

（1）ピューリツァー作品賞、あるいはトニー賞を受賞した二〇〇〇年以降の作品で精神的疾患を扱っている作品は以下の通りである。二〇〇〇年の『プルーフ』（*Proof*）、二〇一〇年の『ネックスト・トゥ・ノーマル』（*Next to Normal*）、二〇一二年の『スプーンひと匙の水』（*Water by the Spoonful*）、二〇一四年の『フリック』（*The Flick*）、二〇一五年の『夜中に犬に起こった奇妙な事件』（*The Curious Incident of the Dog in the Night Time*）、二〇一五年の『ファン・ホーム』（*Fun Home*）。

（2）二〇一三年にアメリカ精神医学会は、過去の遺物を蓄え、蒐集する強迫性ホーディング（Compulsive Hoading）を病気と定め、ランディ・O・フローストとゲイル・スティケティーの二〇一〇年の研究書 *Compulsive Hoarding and the Meaning of Things* によれば、アメリカ人の五百から六百万人が病的ホーダー（片付けられない病）であると言われる。Hoarders という二〇〇九年にA＆Eネットワークで放映開始されたリアリティーTVが、二〇一一年にエミー賞にノミネートされた。

参考文献

Braden, Jennifer Brennan; Edlund, Mark J.; Sullivan, Mark D. "Suicide Death with Opioid Poisoning in the United States : 1999-2014." *American Journal of Public Health.* March 2017, Vol.107 Issue 3, p423.

Frost, O. Randy and Steketee, Gail. *Stuff: Compulsive Hoarding and the Meaning of Things.* New York; Houghton Mifflin Harcourt, 2010.

Isherwood, Charles. *The New York Times.* 12/5/2016, Vol. 166 Issue 57437, pC1-C7. 2p.

Jones, Therese. "As the World Turns on the Sick and the Restless, So Go the Days of Our Lives: Family and Illness in Daytime Drama." *Journal of Medical Humanities.* Spring 1997, Vol. 18 Issue 1, p5-20.

Levenson, Steven. *Dear Evan Hansen.* New York; Theatre Communication Group, 2017.

Miller, Claire Cain. *The New York Times.* 12/2/2014, Vol. 164 Issue 56703, pA3-A3.

Schrobsdorff, Susanna. *Time.* 3/20/2017, Vol. 189 Issue 10, p59.

Teachout, Terry. *The Wall Street Journal* - Online Edition. 12/6/2016, p1. 1p.
Trend, David. *Worlding: Identity, Media, and Imagination in a Digital Age*. Boulder: Paradigm Publishers, 2013.
Weinstein, Rachel and Clements, Caitlin. "Dear Evan Hansen Official Study Guide". https://dearevanhansen.com/wp-content/uploads/2018/02/DEHStudyGuide.pdf
本橋哲也『深読みミュージカル』青土社、二〇〇一年。

『千と千尋の神隠し』における〈越境〉の物語

今井《いまい》　克佳《かつよし》
本学教授。専門は日本近代文学・演劇研究。
著書に、『革命伝説・宮本研の劇世界』（共著、社会評論社）、日本近代演劇史研究会編『井上ひさしの演劇』（共著、翰林書房）など。

越境の物語としての『千と千尋の神隠し』

ジブリアニメの巨匠、宮崎駿監督の代表作の一つ、映画『千と千尋の神隠し』の公開は、二〇〇一年、ちょうど二十一世紀を迎えた年であり、翌年北米で公開されたのちの二〇〇三年には、第75回アカデミー賞長編アニメーション映画賞を授賞し、世界的名声を手に入れている。国内では興行収入三〇〇億円超の記録を達成し、その後、長らく破られていない。現在の大学生たちは、公開時はまだ幼児であり、その後のＤＶＤ化、テレビ放送、映画館でのリバイバル上映などで観ている可能性が高いが、それでも講義で扱えば登録数が多くなるのは事実で、宮崎アニメとしては『となりのトトロ』『天空の城ラピュタ』『もののけ姫』などと並んで若い世代にもよく知られている作品のひとつである。

この作品の魅力のひとつは、物語が「異界訪問説話」（西条勉）の形式をとっていることであろう。核家族の一人娘であり、いかにも現代っ子らしい女の子「千尋」が、現実世界から、神々や化け物の住む世界に迷い込み、そこで生き延び、成長し、物語の最後には、元の現実界に戻ってくるという古典的筋立てをもっているということである。そもそもこの構造を「異界訪問説話」と名付けたのは、前述のように、『千と千尋の神話学』（新典社新書38、二〇〇九年）を著した西条勉だが、西条は、古今東西の文学作品（代表的には七つの作品）を提示しつつ、その構造を、1 異郷に行く（偶然）、2 異郷での体験（異常体験）、3 異郷から出る（自分の意志）、4 帰った後の出来事（主人公は変化する）、と言った四項目に整理している。

実は、これが『千と千尋の神隠し』にぴったりとあてはまるかは、検討の余地がある。特に最終段階、4にあたる異郷から戻った後については本作ではほとんど描かれていないし、そもそも、西条が、代表的異界訪問説話として挙げられている七作についても、この構造に該当しないように思われるものもある。たとえば、宮沢賢治の『銀河鉄道の夜』では、1、2はともかく、3の異郷から出る（現実界に戻る）のも偶然というか無意識で、本人の意志ではないし、4の異郷から戻った後も決意しか表明されない。このように、西条の構造分析はかなり大雑把なものと言わなければならない。むしろ、詳述は避けるが、著名な神話学者、ジョーゼフ・キャンベルが『千の顔を持つ英雄』（上・下、倉田真木・斎藤静代・関根光宏訳、ハヤカワ・ノンフィクション文庫、二〇一五年）で分析した「英雄の旅」の十二の要素の方が近似している感もある。

しかし、西条が提示した「異界訪問説話」としての構造が本作の魅力の源泉であり、太い骨組みとなっていることは事実であろう。西条の著作は、一般向けの書籍として発行されており、注や参考文献などが全く記されていないものであるが、日本の上代文学研究者であった西条が、物語構造分析の手法や文化人類学の構造主義的研究の流れ、著作の題名そのものになっている神話の構造分析などに造詣が深かったことは推測され、それらの背景知識を、『千と千尋の神隠し』の分析に使用したと思われる。

「異郷訪問説話」では、当然のことながら、異郷に入る、異郷から戻る、といった時に境界線を越えるという出来事が起こる。まさに「越境」である。また『千と千尋の神隠し』では、「越境」後の「異郷」＝「異界」の中でも物語が進むに連れ、「沼の底」というさらなるレベルへの旅がなされる。「異界」の中でもさらに「越境」が起こっているといえる。本稿では、『千と千尋の神隠し』を「境界を越えること」＝「越境」の物語として、その構造の細部を見ていきたい。

「トンネルの向こう」伸縮する異界との境界線

公開時のキャッチフレーズ「トンネルの向こうは不思議の町でした」が示しているように、千尋と両親が現実の日本から、「異界」に入る境界線は、自動車を運転する父親が道を間違えて走り、行き止まりとなる、林の中の「トンネル」である。両親は好奇心にかられ、嫌がる千尋を連れて、このトンネルの闇を通り、開けた土地に出る。バブルが弾けて見捨てられたテーマパークの跡だと父親は断じるが、徒歩で渡れる小川を超えてたどり着いた飲食街（まだ営業している！）で食べ物を勝手に貪り、豚に変えられてしまうあたりから、周囲の様相が変わり、「油屋」を中心とした神々の世界（異界）が現れる。映画の開始から約十五分で、主人公千尋は一気に現実世界から異界へと越境するのである。千尋が突然現れた稚児姿の少年（ハク）に助けられ、たどり着く油屋は、その支配者「湯婆（ユバーバ）」によれば「八百万の神様が疲れを癒しにくるお湯屋」であり、その言葉通り、様々な異形の神々が風呂に浸かり、宴会をする、和風の温泉宿のような場所である。最下層のボイラー室にいる「カマジイ」と従業員の少女（と見える）「リン」の協力で、千尋は最上階のユバーバの部屋までたどり着き、契約を結び、名前を「千」に変えられるが、働くことを許される。この油屋で生き延び、両親を取り戻す機会を待つには、働く意志のあるものには職を与えるという「誓い」を守らなければならないユバーバと契約を結ぶ以外にはないのである。

現実の日本（甲信越地方か中部地方の田舎がモデルになっており、千尋一家は、何らかの理由で東京郊外から引っ越してきた当日であった）から、異界への境界線は、当然、トンネルだったわけだが、注意深く観察すると、境界らしき場所は他にもいくつか存在する。その最初の境界は、父親が偶然道を間違えたとして車を最初に停止する場所、舗装道路が絶え、土の道に変わる場所である。そこには、大木とそれに寄りかかるように立つ小さな鳥居の存在がある。

このシーンで画面は上にパンするが、大木の上端の枝は折れたようになっている。これは、神道でいうところの「霹靂木《へきれきぼく》」、落雷のあった木であり、神の降臨した木である。『もののけ姫』の「シシ神」の森の沼の中にあった島、大ケガをした「アシタカ」をシシ神が癒した場所にも、これと似た霹靂木があった。そこにシシ神が降臨してくるのである。神聖さの指標である霹靂木に鳥居が置かれ、なおかつ千尋が気にするようにその元には、「神様のおうち」、小さな多数のほこらが打ち捨てられているのである。現代文明である舗装道路がここで果て、神々の（後に油屋に現れる「八百万」の小さな神々）の元の住処のあった場所、ここが最初の境界線なのであり、ここを超えてしまった両親と千尋は、すでに異界に踏み込み始めたのである。父親は魅入られたように自動車の速度を上げ、トンネルまでたどり着く。

この作品の冒頭でのトンネルは、赤黒い、大きな和風の建物の入り口のような様相となっている。DVD再生などで、画面を停止して観察しないとはっきりとは見えないのだが、この建物の上部には横書きで「油㊞屋」という看板がかかっているのである。そして、物語の最後、車に乗った家族がこのトンネルから遠ざかる時には、この赤黒い建物は消滅しており、石で周囲を囲まれた本当にただのトンネルに変わっているのである。つまり物語の始まりの部分では、このトンネルの入り口自体が油屋の入り口として現実界まで拡張してきていると考えることができる。「魔法」は、すでに働いており、トンネル自体が異界のものであったのだ。このような中心にあるものの幻影が先に拡張して現れるというのは、のちに、ユバーバの部屋の入り口のドアノックが、ユバーバの顔となって千尋に話しかけるシーンがあるが、それとも相似の関係になっている。

一方で、トンネルを通り抜けても、異界は現れない。現実界まで拡張していたかと思われた異界はいったん収縮し、姿を隠しているのである。空は晴れ渡り、テーマパークの残骸が残っている広々とした場所である（しかしトンネルの出口となっている時計塔のある建物はやはり油屋と相似形である）。千尋と両親は、小さなせせらぎを越え、小高い場所に登っていくと、そこに商店街があり、店頭の食べ物に引かれ、両親は店員が不在であるにも関わらず食事を始めてしまうのである。「カードも財布も持っているし」という父親の言葉に、バブル経済期の日本人の心性を見ることができよう（実際には作品内でも、バブル崩壊から約十年が経過しており、父親は十年前の心性に逆戻りしているのかもしれない）。

両親を離れて歩き出した千尋の前に油屋が姿を表す。油屋の入り口には橋がかかっており、千尋は橋に踏み込むと、ハクが現れ、同時に、周囲が一気に夜になっていく。異界の拡張であり、神々の世界の現出である。時間が一気に流れ、逢魔時（黄昏時）となり、油屋に灯りがつく。小川であったせせらぎは今やフェリーが浮かぶ大川となり、境界のひとつであったことがわかる。いったん逃げようとした千尋も、この水に阻まれて戻ることができなくなる。

その後、ハクの助けにより、千尋は油屋に侵入するのだが、まず境界線となるのが、この橋である。この橋の上で、千尋は息を止めていなければならない。息をしていると人間であることがバレてしまうからだ。多くの異形の神々が橋をわたって油屋に訪れているのだが、それらの神々は息をしていない、つまりこの世のものではないことがわかる。この橋を渡るには生きた人間であってはいけないのだ。すんでのところでバレそうになるが、ハクによってなんとか千尋はこの橋を渡りきることができる。

能狂言の舞台には橋掛りという、演者が登場する細長い橋のような部分が付随している。江戸時代に歌舞伎舞台が発達すると、花道になる部分であるが、能舞台では正面から向かって左脇についている。能の代表的な形式である夢幻能ではシテ（主役）は通常、亡者（死者の霊）である。死者が生者の生活する場所に登場してくるという設定での橋掛りの意味は、生と死の世界をつなぐ橋ということになる。千尋がわたったこの油屋前の橋もまた、能の橋掛かりのように、生死の境の橋であり、通常の人間が踏み入ることのできない境として存在しているのである（ちなみに、後に油屋に多大な損害を与えることになる「カオナシ」が最初に現れるのも、この橋の上であることにも注意しておきたい）。

最初に両親と越える、暗いトンネルは、産道のイメージであり、胎内めぐりの物語を予感させ、溢れる大量の水による隔絶は、三途の川、カロンの艀のような、水に区切られた死後の境界域を連想させる。息を留めて渡る橋は、前述のとおりであり、これらの複数の境界線のイメージは、この物語の異界が、人間界と神々の世界という区別だけではなく、死者の世界というイメージも持っていることがわかる。ただし、現実界で死んだ者が現れる死後の世界、というものとは少し違うようだ。そのような存在はこの物語にはまず現れない。強いていうなら、クサレ神やハクは現実界との関わりがあるが、人間ではない。そのため、この物語冒頭に現れてくる生死の境界というイメージは、むしろ「生まれる前の世界」を意味しているのではないかと私は考えている。トンネル（産道）に入り、最後には同じトンネルから戻ってくる。千尋にとって、この異界での経験は、一種の胎内めぐりであり、「生まれ直し」経験といえるのではないか、というのが私の見立てである。生まれ直しであるならば、最終的にたどり着くのは「子宮」ということになると思うが、それは油屋ではなく、「沼の底」のゼニーバの家ではないか、と考える。そのことについては後述したい。

上下の越境「油屋」の構造

千尋が千として働くことになる油屋の構造について考えてみよう。油屋は一つの集合体であり（「会社」という言葉がカエルの姿の「父役」＝上司から聞かれるシーンがある）、そこには明確な境界線というほどのものはないが、一種の階層構造をもっていることが指摘できる。そこを下から上に通過して、千尋はユバーバに会いに行き、契約を結ぶのである。

ハクと別れて、まずたどり着くのが、カマジイのいる、最下層のボイラー室である。カマジイは自らを「ユバーバにこき使われているジジイだ」とし、湯を沸かすボイラーを管理し、その蜘蛛のような多数の腕で引き出しから薬草をつかみだし、薬湯を調合している。釜に石炭をくべるのは、小さな「ススワタリ」たちである。千尋は不用意にススワタリの仕事を手伝おうとして、ここには仕事はないとカマジイにたしなめられ、ちょうど食事を運んできたリンにユバーバの元に連れていくようにと託される。

働かないと魔法が消えてしまい、存在さえなくなるというススワタリたちはまさに、資本主義下の労働者であり、石炭をくべるという厳しい肉体労働から、近代の炭鉱労働者を彷彿とさせる。油屋の底辺にあり、風呂屋という業務の底辺を担っているという点でも、彼らは労働者階級である。千尋はここから、その労働者の代表格であるカマジイの助けを得て、リンと共に、階層を登っていく。そのことによって、油屋が単なる神々の世界の空間ではなく、近代資本主義のヒエラルキー構造を持った組織であることを表現しているのである。

二基のエレベーターを乗り継いで、最上階にたどり着くまでに、油屋でのサービスを千尋は見ている。浴衣を着て、廊下を歩く神々たち。釜のような風呂に身を横たえて、湯女と見える女たちのマッサージを受けている神々などの姿が展開されている。そこにはサービスを受ける消費者としての神々の姿がある。この油屋をソープランドあるいは風俗業であるとする説がある。発端はジブリの鈴木プロデューサーの言のようで、キャッチーであるため、ネット上ではかなり流布されているようだが、現代の性風俗産業であるソープランドとはやや違うものであると考えられる。強精剤として知られる「イモリの黒焼き」が珍重されるエピソードや、そこここにかかる額の文字（たとえば「回春」）、前述の風呂でのサービスの様相からして、油屋で性サービスが行われていることは推測される。しかしそれは、現代の性産業的なものではなく、昔ながらの温泉街などに見られるようなタイプのものであろう。また直接性サービスに関係ないはずの従業員である「父役」なども、「イモリの黒焼き」を食べることに異様に執着しているのは不思議議なところであり、子供向けのアニメであるためか、かなりぼかした表現になっていることは確かである。

いずれにせよ、油屋の中層は、このような消費とサービスの現場として機能していることがわかる。そして全てを支配しているのが、「経営者」といえる魔女「ユバーバ」である。二頭身で、日本髪に西洋の魔女風の服、ギラギラした装飾品（指輪など）という和洋折衷のキャラクターであるユバーバは、恐ろしい容貌と態度で千尋を萎縮させるが、それでも「働きたいという者には働かせる」という自らが立てた「誓い」を破ることはない。ユバーバはこの時点では独裁者ではないのであり、近代社会であれば法に、会社組織であれば約款を遵守せざるを得ない、比較的穏健な支配者なのである。ただ、契約相手の本来の名前を奪い、別の名で呼び、そのことによって自由を奪い、洗脳支配するという手を使っており、千尋も「千」にされてしまう。千尋が本来の名を忘れなかったのは、現実界で友人にもらった引越しのお別れカードに自分の名前が書かれていたからである。翌朝、ハクからそれを示されて、千尋は自分の名を忘れかけていたことに気づく。一方、ハクはすでに自分の本当の名前を忘れており（ユバーバが取ってしまった）、忘れないようにと千尋を諭す。

なお、ハクはユバーバの近くにいる時はユバーバの支配を強く受けているために、千尋にも冷たくあたる。ユバーバと物理的に遠い時にのみ、その支配の影響から脱し、千尋に優しくできるようになっているようだ。少なくとも前半部分では、ユバーバが最上階のフロアから離れてゼニーバの家の偵察などに出ている時に、ハクは千尋を援助している。

このように、油屋は、単なる神々の住む異界ではなく、現実世界、特に近代日本の資本主義社会の似姿になっているのである。これは前章で分析した生まれる前の世界としてのイメージとは相容れないが、そうしたイメージも重ねられていることは確かである。であればこそ、クサレ神やハク、カオナシなど、この異界に現れる存在たちも、現実社会を反映したイメージを帯びているのである。

越境するバケモノたち「クサレ神」、「ハク」、「カオナシ」

千尋は「千」として、油屋で働くこととなり、そこでいくつかの事件に遭遇していくわけだが、そこに現れる登場キャラとしての神、あるいはバケモノもまた、現実世界に起源のある者たちであり、一種の「越境」者として、この異界に現れたということもできる。順を追って考えてみたい。

まず、「クサレ神」である。ヘドロのかたまりのような姿で油屋に現れたこのクサレ神は、大量の薬湯に入り、油屋一同がその体から縄をつけて大量の廃棄物を引っ張り出したことによって、能の翁の面に似た老人の顔を持つ、龍の姿となって、飛び去っていく。油屋への橋が、能の橋掛りであったのなら、この出来事が起こる大湯の場は能舞台だったのだ。壁には大きな松も描かれている。そこで清められた龍は「名のある川の神」（ユバーバ）だったのである。現実界では粗大ゴミ投棄などによって完全に汚染された川の精が、その身を清めるために、油屋にやってきたということは、大人の眼で鑑賞すれば誰にもわかることであろう。この辺りで次第に明らかになってくるのだが、油屋で疲れを癒している神々も含めて、この異界に現れる神々はみな、現実世界では、虐げられ顧みられず、汚された自然的存在なのである。その特大のものがクサレ神だったわけだ。このあたりに、日本の現代の物質主義・経済主義批判というコンセプトや、自然と人間との相克という『もののけ姫』からつながるテーマがよく出ているといえる。

また、川の神が龍の姿を持つということは、やはり同じ龍の姿に変わるハクもまた、川の神であることの伏線となっている。クサレ神だった川の神は復活し、砂金を油屋に残して去っていくのだが、ハクは、帰る場所もなく、この異界に現れ、魔法使いとなるために、ユバーバの弟子となったと、昔を知るカマジイは千尋に語る。物語の終幕、沼の底からの帰還の飛行の際に明らかになるハクの正体は、マンション建設で埋め立てられてしまった「コハク川」という名の川であった。そのため帰る場所がなく、魔法の力によって川を復活させるか、人間への復讐をしようとしていたのではないか。その怒りに、ユバーバは付け込み、手下にしてしまったのである。千尋が幼い時にコハク川に落ちたが、川の流れが千尋を岸に近づけ、そのいのちを救ったという逸話が、千尋によって披露される。千尋とハクの縁の源が明らかにされるのである。

このように、現実界の川の化身であるクサレ神やハクに対して、「カオナシ」は別の位相を持つバケモノである。クサレ神の対応をうまく行って、油屋に大量の砂金をもたらした功績をユバーバに評価され、千尋は油屋に居所を見つけたかに思えたのもつかの間、翌日には、カオナシの騒動が始まる。クサレ神と同じ頃に、油屋に入り込んでいたカオナシが、従業員のカエル男を飲み込み、砂金を増やして（なぜか金を増加させる能力がある）、上客を装い、飲み食いを行い、巨大化していくのである。カオナシは常に千の気を引き、千を連れてくるように求めるのだが、千尋の方は、傷ついたハクを助けるためにそれどころではなくなっている。ハクは、ユバーバの手先として、魔女の双子の姉、ゼニーバの元から「魔女の契約印」を盗もうとして、呪いの魔法により傷つき、瀕死の重傷を負い、油屋に戻ってきたのである。

カオナシの特徴としては、仮面を被っているような弱々しい姿、物を与えることで千尋とコミュニケーションをしようとする姿、自分の言葉がなく、飲み込んだ他の者の声でしか話せない、巨大化すると傲慢で傍若無人の振る舞いをする、などがある。これらは、現代の青少年のコミュニケーション不全の象徴として描かれているという捉え方が一般にあるように思われる。精神医学や心理学の立場からは、さらに具体的な分析がなされており、ストーカーや摂食障害の心理を指摘する著作もある（愛甲修子『アニメに学ぶ心理学　千と千尋の神隠しを読む』言視舎、二〇一七年）。

もう一度、『千と千尋の神話学』に登場してもらうと、西条勉は、カオナシについて、「千尋の背後霊」「千尋の無意識」「千尋が与えられていた両親の無意識」との可能性を提出している。つまり、カオナシはクサレ神などの現実社会の異界における反映というよりも、千尋自身の負の部分が、分離したものということができる（最後の「千尋の両親の無意識」はちょっと違うが…）。このような解釈をすると、明らかになってくるのは、千尋が作中で成長していくとともに、カオナシも様相を変えていくということである。またカオナシが常に千尋に近づこうとすることも納得できる。

西条は「背後霊」「無意識」と言った用語を使っているが、これは、ユング心理学に端を発する神話の元型分析における「影（シャドー）」のことではないか。「シャドー」とは、『物語分析の理論と技法』（高田明典、大学教育出版、二〇一〇年）の整理によれば、「演じられなかった自己像」のことであり、「自分の内面にたしかに存在する欲求ではあるが、それを本人が好ましいとは思っていない」「本来は、そうありたいと思っているのだが社会の価値が、そうあることを認めない」状況において、「遂行されなかった要素」が「影」（シャドー）となるのである。また「影との対決」は多くの物語において主要なテーマとなっているという（同書一二四ページ）。主人公とは別の登場人物となっていることが多いシャドーは、「黒い影」「敵対者」「反抗者」の形象を取ることが多く、映画の例をとれば『スター・ウォーズ』における「ダースベイダー」、『ハリー・ポッター』における「ヴェルデモート」などである（同書二一二ページ）。千尋は油屋で生き延びるために、必死に勇気を振り絞り、恐怖心を克服して働くしかない。その一方で、抑圧された現代っ子の弱さや寂しさが外在化したものがカオナシとなったといえるのではないか。カオナシもまた黒い影のような体を持っており、千尋にとっての敵対者、反抗者ともなる。まさに千尋のシャドーとして現れてきたキャラクターだといえる。

カオナシが最初に姿を表すのは、前述したが、千尋が息を止め、ハクと一緒に渡る、油屋の入り口の橋の上である。ここで千尋は初めて、勇気を出して、自分の居場所を求めるため、油屋に入っていく。ここで最初に千尋とシャドーであるカオナシが切り離されたと捉えることができる。翌朝、千尋がハクによって元気を取り戻した後、やはり橋の上にカオナシが現れている。その後、カオナシは油屋の庭に入り、働いている千尋は客と思い込み、カオナシを誘い入れてしまう。カオナシは働く千尋の気を引こうと、薬湯の札を千尋に与えるが、千尋はあまり関心を示さない。千尋がクサレ神の件で、ユバーバに褒められた後の夜に、カオナシはカエル男を砂金で引き寄せ、飲み込み、気前のいい客として暴れ始める。凶暴化した後もカオナシは千尋を求め続け、結局千尋の与えた「ニガダンゴ」によって、飲み込んだものを吐き出し、おとなしくなって、千尋とともに「沼の底」への旅に帯同するのである。

この経緯は、主人公である千尋からシャドーが分離し、千尋の活躍と並行して、千尋を妨害する存在へと拡大し、千尋自身によって、統御されることにより、沈静化していく過程と見ることができる。千尋は自らのうちにあるシャドーを乗り越えることに成功し、最後の生まれ直しのために、「沼の底」へと向かうのである。

母体への回帰「沼の底」への旅

映画の最後のパートとなるのが、ゼニーバの住む「沼の底」への旅である。異界の中心と見えた油屋から、さらに広々とした水の上を列車で渡り、たどり着くのがひなびた「沼の底」という駅にあるゼニーバの家なのである。ハクが盗んだ魔女の契約印をゼニーバに返し、瀕死のハクを助けてくれるようにゼニーバに頼むため、千尋は出発する。おとなしくなったカオナシと、ゼニーバに小さなネズミに変えられた「坊」(ユバーバに溺愛される巨大な過保護の赤ん坊)、蚊のような小さな姿に帰られた「湯バード」(ユバーバの手下の鳥)も一緒である。

「沼の底」への列車の切符は、四十年前のものをカマジイが探し出してくる。行きはあるが帰りがあまりないという列車にのり、何時間も移動したと考えられる(出発時には明るかったが、沼の底に着いた時には暗くなっている)。水平の移動のイメージだが、駅の名前が「沼の底」であるように、これはさらなる深層への旅と考えることができる。ここでも千尋は最後の「越境」をする。大いなる水の上を渡り、自らの深層心理の底に到達する。そこで待つのはゼニーバであり、ユバーバと瓜二つの恐ろしい風貌を持つ魔女だが、沼の底の家でのゼニーバはやけに優しい。このゼニーバは厳しくも全てを受け入れる母のイメージとなっているのではないか。現実界での千尋の母は少し冷たいような、そっけない態度を千尋に示す場面で印象づけられる。またユバーバはシンデレラをこきつかう継母のような愛のない偽りの母を示すようにも思われる。そのユバーバと姿は同じであるが、ゼニーバには愛の源泉であるような母のイメージが付与されており、生まれ変わりの物語という見立てからすれば、ゼニーバの家こそが子宮であり、ここから千尋は生まれ直すのだといえる。

ゼニーバは、カオナシや坊たちと糸を紡ぎ、千尋に髪留めを贈る。「魔法で作っても何もならないからね」とゼニーバは言う。魔法で作ったものは、現実界に戻ると消えてしまうからであろう。トンネルをくぐって現実界に戻った千尋の髪は、この時の髪留めでまとめられていることが最終場面で強調される。つまりここでの出来事は幻影ではなく、事実としてあったことだ、と千尋は認識していくことになるのだ。

髪留めが与えられた千尋の元にはハクが現れ、一気に飛翔して油屋に戻ることとなる。この飛翔の間に、千尋によって名前を取り戻したハクの呪いも解ける。過保護で「おんも」に出ると病気になると主張していた坊も、この旅により、自立し、一人で立てるようになる。一方、カオナシは、ゼニーバのもとにとどまる。千尋が生まれ直すことにより、シャドーであったカオナシは、千尋の一部ではなくなり、消滅すると言ってもよいだろう。

こうして生まれ直しの旅を果たした千尋は、すべての呪いを解き、油屋のユバーバの元に帰ってくる。用意された豚の群れの中に両親がいないことも見抜き、契約が無効になり、両親とともにトンネルを逆行し、元の場所に戻ってくる。窓が開いていた自動車のなかには落ち葉や埃が入っており、どの程度の時間が流れたかは明白ではない。異界では三回の夜を過ごしているのだが、ここでは風で木の葉が舞い込んだとはいえ、そんなに長い時間が経ったと言う設定ではないと考える。もし題名のように「神隠し」

的に何日も行方不明になっていれば、捜索が行われ、自動車がほったらかしにされてはいないだろうからだ。西条が「異界訪問説話」の一つとしてあげている「ナルニア国物語」の各編では、主人公たちがナルニアで長い時間を過ごしても帰ってくると現実のイギリスではほとんど時間が経っていないとされている。ここでもそのような時間の流れの違いが起こっているのではないか。

前掲した『アニメに学ぶ心理学　千と千尋の神隠しを読む』では、千尋が訪れた異界を「思春期」の比喩と読む。思春期もまた、大人になるための試練の時であり、遂行されなかった課題をもう一度遂行する時であるといえる。一種の「生まれ直し」ともいえるだろう。二十世紀末のバブル的な経済優先主義の日本の都会で育った千尋は、現代っ子特有の弱さやズルさを持っていただろう。また、親子関係において欠落した心理的な絆のようなものがあったのかもしれない。それらを乗り越え、大人になっていくための通過儀礼のようなものが千尋には、あるいは現代の子どもたちには必要である、と宮崎駿が考えたとすれば、そうした経験を異界体験として、象徴的に物語化したものが、『千と千尋の神隠し』という映画だったということができよう。

あとがき

「ことばを考える会」は東洋学園大学の教員による研究会である。発足の経緯は東洋女子短期大学名誉教授の日高佳先生が『研究室だより』三一号に記されている。それによると発足は昭和六十一（一九八六）年初夏頃とのことなので、ほぼ三十年の長きに渡って多くの先輩方からバトンが引き継がれているとわかる。

日高先生によれば「ことばを考える会」の目的は、「『研究室だより』が『知的交流の輪を作るきっかけ』のためのものであるとすれば、これ〈引用者注：「ことばを考える会」のこと〉は『共通のテーマで知的に遊ぶ場』の提供を目論むもの」だったようだ。具体的な方法は、「共通のテーマで夫々の分野から発言したり、研究結果を発表したりして、纏まってきたらそれを本にしようというもの」とされた。

今日でもこの伝統は引き継がれており、研究会と出版という形態は続いている。ただ、「共通のテーマ」を絞り込み過ぎると一部の人しか関われなくなってしまうため、「共通のテーマ」にはある程度の抽象性を持たせている。

本書では「越境」が共通テーマである。このテーマは「ことばを考える会」の年一回の総会において決められたものである。それぞれの専門分野という枠を越えて研究が広がり、多様な学際的視点から課題に取組んでいく姿勢を「越境」という言葉がよく表しているため採択された。そして、本書は学問の森を越境しながら探求する各教員の研究が綴られた本となった。

本学には『紀要』と『研究室だより』があるため、本書はそれらとは差別化がなされている。学会誌の論文のように専門分野の人に向けた研究論文ではなく、引用文献や注も最小限に抑えて文体も平易な文を心掛けた。学生や一般読者が読むことも想定し、新書本のように専門分野を一般向けに解説するイメージで原稿を依頼した。

本書に関する研究会は二〇一五年から二〇一七年にかけて四回行われた。各回のシンポジウムの題名を以下に列挙する（所属や職位は当時のもの）。本書に掲載された論文は、シンポジストと研究会聴講者が寄稿したものである。

越境　第一回シンポジウム（二〇一五年十一月三十日）

一「中国化するオーストリア、オーストリア化する日本―越境する近世と近代―」（阿南大　教養教育センター特別講師）

二「越境の先にあるものは?：経済学的示唆のいくつか」（田中巌　現代経営学部教授）

三「Linguistic Theory: What is it? What should it be?」（依田悠介　グローバル・コミュニケーション学部専任講師）

四「越境―心理臨床における取り扱い」（有木永子　人間科学部専任講師）

越境　第二回シンポジウム（二〇一六年二月二十六日）

一「渋沢栄一とコーポレート・ガバナンス」（萩野博司　グローバル・コミュニケーション学科教授）

二　「ことばの意味をめぐる探求」（高尾享　現代経営学学科教授）
三　「〝越境〟心理學のすゝめ：動物心理学からみたヒトの心」（中村哲之　人間科学科専任講師）
四　「越境する恋―江戸川乱歩「押絵を旅する男」を廻って―」（神田由美子　グローバル・コミュニケーション学部教授）

越境　第三回シンポジウム（二〇一六年十月十六日）

一　「地域の絆が健康長寿のカギになる」（相羽美幸　人間科学科専任講師）
二　「越境者ターザン」（勝田薫　英語コミュニケーション学科教授）
三　「宮本研の戯曲「ザ・パイロット」について」（今井克佳　現代経営学学科教授）

越境　第四回シンポジウム（二〇一七年七月十四日）

一　「障害者の社会進出とスポーツ」（澁谷智久　人間科学科准教授）
二　「教室の壁を超えて」（大村恵子　現代経営学科教授）
三　「石田三成の宇宙論と政治経済思想―天地人の越境思想と平和国家構想―」（前原正美　グローバル・コミュニケーション学科教授）
四　「カズオ・イシグロの越境」（北田敬子　現代経営学科教授）

これからも「ことばを考える会」の活動を通して、大学教育における研究の重要性を学生や一般読者に発信していくつもりである。会員諸氏のますますの活躍を期待している。

なお、本書の刊行に際しては、平成三十年度東洋学園大学の特別研究費（出版助成金）の助成をいただいた。

最後に、本書の編集委員として校務多忙の中ご尽力いただいた、神田由美子さん、今井克佳さん、荻野博司さん、山本博子さん、相羽美幸さんにお礼申し上げる。

また、本書の刊行をお引き受けいただいた鼎書房代表の加曽利達孝さんと編集担当の小川淳さんに深く感謝したい。

「ことばを考える会」　鈴木　義也

二〇一八年　夏

ことばのスペクトル　**越　境**

印　刷　2018年11月10日
発　行　2018年11月25日

編　者　**東洋学園大学 ことばを考える会** ©
発行者　**加曽利　達孝**
発行所　**鼎　書　房**
〒132-0031　東京都江戸川区松島2丁目17番地2
電話・ファクス 03(3654)1064
URL　http://www.kanae-shobo.com
印刷所　**シバサキロジー・TOP印刷**　製本所　エイワ

ISBN978-4-907282-49-3 C0095
乱丁・落丁本は送料弊社負担にてお取り替えいたします。

東洋学園大学　ことばを考える会　編

シリーズ　ことばのスペクトル

ことばのスペクトル

「ことば」によるスペクトル分解を通して、専門領域の境界を越える。論文 19 編（東洋学園大学刊、1988 年 9 月、非売品）

続　ことばのスペクトル

「ことば」が現代社会に与える衝撃を多彩な視野から解明し、新しいことばの創造をめざす。論文 15 編。（東洋学園大学刊、1991 年 9 月、非売品）

笑　い

東西の文化と文学を通して〈笑い〉の諸相を論じる。論文 14 編。
（リーベル出版刊、1994 年 11 月、本体価格 1,942 円）

時　間

年齢・時代・人種・心理・言語の差異を分析し生死を包括する〈時間〉の本質に迫る。論文 15 編。（リーベル出版刊、1998 年 1 月、本体価格 2,500 円）

対　話

新世紀を迎え、さまざまなレベルや異文化間の〈対話〉の重要性を考える。論文 12 編。（リーベル出版刊、2001 年 3 月、本体価格 2,000 円）

こころ

〈もの〉の氾濫によって失われた〈こころ〉と〈ことば〉をとりもどす。
論文 27 編。（リーベル出版刊、2008 年 3 月、本体価格 2,500 円）

「場」のコスモロジー

さまざまな専門分野から学問が織り成す「場」の宇宙を探索する。論文 25 編。（双文社出版刊、2015 年 3 月、本体価格 3,600 円）